ARQUIVO
EXTRATERRENO

ARQUIVO EXTRATERRENO

Espíritos, Aliens e UFOs

Pedro de Campos

LÚMEN EDITORIAL

Arquivo Extraterreno – Espíritos, Aliens e UFOs
Pedro de Campos

1ª edição – novembro de 2012

Diretor editorial: *Celso Maiellari*
Diretor comercial: *Ricardo Carrijo*
Coordenadora editorial: *Fernanda Rizzo Sanchez*
Arte da capa: *Estúdio Design do Livro*
Imagem da capa: *Kasei | iStockphoto*
Impressão e acabamento: *Gráfica Orgrafic*

Dados Internacionais de Catalogação na Publicação (CIP)
(Câmara Brasileira do Livro, SP, Brasil)

Campos, Pedro de.
Arquivo extraterreno : espíritos, aliens e UFOs / Pedro de Campos. – São Paulo : Lúmen Editorial, 2012.

Bibliografia.
ISBN 978-85-7813-076-3

1. Espiritismo – Filosofia 2. Objetos voadores não identificados I. Título.

12-11509 CDD-133.93

Índice para catálogo sistemático:
1. Ufologia : Visão espírita : Espiritismo 133.93

LÚMEN EDITORIAL

Rua Javari, 668
São Paulo – SP
CEP 03112-100
Tel./Fax (0xx11) 3207-1353

visite nosso site: www.lumeneditorial.com.br
fale com a Lúmen: atendimento@lumeneditorial.com.br
departamento de vendas: comercial@lumeneditorial.com.br
contato editorial: editorial@lumeneditorial.com.br
siga-nos nas redes sociais:
@lumeneditorial
facebook.com/lumen.editorial1

Índice

Introdução

Quando se fala de *Espíritos, Aliens e UFOs* nos vem à mente a questão evolutiva em todo o cosmos. Há *Espíritos* em evolução na Terra, em corpos humanos, e também em outros mundos e em outras dimensões em corpos diferentes dos nossos, os chamados *Aliens*, enquanto os *UFOs* são tidos como veículos de transporte dessas inteligências que chegam aqui em visita ou em estudo dos seres humanos.

O *Espírito* é um foco inteligente que para evoluir encarna em corpos físicos ou ultrafísicos. O *Alien*, por sua vez, é uma inteligência encarnada fora da Terra; quando em corpo denso como o do homem, nascido em mundo de terceira dimensão, damos o nome de "extraterrestre" (ET sólido), quando em corpo sutil, nato numa dimensão rarefeita, recebe o nome de "ultraterrestre" (UT ou ET sutil). O nosso trabalho tem sido de mostrar a encarnação do Espírito tanto em bioforma densa quanto em sutil, nas quais, segundo a Doutrina Espírita, o espírito cumpre sua jornada evolutiva estagiando numa ampla variedade de mundos.

Procuramos, neste início de novo milênio, sempre que possível, aplicar as ciências oficiais ao estudo das coisas do cosmos. Avançamos nos fenômenos espiritistas e na chamada Ufologia Integral, cuja prática científica não descarta a possibilidade de existir seres densos e sutis no cosmos. Estudamos os UFOs em todas as suas nuances e, quando não restou mais alternativa terrestre para decifrá-los, fomos impelidos a considerar a hipótese extraterrena. Contudo, na maior parte dos casos, em razão da densidade extremamente duvidosa do fenômeno UFO, a hipótese ultraterrestre nos pareceu mais sugestiva, ficando apenas uns poucos casos aderentes à teoria extraterrestre, em razão da sugestiva materialidade de alguns fenômenos.

Ao longo de dez anos recebemos perguntas variadas, numa quantidade tão grande que nos exigiu extenso trabalho de resposta. Fizemos isso nas revistas *UFO* e *Espiritismo & Ciência*, como também no nosso *blog*, hospedado no *site* da revista *UFO*. Alguns jornais de pouca circulação, estampados em pequenas sociedades espíritas, além de *blogs* e *sites* de amigos também veicularam os nossos artigos.

No que reporta à casuística dos Espíritos, mostramos como esse fenômeno começou nos Estados Unidos, quando as irmãs Fox tiveram experiências extraordinárias com manifestações espirituais que em pouco tempo se tornaram comuns em todo o mundo. Quase ao mesmo tempo que na família Fox, na velha Europa, o professor francês Allan Kardec iniciou as suas investigações práticas que culminaram no surgimento da Doutrina Espírita. Neste livro, mostramos como tudo começou e os desdobramentos.

O professor Kardec, nas obras básicas espíritas, registrou a ocorrência de encarnações exóticas, as quais ele chamou de "menos materiais", que estariam presentes nos orbes do sistema solar. Em *O Livro dos Espíritos,* registrou "que todos os orbes são habitados" (P.58) e nominou os planetas em que a vida "encarnada" está presente (P.188 nrp). Grafou que essas bioformas sutis estão em Júpiter, fazendo isso em *O Livro dos Médiuns* (2ª Parte, XVI:190 – Médiuns pintores e desenhistas) e em *A Gênese* (XIV:8 – Formação e propriedades do perispírito; XVI:15

– Teoria da presciência). Além de que, em todas as obras da codificação, Kardec mencionou a "encarnação" em mundos "menos materiais" como forma de evoluir o espírito. Neste livro, estamos publicando a "Teoria ultraterrestre", a qual postula a existência de vida "encarnada" nas esferas rarefeitas dos orbes densos e nas profundezas etéreas do cosmos, seguindo o que fora postulado pelo codificador espírita.

Num estudo histórico, falamos da prática espírita na França e de como essa prática está sendo realizada hoje no Brasil, além de mostrarmos entrevistas e debates quanto à sobrevivência do espírito e suas experiências em corpos menos materiais de esferas rarefeitas.

Apenas como exemplo, recordamos que certa feita, no fim de uma palestra, ocasião em que o evento é aberto para perguntas da plateia, uma pessoa que não havia lido os nossos livros sustentou de modo enfático que a encanação em corpos ultrafísicos lhe parecia inócua, pois a vida do espírito lhe parecia muito mais ampla, mesmo porque disséramos que alguns UTs interagem com espíritos e ela não via motivo para existir dois tipos de criatura invisível, uma encarnada, outra desencarnada; por fim, pediu-nos um exemplo prático, com nave e criatura ultrafísica. Então lhe falamos do Caso Bongiovanni, que ficáramos sabendo do próprio estigmatizado italiano, Giorgio Bongiovanni, mas percebemos que não fora o suficiente para ela, que a priori estava disposta a defender suas ideias e a não aceitar nada.

Alguns anos depois, tivemos a satisfação de realizar uma longa entrevista com Bongiovanni e escrevemos alguns artigos sobre ele, que publicamos na revista *UFO*. Então, para nossa surpresa, recebemos um *e-mail* daquela mesma pessoa, mas desta vez nos dizendo que se interessara pelo assunto, lera os nossos livros e, agora, agradecia a publicação da entrevista – havia entendido a vida "encarnada" em dimensões ultrafísicas e a evolução dos espíritos naquelas esferas rarefeitas. Neste livro, quase tudo de que tratamos com Bongiovanni foi publicado, exceto as fotos e alguns detalhes.

Recordamo-nos aqui, também, de uma pessoa espiritualizada, que nos dissera não acreditar que seres dotados de tecnologia avançada pudessem vir à Terra e praticar abdução, como se o homem fosse apenas cobaia. Percebemos, contudo, pelo encaminhamento da pergunta, sua predisposição em não aceitar qualquer argumento, pois nos parecia estar convicta de sua filosofia contrária. Ocorre que, durante a palestra, nada faláramos de abdução. Então a convidei para participar de outra palestra, cuja data já estava marcada e falaríamos longamente de abdução alienígena.

Na palestra recomendada, além de discorrermos sobre o tema abdução, havia na assistência, ocasionalmente, um abduzido que portava no corpo implante alienígena e tinha nas mãos algumas radiografias. Quando o abduzido se identificou e fizemos um pequeno diálogo sobre o seu caso (já conhecido na Ufologia), abrindo depois para perguntas da plateia, a mesma pessoa que antes havia rejeitado a hipótese de abdução agora, numa mudança radical, mostrava-se interessadíssima, buscando detalhes importantes do caso.

Um ano depois, para nossa surpresa, recebemos um *e-mail* dessa mesma pessoa, solicitando-nos agora um parecer sobre o Caso Karran (publicado aqui de modo resumido, no capítulo *Conversação dos ETs por aparelhos de cabeça*). Tal pessoa, agora se identificando, disse fazer parte da diretoria de importante organização espírita do Estado de São Paulo e que, nas ocasiões passadas, não tinha ideia do fenômeno.

Enfim, publicamos neste trabalho o nosso *Arquivo Extraterreno* que fez as pessoas refletirem, com a pretensão de facilitar a quem deseja saber mais sobre *Espíritos, Aliens e UFOs*.

Pedro de Campos

1

Primeira manifestação espírita e desdobramentos[1]

Hydesville, meados de 1847, cerca de dez anos antes da Codificação Espírita; era um preparativo. Passava da meia-noite, quando, sem ninguém esperar, a vidraça foi acesa por um clarão. Um vento forte atravessou as janelas, esvoaçando as cortinas e fazendo um rumor sibilante. A repentina lufada varreu todos os cômodos. No quarto do casal, a penteadeira estalou e o porta-retratos caiu. Enquanto o cão latia lá fora, um grito estridente soou dentro da casa, vinha do quarto da filha.

"Meu Deus, o que foi isso?", perguntou espantada a senhora Weckman, ainda sonolenta e envolta nas cobertas.

"Não sei!", exclamou o marido, que rapidamente saltou da cama. Apalpando móveis e paredes, sem acender a lamparina, precipitou-se como pôde para o quarto da filha. O estranho grito, denotando extremo pavor, vinha de lá.

Quando o homem abriu a porta do quarto da menina, uma ventania lhe bateu no rosto. A janela estava aberta, mas a escuridão era total. Num sobressalto, com seus braços fortes de trabalhador do campo, arrancou a menina da cama e aconchegou-a no peito, tentando confortá-la.

---

1. Publicado em *Espiritismo & Ciência Especial* 48, em 2011 (N.A.).

"Calma, querida, foi somente um pesadelo!", disse o homem, ainda ofegante. Mas não teve resposta. A filha parecia desacordada. Em ato contínuo, levou-a ao seu quarto, para junto da mãe. A essa altura, a lamparina já estava acesa.

A menina recuperou os sentidos quase de imediato, mas estava confusa. O medo era notório. Parecia não saber o que se passara consigo. Enquanto a mãe lhe acariciava o rosto tentando acalmá-la, ela desabafou: "Acordei com um barulho estranho, parecia um galho de árvore batendo na janela". Então respirou um pouco, e contou soluçando que se sentara na cama, procurando alguma claridade, mas o que vira fora outra coisa: "Era um animal enorme", disse a menina, "pulou na cama e veio em cima de mim!". A coisa parecia estranha, "era macia e ao mesmo tempo gelada", contou. Sem dúvida, contrariava o princípio de solidez para os corpos gelados. Quando a coisa pulou na cama, "parecia deslizar em volta do meu rosto", disse assustada.

Numa reação de defesa, a menina tentou se livrar daquilo, dando-lhe um empurrão com toda a força, mas percebeu que não empurrara nada. A coisa simplesmente sumira. Então, algo ainda mais estranho e apavorante surgiu no ar: "Era uma mão sem corpo, mamãe; e com os dedos se mexendo!", exclamou. A aparição se fizera tão perto que o medo fora enorme. "Nessa hora gritei o mais alto que pude; depois não me lembro mais nada", contou. Houvera desmaiado. E somente acordaria com a voz do pai, dizendo: "Calma, querida, foi somente um pesadelo!".

Enquanto a criança contava o caso, o senhor Weckman tratou de chamar um médico. O Dr. George logo se apresentou. O exame nada mostrou de mais sério. A hipótese de um mau sonho foi bem considerada por todos. Apenas um chá quente foi dado à menina, para acalmá-la, nada mais que isso. Passado o susto, quando o médico se despediu da família, as coisas já estavam aparentemente normais. Ele apenas recomendou para vigiarem a menina. Se algo fosse visto de novo, então seria preciso detalhar mais, fazendo alguns exames específicos.

O tempo passou. Algumas semanas transcorreram normais, sem nenhum episódio digno de registro. O incidente já tinha sido quase esquecido por todos. E quando alguém se lembrava dele, era somente para descontrair, para rir um pouco. A menina tinha recobrado a sua vivacidade, estava alegre e brincando com as amigas. Ninguém falava mais no assunto. Então, de modo surpreendente, algo aconteceu novamente.

Já era noite alta quando todos na casa foram acordados de chofre. Um barulho enorme se fez sentir no ambiente. Era uma batida surda, sem muita vibração no ar. Súbito parou. Mas voltou em seguida, e ainda mais forte! Alguém parecia bater de dentro de alguma coisa fechada. Não dava para saber o que era..., apenas ficara a sensação de que vinha de dentro da própria parede. Tudo ali parecia trepidar. A dona da casa contou depois: "Pensei que tudo fosse desabar, a casa vibrava por inteiro". O senhor Weckman disse que "a parede entre a cozinha e a adega estava sendo socada a golpes de marreta".

A menina, por sua vez, que na hora da ocorrência observara tudo no quarto, não pôde conter-se e disparou o mesmo grito estridente de antes, correndo de imediato ao quarto da mãe. Para surpresa geral, após essa agitação se fez um longo silêncio. As batidas estancaram de repente, como se o grito da menina fosse uma ordem para cessar tudo.

Enquanto a família respirava ofegante, esperando o que viria em seguida, uma calma pairou no ambiente e eles tiveram ali apenas o silêncio tranquilo da noite, nada mais além disso. A calmaria noturna, típica de uma pacata vila do interior, voltara ao local. Até o cantar dos grilos podia ser ouvido de novo. E a noite seguiu em frente. Mas, ainda assim, ninguém conseguiu pegar novamente no sono, a preocupação era notória.

Quando o dia amanheceu e todos se sentaram à mesa para o café da manhã, a senhora Weckman, com os olhos vermelhos da noite maldormida, sentenciou de modo inequívoco: "A casa é mal-assombrada, não dá para ficar aqui!". Ninguém contestou o seu veredicto. A ordem era ir embora o mais rápido possível! Nos dias seguintes, ela ainda insistiu com o marido para fazer a mudança. Foram embora em seguida, após seis meses de ocupação da casa. Seguiram para a cidade de Nova York, em busca de outros ares. Contudo, a vizinhança toda ficou sabendo dos estranhos acontecimentos. E aquela casa de Hydesville ganhou a fama de mal-assombrada.

O povoado de Hydesville é uma aldeia do condado de Wayne, distante cerca de 30 km da cidade de Rochester, no norte do estado de Nova York. Na época, a vila era um local de subúrbio, cheia de casas de madeira, residências grandes e bem construídas, mas quase não chamava a atenção de ninguém. Até que chegou ali uma família muito especial.

John Fox era de origem alemã, da família dos Voss, um homem enérgico como os militares que estavam surgindo na velha Alemanha. A pronúncia de seu nome era muito sugestiva ao povo norte-americano, lembrava uma raposa. E para a pronúncia bater com a grafia, o responsável pela imigração americanizou o nome para Fox. E assim ficou. Sua esposa Margaret, por seu turno, era de origem inglesa, com alguma mistura da França. Em 11 de dezembro de 1847, John alugou a casa para morar com a família.

John era um homem muito religioso, membro da igreja Metodista. Fazia palestras no templo e por esse motivo era respeitado como "pastor" da igreja. Não se importava nem um pouco com a má fama da casa. Aquilo para ele nada contava. Apenas queria uma nova residência e o aluguel daquela estava mais em conta, parecia ideal para ele e a família.

Embora os Fox fossem uma família grande, apenas parte dela viera na mudança. Leah, a filha mais velha, de 23 anos, ficara em Rochester. Era professora de música e tinha se casado havia pouco tempo. Também ficara longe o irmão David, que morava em Auburn, além de dois outros irmãos e da adorável Emily Fox, esta já desencarnada. A pequena Emily deixara muita saudade. Houvera passado para o além-vida havia pouco tempo, nos braços de Leah, quando tentava se recuperar de uma forte gripe, complicada por uma pneumonia. Naquela época, a medicina não tinha os recursos atuais, pouco resolvia quando o caso era infeccioso. E a pequena Emily se despediu da vida com apenas três anos. Todos da família ainda sentiam sua falta, quando chegaram a Hydesville.

Naquela casa misteriosa, as irmãs, Margaret, também chamada de "Magie", com 14 anos, e Katherine, a pequena "Kate", com 11, iriam fazer o primeiro contato com os espíritos, inaugurando o surgimento do "moderno espiritualismo" nos Estados Unidos. O fenômeno mediúnico seria descoberto por elas. E nos anos seguintes, invadiria a velha Europa, causando ali uma verdadeira revolução de ideias. Na verdade, esse episódio seria visto como o evento raiz de onde germinaria o Espiritismo, codificado por Allan Kardec.

Não tinha se passado muito após a mudança. A família Fox mal tinha acabado de arrumar os móveis quando as coisas começaram. Bem na hora do jantar, durante a prece, um rumor estranho pareceu soar no quarto das meninas. John Fox correu até lá. Abriu a porta, olhou bem e não viu nada. Certificou-se do fechamento das janelas: estava em ordem. Procurou em outros cômodos: não tinha ninguém. Então voltou para continuar o jantar: "Não tem nada lá, deve ser o vento!", resmungou num tom amistoso. E o jantar prosseguiu sem mais incidentes.

No dia seguinte, quando a família estava reunida na sala, aquele estranho rumor voltou de novo. E outra vez parecia vir do quarto das meninas. Todos correram para lá. E, como no dia anterior, nada foi visto. "Deve ser uma brincadeira de mau gosto da vizinhança", disse a senhora Fox.

Alguns dias depois, as coisas se modificaram. Além do barulho, quando todos foram ao quarto, encontraram ali tudo de pernas para o alto. Os móveis estavam revirados, as gavetas abertas, as roupas caídas, as coisas misturadas... Era um verdadeiro pandemônio. Eles observaram bem: nada fora roubado e as janelas estavam fechadas. Mas tudo estava em completa desordem. O senhor Fox não teve dúvida: "Isso é coisa de moleque!". E a partir daquele dia, logo no início da tarde, passou a vigiar o jardim, permanecendo ali até as 10 horas da noite. Mas não conseguiu ver nada incomum. E a mesma vigília se repetiu nos dias seguintes. Até que certa noite, durante a madrugada, entre uma e duas da manhã, todos foram acordados com pancadas na parede, que pareciam vir de fora. Mas lá fora, não tinha ninguém. John Fox não acreditava que aquilo fosse manifestação de *poltergeist*, coisa de espírito.

Contudo, no correr dos dias, sua esposa foi ficando desconfiada. Ela disse que parecia "coisa do outro mundo". Mas, como pastor respeitado da igreja, ele não poderia aceitar esse argumento de modo fácil. Queria tirar tudo a limpo. Então foi à igreja pedir ajuda aos irmãos de ideal. Todos ali o escutaram atentamente. E de fato estavam dispostos a ajudá-lo. Enquanto os mais decididos o seguiram até em casa, no intuito de vigiarem tudo para restauração da ordem, outros, mais precavidos, ficaram no templo, falando baixinho que aquilo era "coisa do diabo". As pessoas ali tinham a antiga tendência de culpar o diabo por tudo.

Sem perda de tempo, foi feito um plano para guardar a casa. E como as batidas ocorriam à noite, acertou-se de fazer uma vigia noturna constante. Quatro homens, dois a dois, ficaram encarregados da ronda no jardim. E outros quatro, para renderem os de fora, ficaram dentro da casa, descansando na sala, perto da lareira, para evitar que alguém entrasse por ela. Não demorou muito e as manifestações começaram.

Na presença de todos, movimentou-se sozinho o sofá da sala, fazendo um deslizamento repentino, totalmente inexplicável. No quarto das meninas, o leito de uma delas oscilou como pêndulo, fez um vaivém como se estivesse boiando em cima de uma onda, em seguida, parou. Na cozinha, a senhora Fox viu a mesa dar um salto à frente, como se estivesse dotada de vida. Nos demais cômodos, foram ouvidos passos no assoalho, mas os guardas não acharam ninguém. As madeiras estalavam. As fechaduras rangiam. Um dos guardas, disse que "o ar vibrava" perto dele. Outro se sentiu estremecido por algum tipo de "descarga elétrica", sem saber o que era. Um dos vigias do jardim, por uns momentos sentiu seu corpo "magnetizado". No quintal, ocorreu uma estranha explosão, pareciam "fogos de artifício", mas nada foi achado. Vivendo nesse clima, após alguns dias, os guardas não suportaram mais e deram o veredicto: "Senhor Fox, isso aqui não é coisa de vizinho, tem algo estranho por aqui...". E nunca mais voltaram a casa. Mas os Fox não arredaram pé. Eles ficaram ali à espera da coisa se definir, fosse o que fosse. E por diversas vezes o pai acudiu as filhas no quarto.

Certa noite, as meninas sentiram alguma coisa macia correr junto ao corpo delas, sem nada visível por perto. Em ato contínuo, ao se sentarem na cama, a mais nova gritou: "O que é aquilo?". E a outra respondeu: "É um cachorro peludo nos pés da cama". De modo enigmático, surgira no quarto o espírito de um cão. E parecia muito amistoso. Era uma aparição instantânea, fugindo de imediato da vista das meninas. A mãe, que nada vira, considerou aquilo "apenas uma visagem passageira", sem nada de mal. Mas, precavida, a partir daí deixaria sempre uma lamparina acesa a noite inteira no quarto das mocinhas.

Contudo, a família Fox era difícil de dobrar. John disse que ficaria ali o tempo todo, até tudo ser resolvido. E não arredou pé. Com essa disposição inabalável, na medida em que os dias passaram, eles foram se acostumando a casa. Os barulhos já não lhes causavam tanto medo, pareciam até mesmo da própria madeira. As meninas, certas vezes, achavam até divertido. O hábito, aos poucos, foi tomando conta. E todos ali foram ficando familiarizados com a barulheira.

Apesar de certas manifestações denotarem capacidade de vidência espiritual exclusiva das meninas, outras, contudo, eram manifestações gerais, em que todos podiam ouvir o som misterioso das batidas na casa. Mas, ainda assim, faltava o contato interativo das pessoas com o agente invisível, causador dos fenômenos. E isso aconteceria em seguida, por iniciativa das meninas. O primeiro contato foi muito curioso.

Embora a situação aguda já houvesse passado, ainda assim havia certa preocupação. Em fevereiro de 1848, as batidas se intensificaram e o desconforto na casa voltou. Algumas noites foram difíceis de dormir. Nessa condição, passou-se também o mês seguinte. No último dia, a 31 de março, ocorreria algo diferente. Os barulhos começaram como sempre. E pela "centésima" vez o senhor Fox teve de controlar o fechamento das portas e janelas. Para ele, houvera se tornado uma rotina. Enquanto lidava no cômodo ao lado, abrindo e fechando portas e janelas, no quarto das meninas, o mesmo barulho feito por ele se repetia no delas. Todo barulho de lá era repetido aqui por algo invisível, e bem na frente das meninas. Em razão do hábito, elas não tiveram medo. A senhora Fox, que entrara no quarto àquela hora, também presenciara o fenômeno. Ficara boquiaberta. E de imediato estancou. Calou-se por completo. E ficou com a atenção voltada para o quê viria em seguida.

A pequena Kate, a seu turno, vendo que o barulho era igual ao rangido de um pé de cabra ao tirar pregos da madeira, com sua pureza infantil chamou o suposto fantasma de *Splitfoot*. A imitação dos ruídos parecia uma brincadeira para ela. E a preocupação do senhor Fox era retribuída, em tom de zombaria, pelo agente invisível. Mas tudo passou rapidamente. O comentário depois foi geral. Enquanto a vizinhança dava a autoria daquilo ao diabo, as meninas o davam ao *Splitfoot*. E o apelido amistoso pegou.

Na noite seguinte, a senhora Fox e as filhas estavam conversando no quarto. Não havia barulho algum. Kate, com suas brincadeiras de criança, lembrou-se do barulhento e disse: "Senhor *Splitfoot*, por que não faz como eu?", e estalou os dedinhos da mão direita. De imediato, o mesmo barulho de um estalo de dedos foi ouvido no ambiente. Era algo curioso. E precisava ser confirmado, para saber se não era apenas um eco.

Magie, que estava ao lado de Kate, estalou os dedos duas vezes. E o agente invisível fez um som parecido, por duas vezes. Em razão desse divertimento, um clima de brincadeira fora estabelecido entre as meninas e o *Splitfoot*. Então Kate fez três movimentos silenciosos com o polegar, levantando e abaixando o dedinho num sinal de positivo. Um ruído suave e raro se fez ouvir ao longe, também por três vezes. Com essa resposta, a menina não se conteve e exclamou alto: "Mamãe, além de ouvir, ele também enxerga!".

A senhora Fox ficou pasma. O fantasma parecia amistoso. Então ela fez um pedido: "Por favor, bata até dez". E dez batidas foram ouvidas, pausadamente. Não havia dúvida, seja lá o que fosse, queria se comunicar. E aquela era sua maneira de "falar". Então a senhora Fox prosseguiu. Perguntou a idade das duas filhas. Para cada uma delas soou um número correto de golpes. "É fantástico!", exclamou sem hesitar. E perguntou em seguida. "É um ser vivo que me responde?". Não teve resposta. "Se for homem, dê uma batida, se for mulher, dê duas". Também não teve resposta. Aí perguntou: "É um espírito?". Então, através de batidas, teve a confirmação: "Sim". De modo raro, o *Splitfoot* se comunicava dizendo ser um espírito.

Hoje, um caso como esse é tido como simples no Espiritismo. Mas, na época, causara ao mesmo tempo uma sensação de absurdo e curiosidade, porque uma inteligência invisível, uma força desconhecida colocava-se à disposição dos humanos para um intercâmbio de conhecimento, fazendo uma "telegrafia espiritual" sem precedentes. Enquanto as pessoas se manifestavam por meio da voz, com o som brando da fala, o agente incomum, a seu turno, respondia com efeitos físicos vigorosos, com pancadas, para dizer que estava bem ali, embora não fosse visto por ninguém.

O espírito denotava ser uma criatura imaterial. E essa condição, dava a ele vantagem sobre as pessoas. Sendo de natureza sutil, poderia fazer coisas impossíveis a quem tem corpo sólido. Infiltrando-se por toda parte, podia ver e saber das coisas. Essa habilidade incomum, logo fora percebida pela família Fox e pelos vizinhos, com as perguntas feitas. A senhora Redfield, convidada a perguntar, recebeu respostas no mesmo sistema, uma para "sim" e duas para "não": ficou maravilhada, porque perguntara coisas íntimas e tivera respostas que ninguém poderia saber, senão ela mesma.

Certa feita, o irmão das meninas, David Fox, visitando a família e vendo a importância do evento, colocou um *quaker* a par de seus planos para contatar o espírito de modo mais eficiente. O senhor Isaac Port meditou um pouco sobre o que estava vendo. Concluiu que precisava primeiro convencer a si mesmo, depois aos outros ainda mais céticos que ele. Precisava estar certo de que não era uma ilusão, um engano, uma mentira. Então, inventou um artifício para facilitar a conversa. Improvisou o chamado *spiritual telegraph*, um painel para fazer o agente invisível "falar" com as pessoas. Os ruídos feitos pelo espírito precisavam ser substituídos por sinais inequívocos. Então compôs um alfabeto, correspondente a um número preciso de pancadas para cada letra. O espírito concordou em usá-lo. Com esse método mais preciso, outras pessoas foram convidadas a fazer perguntas. Então aconteceu algo surpreendente.

Vieram à luz coisas íntimas do espírito, que respondeu tudo de bom grado. Durante os contatos, disse que tinha sido assassinado, dentro daquela casa, anos atrás. Era caixeiro-viajante e na falta de um hotel para pernoitar, houvera pedido pousada na casa. O antigo morador praticara o crime, para lhe furtar 500 dólares. Contou que seu corpo fora escondido na adega. O caso era tão intrigante que precisava ser conferido.

No dia seguinte, o senhor Fox e os vizinhos começaram a cavar na adega, no ponto indicado pelo espírito. Contudo, após um metro e meio encontraram água, não dando para prosseguir. Alguns meses depois, na chegada do verão, as escavações foram retomadas. Cavando mais uns dois metros, encontraram cabelos e alguns pequenos achados dados como supostamente humanos. Mas a falta de um esqueleto ensejou dúvidas, que na época não puderam ser resolvidas.

Anos depois, uma empregada doméstica recordou-se de que ali vivera certo casal Bell. E que um caixeiro-viajante realmente houvera pedido pousada uma noite. Naquele dia, ela fora dispensada para dormir em casa. Na manhã seguinte, disseram-lhe que o homem já havia partido. Ela continuou o seu serviço na casa, sem desconfiar de nada. Não obstante esse seu importante depoimento, ainda assim a empregada não foi levada muito a sério. Somente anos depois, as coisas ficariam mais claras.

Em 1904, reformada a cantina por outros moradores, ao ser derrubada uma parede divisória da adega, distante um metro da antiga escavação, encontrou-se um esqueleto humano, quase completo, e junto dele, uma mala de caixeiro-viajante. As investigações revelaram que o corpo houvera sido sepultado inicialmente no local da primeira escavação, mas, pouco depois, fora exumado, tendo sido sepultado entre os dois muros da adega, nitidamente para não ser encontrado.

De fato, pouco depois do horrendo crime, o espírito que houvera movimentado aqueles despojos, o simpático *Splitfoot* das irmãs Fox, falara com acerto sobre as circunstâncias de sua morte. Contara os acontecimentos e revelara a sua identidade, além, sobretudo, de comprovar com sua manifestação a imortalidade da alma e a capacidade de o espírito comunicar-se com o ser humano.

Na época da manifestação espiritual, mesmo sem encontrar um corpo, a polícia colheu depoimentos da família Fox, dos vizinhos e de outras testemunhas arroladas, constituindo indícios da morte de um homem e de sua volta, em espírito, para contar os acontecimentos, mas não o suficiente para alegar-se um crime. Fora um caso deveras incomum, cuja prova definitiva do crime, o cadáver, somente seria despojado 50 anos depois, embora tenha sido narrado com relativa precisão pelo próprio morto, na época, através de batidas.

De fato, nos depoimentos da época, a senhora Fox dissera: “Por esse método simples, fui informada de que se tratava de um homem de 31 anos, que havia sido assassinado na casa e cujo corpo estava enterrado na adega". Tratava-se de Charles Rosma, um desconhecido que pedira abrigo na casa, por apenas uma noite, e ali fora morto.

Os restos mortais ficaram expostos por muito tempo na localidade de Lily Dale, perto do sítio original, num importante centro do moderno espiritualismo norte-americano, formado, anos depois, pela Sociedade de Estudos e Pesquisas Espíritas.

Curiosamente, ainda durante as investigações do caso, o juiz da Suprema Corte de Nova York, John W. Edmunds, no curso de uma sessão convenceu-se de que algo incomum realmente acontecia com as irmãs Fox. Particularmente, ele constatou que a senhorita Margaret, em estado de transe, sem ele articular palavra, podia captar suas perguntas antes mesmo que ele as formulasse. Por transmissão de pensamento, ela as captava em silêncio e respondia em voz alta, com absoluta precisão. No curso de outras sessões, para espanto do juiz, sua filha Laura, também passou a entrar em transe, falando com perfeição outras línguas, inclusive umas muito estranhas. Fosse qual fosse a causa dos fenômenos, o juiz ficara certo de que as irmãs Fox não os produziam. A integridade moral da família Fox fora confirmada pelo magistrado.

O tipo de contato feito em Hydesville seria reproduzido, nos anos seguintes, em todos os países da Europa. Então, uma enorme onda se formou no Velho Mundo. E o professor francês, Denizard Hippolyte Léon Rivail, passou a estudar as manifestações, a partir de 1854, de um modo mais científico do que os norte-americanos e ingleses o fizeram na época. Passou a receber instruções dos espíritos para registrar tudo e formatar um corpo doutrinário completo.

De fato, coroando os seus esforços, em 1857, após três anos de intenso contato com os espíritos superiores, o professor Rivail, agora adotando o pseudônimo de Allan Kardec para não misturar suas outras publicações com os trabalhos de agora, publicou *O Livro dos Espíritos*, iniciando, assim, a codificação espírita.

A comunicação por som verificada em Hydesville foi o primeiro contato formal, por assim dizer, entre o homem e os espíritos. A técnica empregada fora rudimentar, de acordo com as possibilidades da época. A partir de Kardec, iniciaram-se novos estudos, verificando-se o aprimoramento das técnicas de comunicação. Hoje, tudo está renovado e mais desenvolvido. E o contato com os espíritos se faz de modo simples, rotineiro nos Centros Espíritas.

A descoberta e o estudo da mediunidade modificaram o entendimento do homem quanto às questões do além-vida. Os pesquisadores notaram que quando as irmãs Fox estavam presentes, os fenômenos ocorriam, quando elas não estavam, nada acontecia. Na ausência delas, o espírito não encontrava os fluidos necessários para fazer contato nem produzir fenômenos. Verificou-se que as meninas eram portadoras de propriedades especiais, liberando fluidos de seus corpos para uso do espírito motor.

Os fenômenos físicos verificados em Hydesville foram sons, luzes, deslocamento de móveis, levitação de corpos pesados, aparecimento de formas fugidias e materialização tangível de pequenas partes do corpo humano. Além desses, havia também os fenômenos psíquicos, caracterizados por captação de pensamento, de imagens e de vozes inaudíveis, sem que isso constituísse doença, fraude ou imaginação.

Comprovou-se que uma individualidade independente da do médium, oriunda de uma natureza exterior e invisível aos olhos do homem, fazia contato efetivo. Os experimentos levados a efeito depois, em laboratório, por cientistas de renome, não deixaram dúvida da efetividade das manifestações. E o Espiritismo Científico, após outros nomes intermediários, dados por eminentes estudiosos, fez emergir a atual Parapsicologia, estudada com rigor nas Universidades Espíritas brasileiras e espiritualistas de todo o mundo.

Em laboratório, notou-se um agente invisível na produção dos fenômenos. A criatura podia enxergar os humanos, escutava e respondia perguntas com inteligência. Estava claro que a sua constituição era totalmente incomum, de matéria rarefeita, por assim dizer. Não tendo um corpo de matéria sólida, por conseguinte não podia articular palavra, mas, estranhamente, podia produzir sons e movimentar artefatos produzindo inclusive a escrita.

No passado, o medo e a ignorância trataram de dar ao espírito um nome, o mais conveniente segundo cada cultura. As irmãs Fox o chamaram de *Splitfoot*. Parecia certo não ser um anjo, tampouco dava mostras de ser o diabo, por assim dizer dessas figuras dadas como símbolos do bem e do mal. Era apenas um espírito humano desencarnado, querendo comunicar-se. Um falecido que queria expressar-se e dizer de sua nova vida numa outra condição corpórea e numa dimensão do espaço-tempo invisível para nós humanos.

No início das manifestações, por medo, faltara decisão humana para contatá-lo. O barulho produzido pelo espírito visava apenas chamar a atenção. Em Hydesville, quando uma oportunidade se fez, independente do nome que lhe fora dado, o próprio agente se encarregara de dizer quem era e a quê viera. Estava disposto a mostrar que já fora homem, mas, agora, era uma entidade do mundo espiritual.

Os acontecimentos em Hydesville mostraram, de modo claro, que quem pretende fazer contato com inteligências estranhas a este mundo, deve considerar que todo ser inteligente se comunica de modo inteligente. Isso jamais deve ser esquecido, principalmente quando se trata de fazer contato com seres "menos materiais" de outros mundos.

As características de comunicação de outras civilizações do infinito, incluindo os seres encarnados em matéria para nós invisível, podem ser muito diferentes das da Terra. Um ponto comum ainda deve ser encontrado, para estabelecimento de uma interação regular entre as duas partes. Sem dúvida, trata-se de tarefa a ser realizada com o tempo, na medida em que avançar a cultura humana.

2

Os três aspectos do Espiritismo no Brasil

O que é ciência oficial e ciência espírita? O que faz a ciência espírita? Como os textos de André Luiz contribuem à ciência espírita? O Espiritismo na França tinha um caráter científico? No Brasil, a ciência espírita ficou em segundo plano? Hoje, qual o norteamento científico possível? Que preço se paga pela falta de ciência? É possível decifrar o mundo invisível de modo confiável sem a ciência espírita? Como revigorar hoje o aspecto científico do Espiritismo? Para reequilibrar o tríplice aspecto se deve desprestigiar a religião e prestigiar a ciência? São algumas indagações que vamos responder neste texto[2].

Sabe-se que a ciência oficial é o conjunto de conhecimento desenvolvido pelo homem num dado tempo, sendo superado por ele próprio num tempo seguinte. Tudo que o homem ergue e avança, termina por cair e ser ultrapassado por sua própria iniciativa. Assim ele evolui, aos poucos, conquistando tudo que há na natureza. Aquilo que num certo momento era oculto, no seguinte é decifrado, abrindo novos campos de observação e experiência.

A ciência espírita, por sua vez, caminha de mãos dadas com a ciência oficial até que esta atinja o seu limite, então ela deriva seu caminho a pontos invulgares, para investigar o mundo

2. Publicado em *Espiritismo & Ciência Especial* 50, em 2011 (N.A.).

invisível. No início da codificação, a ciência espiritista constatou a existência do mundo dos espíritos. Viu que dele emergem seres inteligentes, sem massa aparente, os quais vivem ali de modo peculiar.

A ciência espírita se presta a examinar os fenômenos do chamado "mundo espiritual", inexplicados pela ciência oficial. Seu objeto de estudo é o espírito, suas manifestações no mundo corporal e sua destinação. O espírito é entidade inteligente de natureza invisível, que pode comunicar-se com o homem de maneira incomum, sendo notado pelo método experimental. A ciência espírita engloba tudo da natureza invisível – mundo dos espíritos, mundos menos materiais e profundezas etéreas –, e da natureza humana, de cunho anímico, própria do espírito encarnado.

A falta de conhecimento científico abre campo à ciência espírita para formular hipóteses, desenvolver teorias racionais, organizadas e sistemáticas, fornecendo elementos para investigação científica convencional. O fato por ela estudado, quando comprovado positivamente, passa à ciência oficial, como, por exemplo, à parapsicologia (ou psicobiofísica), a qual teve como antepassado os fatos da ciência espírita. Contudo, tais fatos ainda permanecem no domínio espírita, como saber adquirido e positivado.

Na ciência espírita, o fenômeno pode carecer da prática científica tradicional, constituindo-se, no início, de um "talvez científico", em razão da dificuldade que o pesquisador encontra para produzir, controlar e refazer o experimento. Exemplo típico dessa dificuldade é o estudo da manifestação dos espíritos no mundo corpóreo, oriundos que são de dimensão do espaço-tempo que a ciência oficial, com sua tecnologia, ainda não alcança de modo inequívoco.

A ciência espírita estuda também as estratificações do espaço-tempo em que se formam universos rarefeitos – o mundo das subpartículas. Localidades em que seres inteligentes "menos materiais" de alguma maneira eclodem, evolucionam e produzem objetos ultrafísicos para uso próprio. Utilizando técnicas por nós desconhecidas, essas entidades se fazem presentes materializando não somente os seus corpos, mas também os seus objetos ultrafísicos e fazendo contato.

A passagem de uma dimensão rarefeita para o mundo tridimensional denso ainda não é bem compreendida. Porém, dentre as forças atuantes, o magnetismo parece desempenhar função relevante e o médium, sob condições controladas e por tempo limitado, empresta seu ectoplasma às entidades espirituais, contribuindo decisivamente para os efeitos físicos de materialização obtidos. A ciência espírita estuda tais fenômenos.

Sabe-se que os grandes feitos espirituais são operados por entidades de elevada hierarquia, com força moral impecável, de inteligência rara e com recursos notáveis. Contudo, parte considerável dos feitos espirituais não é produzida por entidades elevadas, mas por outras de menor expressão, cujo grau moral e social é ainda baixo. Tais entidades são responsáveis pela "magia" e por outras práticas fenomênicas que se revelaram prejudiciais ao ser humano. A ciência espírita também as estuda.

Francisco Cândido Xavier, em seus livros da série André Luiz, mostrou de maneira notável o mundo invisível e as entidades que ali estagiam para evoluir. Descortinou a medicina do além-vida e procurou associá-la à medicina terrestre, evidenciando causa e efeito de certas patologias.

Naturalmente que Allan Kardec quando disse que o Espiritismo caminha com a ciência, referia-se à ciência da Terra, à dos homens, à oficial. Mas o autor espiritual de Chico trouxe algo novo, fazendo os espiritistas da área médica refletir sobre suas informações e procurar na própria área de trabalho os pontos convergentes.

Então, com o que lhes fora dado, os estudiosos puderam chegar ao efeito, ou seja, à doença psíquica ou física para compreender sua causa transcendente. Fora, sem dúvida, a "estrada inversa – de lá para cá", por assim dizer, dada pela espiritualidade para que houvesse compreensão da causa íntima e abrisse campo favorável para desencadear trabalhos de terapia "fluídico-espiritual" no Centro Espírita, seja de cunho psíquico, na desobsessão, ou de melhoria física, via perispírito.

Após o espírito André Luiz apresentar os fundamentos, caberia aos científicos espiritistas incluírem também a "estrada inversa" em seus estudos para avaliar a veracidade e a eficácia de uma suposta energia sadia em substituição a uma doente, seja espiritual ou anímica, como fator de cura, modo científico de certificar as informações. Trata-se de caminho científico trilhado inicialmente por Kardec, em suas experiências de magnetizador. A ciência espírita também está presente nesse estudo.

Em suas pesquisas, o codificador do Espiritismo era partidário de que os fenômenos por ele estudados deviam ser objeto da crítica experimental e da ciência positiva, por isso adotou rigoroso método investigativo. Logo de início, na formação da Sociedade Parisiense de Estudos Espíritas, em abril de 1858, Kardec deixou claro: "São proibidas questões políticas, de controvérsia religiosa e de economia social" na Sociedade[3]. Não poderia haver disputas nem preconceitos atrapalhando as pesquisas.

Cerca de um ano depois, na *Revista Espírita* – maio de 1859, num texto sobre *Refutação de um artigo de O Universo*, Kardec refutou os dizeres do abade Chesnel, que insistia ser o Espiritismo uma "filosofia destinada a tomar o lugar da religião".

---

3. KARDEC, Allan. *O Livro dos Médiuns*. Cap. XXX (N.A.).

Kardec, discordando, respondeu ao abade: "O verdadeiro caráter do Espiritismo é o de uma ciência *e* não o de uma religião, e a prova disso é que entre os seus adeptos estão homens de todas as crenças, e nem por isso renunciaram eles às suas convicções". E mais à frente, Kardec concluiu: "O Espiritismo não é, pois, uma religião". Contudo, o tempo e as ideias religiosas no Brasil se encarregariam de alterar essa condição inicial.

Anos depois, cerca de três meses antes da sua desencarnação, Kardec ainda continuava com a mesma opinião. Na *Revista Espírita* – janeiro de 1869, num artigo sobre *Estatística do Espiritismo*, acentuou: "O Espiritismo é uma opinião que não exige qualquer profissão de fé". E completou: "Basta simpatizar com a ideia para ser espírita". Em seus comentários, mostrou que havia espíritas em quase todos os países e nas diversas religiões. Estimou que em sua época houvesse seis ou 7 milhões de espíritas no mundo. O Espiritismo era, então, unicamente, uma doutrina.

E o que é doutrina? Damos aqui um exemplo. A Constituição Federal é a lei maior de um país. Um jurista de conhecimento vasto, dotado de grande erudição, pode fazer as suas reflexões e dar o seu entendimento da lei – tal interpretação chama-se "doutrina". Doutrina, pois, não é a lei, mas a emérita interpretação de seu texto.

Por comparação, podemos dizer que as *Sagradas Escrituras* formam a religião – a lei; e a sua "interpretação emérita" – a doutrina. Portanto, doutrina é o ensino dos dogmas, dos mistérios e dos preceitos de uma religião, segundo a "interpretação" de um sábio de vasto conhecimento e grande erudição, mas não é a religião, não é o código legal. O ensino dos Espíritos a Kardec é, pois, uma doutrina.

O astrônomo francês, Camille Flammarion, amigo íntimo do codificador, em seu discurso fúnebre homenageando

Kardec, corroborou: "O Espiritismo não é uma religião, mas uma ciência, da qual apenas conhecemos o ABC". E essa ciência espírita, recebendo interpretação filosófica e religiosa dos espíritos codificadores, formou a doutrina.

A Doutrina dos Espíritos tem o chamado "tríplice aspecto", ou seja, usa Ciência, Filosofia e interpreta Religião. Em razão disso, no Brasil, adotando uma linha variante da usada por Kardec, os adeptos brasileiros mais impregnados de religiosidade deliberaram priorizar o aspecto religioso; hoje, a ala religiosa constitui maioria no movimento espírita. Não nos propomos neste texto a examinar os porquês disso.

Os exaustivos trabalhos de notáveis psicobiofísicos, desde Kardec até meados do século XX, principalmente na França, na Inglaterra, nos Estados Unidos, na União Soviética e países europeus adiantados, muito contribuíram para o entendimento científico do Espiritismo. Um grande esforço sobre isso foi realizado em 1925 pelos espiritistas de primeira hora, então já idosos, quando os céticos e materialistas quiseram tirar os espíritos do contexto científico, atribuindo à mente humana todas as manifestações. A obra *Léon Denis e o Congresso Espírita Internacional de Paris*[4], mostra um pouco esse notável esforço.

Contudo, a prática cotidiana no Brasil, desenvolvida por ilustres espiritistas a partir do século passado, encarregou-se de deixar a doutrina como está hoje. Dentro do tríplice aspecto, a ciência espírita ficou em plano menor, a filosofia ocupou o seu devido lugar e a religião, por sua vez, deve ter superado as expectativas do codificador. Dificilmente se acha hoje uma instituição com o propósito científico da de Kardec,

4. MACHADO, Daisy Jurgensen (org.). *Léon Denis e o Congresso Espírita Internacional de Paris 1925*, Cf. Bibliografia (N.A.).

especificado de modo cristalino em *O Livro dos Médiuns*[5], vale conferir.

No campo mediúnico, ao contrário das expectativas iniciais do codificador, dificilmente se acha hoje uma instituição que faça contato com espírito "desencarnado em outro orbe" ou com entidade "encarnada em esfera sutil", como a de Julnius, por exemplo, que Kardec registrou em seu tempo[6].

Mas Kardec não podia avaliar cientificamente aquela manifestação de Júpiter, embora a tenha submetido à apreciação da Sociedade, validando a comunicação do ponto de vista espiritista com os préstimos de São Luís. Hoje, um século e meio depois, por certo aquelas entidades deveriam habitar o mesmo orbe dado na *Revista Espírita* – de cuja informação o livro *A Gênese*[7] também faz referência –, e vir à Terra para contato mediúnico. Ocorre que tais contatos se tornaram tão parcos nas instituições espíritas que hoje, na maior parte delas, eles praticamente inexistem. Não vamos falar aqui dos motivos, os nossos livros de ufologia já o fizeram.

Dentro do "tríplice aspecto", num primeiro momento, a ciência é coisa distinta da religião, e isso é fato incontestável, mas num segundo instante, as coisas podem mudar. Explica-se: um investigador psíquico, totalmente isento, haverá de colher resultados, fazer deduções e tirar seu aprendizado da pesquisa realizada; quando conclui a sobrevivência da alma após a morte, a sua natureza extrafísica e a influência dela no mundo dos vivos –, então nos parece difícil fazer a distinção, pois, para ele, a "ciência" absorve a "religião", virando coisa única.

---

5. KARDEC, Allan. *O Livro dos Médiuns*. Cap. XXIX-XXX (N.A.).

6. *Revista Espírita*. Ago. 1858, art. *Habitações em Júpiter* (N.A.).

7. KARDEC, Allan. *A Gênese*. Cap. XIV, I:8 (N.A.).

A dificuldade do pesquisador se resume em demonstrar a outros, de modo absolutamente científico, a sua conclusão. De início, no Brasil, esse "ponto de fusão" entre ciência e religião fora achado e aceito com observações práticas, na esperança de que, depois, tudo ficasse certificado pela ciência oficial; em seguida, vieram as novas gerações de espiritistas, as quais deram os fenômenos como verídicos, dispensando novas pesquisas para certificar aquilo que já era tido como "certificado" no passado, considerando-o como "coisa certa". Ocorre que no passado, observando os fenômenos, havia apenas a crítica experimental, não a certificação positiva dada pela ciência. Salvo em parca referência médica, o espírito, para ciência oficial, ainda não existe.

Hoje, contudo, a ciência está num grau de desenvolvimento muito maior que no passado, podendo contribuir de modo mais intenso não só para contrapor argumentos e elucidar fatos obscuros, mas também para corroborar o aspecto insólito de certos fenômenos espiritistas.

No Brasil, sede principal do movimento espírita mundial, o norteamento científico que fora dado à doutrina fez o processo de autocrítica ficar escasso nas instituições, pois ciência espírita não é apenas falar de ciência, mas aplicá-la nas atividades psíquicas e mediúnicas; é pesquisar, avaliar e certificar as manifestações com técnicas modernas.

Considerando-se isso, a pesquisa estacou na maior parte das sociedades espíritas, vivendo-se hoje mais de estudar os feitos do passado do que de investigar os do presente. Mas o passado é história e não se pode viver dele indefinidamente, porque ciência é movimento constante de progresso; sendo assim, o caminho científico traçado por Kardec cedo ou tarde terá de ser retomado, para a doutrina caminhar de mãos dadas com a grandeza dos tempos atuais.

As modernas técnicas de hoje podem ser aplicadas amplamente na "casuística dos espíritos", como: na avaliação dos contatos mediúnicos, nos transcontatos por instrumentos, nas curas espirituais (confrontando inclusive os testes clínicos antes e depois das curas), nos fenômenos de materialização, na teleportação de objetos, nos fenômenos de *poltergeist*, na precognição e seguimento dos fatos. O objetivo é "certificar o espírito desencarnado" e sua destinação, para ser aceito pela ciência oficial.

As técnicas podem também ser aplicadas nas "atividades de cunho anímico", como: emancipação da alma e seus feitos extraordinários, realizações intelectuais de cunho espírita, eventos psíquicos incomuns, experiências de quase morte, regressões a vidas passadas, estudos da reencarnação e uma gama variada de outros eventos, em que as modernas técnicas podem estar presentes e ajudar na elucidação das experiências da alma. O objetivo é certificar o espírito encarnado no homem, o motivo de estar aqui e para onde vai após a morte.

Exemplo típico da falta de ciência aplicada nos eventos espíritas é hoje a suposta reencarnação do espírito Emmanuel. Divulga-se a notícia, mas o que está sendo feito em termos de ciência espírita para apurar a verdade? Não refutamos a reencarnação do espírito, mas, nos tempos atuais, após as recentes e numerosas pesquisas de vidas passadas feitas por Ian Stevenson e Hernani Guimarães Andrade, a reencarnação de Emmanuel já poderia estar sendo pesquisada com método científico aceitável.

O ideal é que a sua constatação científica fosse o motivo da notícia, não a especulação. É claro que a mídia cumpre o seu papel em divulgar a notícia, mas para o povo tê-la como verdadeira, a tarefa é outra. O crente poderá tomá-la como verdade, mas quem não comunga da crença a terá como fantasia.

Somente a ciência espírita em trabalhos bem elaborados poderia aclarar os fatos e mostrar ao povo que a suposta fantasia tem chances de ser realidade. Se por um lado tal pesquisa é desafio de risco, por outro é chance ímpar de comprovar a reencarnação.

É preciso ter em mente que para mostrar a verdade, Kardec não mexeu com a emoção nem com o imaginário das pessoas, mas com o raciocínio e a razão. De modo geral, hoje, a sociedade não aceita mais suposições sem base investigativa. Tudo é tomado como crença descabida, em prejuízo dos médiuns e da doutrina. O preço que se paga pela falta de ciência é o descrédito e, por consequência, a pequena aceitação da ideia e a taxa irrisória na propagação de adeptos.

Diante da importância das atividades científicas, não cabe cerceá-las nas instituições espíritas organizadas, principalmente nas de médio e grande porte. Não seria o mais inteligente, pois os fenômenos migram para outras casas, onde surgem outros médiuns e outras pesquisas, culminando por surgir novas doutrinas e a aderência inevitável de simpatizantes.

Como exemplo, houve na Itália o surgimento do médium e sensitivo hoje mais conhecido do mundo – Giorgio Bongiovanni, que ergueu sua própria doutrina cristã em detrimento do catolicismo e angariou muitos simpatizantes no mundo todo e com muito mérito; no Brasil, são exemplos de tal independência e desenvolvimento Waldo Vieira, Trigueirinho e Mônica Medeiros.

Há, contudo, excelentes pesquisadores em instituições que poderiam ser consideradas genuinamente espíritas, mas, às vezes, encontram a incompreensão do meio, como, por exemplo, o trabalho de Transcomunicação Instrumental da pesquisadora Sônia Rinaldi, em São Paulo, que além dos falecidos está captando sons e imagens de entidades alienígenas.

Não são apenas os humanos que se manifestam por instrumentos, há também os humanoides ultrafísicos. Isso mostra que na prática científica há surpresas, acha-se também o inesperado. No mundo invisível não há somente "falecidos", mas também seres "encarnados" em corpos menos materiais – os ultraterrestres, tão invisíveis para nós quanto eles. Assim, é preciso saber lidar com o novo, o que não está acontecendo nas instituições, por falta de certificação confiável que deveria ser feita por uma ciência espírita nos moldes da idealizada por Kardec.

Observam-se, também, os trabalhos de materialização no Lar Frei Luiz, no Rio de Janeiro, onde o médico Paulo César Fructuoso e outros trabalhadores prestam auxílio e testemunham curas por espíritos materializados, os quais não atuam apenas no corpo espiritual, mas no físico do indivíduo. Talvez possa tratar-se de prática que a medicina convencional imponha as suas cautelas, mas o fato é que ela está aí e tem de ser pesquisada, ao menos pela ciência espírita, para devido entendimento do fenômeno e divulgação dos resultados.

Exemplo de ciência espírita é o trabalho do médico Frederico Camelo Leão. Para melhoria dos pacientes com deficiência mental grave, em ambulatório espírita especializado, o médico executa a medicina convencional, mas pesquisa em paralelo o auxílio do processo mediúnico, englobando emancipação da alma do paciente e sua incorporação em médium, condição na qual recebe sugestões por meio de psicologia positiva. Os resultados satisfatórios já foram obtidos, mas precisam ainda ser repetidos, em outros pacientes, pois se houver a comprovada eficácia, a prática poderá ser estendida em benefício de muitos.

Tais pesquisadores adotam práticas verdadeiramente científicas, mas quando reduzidos pela crença exacerbada ou pelo ceticismo são tidos como inconvenientes e desnecessários à doutrina, simplesmente porque a ciência é o caminho culto da decifração e porque o médium, desacostumado, tem receio da pesquisa. Mas se as instituições espíritas trilharem o caminho delineado por Kardec, o Espiritismo haverá de ajustar-se.

Há que se ter em mente que a falta de ciência aplicada ao Espiritismo e de autocrítica experimental nas instituições são problemas pendentes de solução. A falta de ciência estreita os limites da razão, retroage o homem ao passado do desconhecimento, abre as portas ao misticismo indesejado, transforma doutrina em religião, dá causa à crença desmedida, descuida do raciocínio lógico, gera dúvida e pode conduzir ao ridículo, abrindo campo aos desequilíbrios, às contendas internas nas instituições e aos processos obsessivos.

A falta de ciência nos fenômenos mediúnicos reduz a confiança do público nos médiuns e na doutrina, além de dificultar a sua divulgação na mídia moderna, por falta de vídeos e de trabalhos confiáveis que expressem os feitos incomuns e possam dar crédito aos fenômenos pleiteados como espiritistas. Hoje, com a ciência espírita parca, até a imprensa de linha editorial científica se ressente de textos com casos atuais e pesquisas confiáveis para publicação.

Sem dúvida, o tríplice aspecto doutrinário precisa ser equilibrado na balança, dando mais força à ciência espírita. É preciso organizar as sociedades maiores para ter nelas uma consultoria psicobiofísica, um pesquisador anímico e mediúnico sério, da linha do saudoso professor Hernani G. Andrade (Instituto Brasileiro de Pesquisas Psicobiofísicas – IBPP), pois do mundo invisível sabemos pouco cientificamente.

O que se sugere hoje é que a ciência espírita seja colocada no seu devido lugar – dentro das instituições espíritas maiores. Nelas, poderia ser montado Laboratório de Pesquisa Psicobiofísica para desempenhar, em ambiente próprio, o papel que lhe cabe. Nesse meio adequado, os médiuns se sentiriam confortáveis e estimulados a exercitar as suas faculdades com pessoas afins, que lhes compreendem, podendo produzir resultados cientificamente satisfatórios.

Assim, a ciência espírita poderia cumprir o seu papel e ofertar suas pesquisas em publicações sérias e periódicas, das quais as organizações menores e o público, em geral, teriam referências confiáveis.

Um consultor psicobiofísico de linha espírita poderia dar à prática mediúnica importante conteúdo de ciência, facilitando o entendimento dos médiuns e dos sensitivos sobre si mesmos, o seu grau de acerto nas atividades paranormais e a interação com essas frequências de vida mais adiantadas, detentoras de recursos científicos diferentes dos nossos.

Afinal, não obstante os cursos elaborados em nível de excelência e as práticas muito bem ministradas da mediunidade, não há hoje como avaliar os médiuns após a conclusão dos cursos na prática cotidiana, senão com metodologia e instrumentação científica capaz de mostrar a verdade de modo imparcial e acima de qualquer suspeita.

Há que se ter em mente que as práticas psicobiofísicas não existiam na época da codificação, mas surgiram depois. No passado, não havia sequer o avião nem se cogitava atravessar os oceanos pelo céu, hoje o homem se prepara para chegar a Marte. O Espiritismo deve caminhar com a ciência, por isso não pode ficar fora das pesquisas internas. Por certo, um convênio com Universidade afim ajudaria muito planejar, montar e fazer o aviamento de um Laboratório de Ciência Espírita nas grandes instituições – é o caminho da modernidade! Kardec esteja onde estiver ficaria rejubilado.

Exemplo de instrução e acompanhamento científico do passado pode ser notado tomando-se a médium irlandesa Eilleen Garret. A partir do segundo quartel do século XX, quando os recursos científicos ainda eram diminutos e querendo conhecer melhor a si mesma e a sua mediunidade, Garret começou a realizar estudos e trabalhos magníficos com notáveis pesquisadores ingleses. Suas faculdades e seus feitos mediúnicos foram pesquisados por Hewat McKenzie, William James, Harry Price e Sir Arthur Conan Doyle, conceituado autor do prestigioso livro, *História do Espiritismo*[8].

Mais tarde, após a desencarnação de Doyle, ela o recebeu em contato mediúnico, confirmando tudo que houvera aprendido. A autobiografia dessa médium foi publicada em *Muitas vozes*[9], servindo de boa referência para médiuns. O que existe hoje são essas referências científicas do passado, mas é preciso avançar, com outras e novas referências. Sem dúvida, hoje se pode fazer muito melhor que ontem.

Uma pesquisa realizada com os médiuns brasileiros mais proeminentes da atualidade poderia esclarecer o próprio médium sobre si mesmo, avaliar a sua faculdade, a sua sintonia com o mundo dos espíritos, o seu grau de acerto como sensitivo e prover o intercâmbio espiritual de tecnologia moderna. Assim, talvez se consiga certificar as coisas do mundo invisível. Então seria possível dar a público, com método confiável, aquilo que hoje para o leigo parece apenas truque, ficção ou lances ilusórios de uma mente fascinada.

Em suma, no ensino e na divulgação do aspecto filosófico-doutrinário, bem como no ensino da prática mediúnica, o Espiritismo está hoje aparelhado como nunca, podendo

---

8. DOYLE, Arthur Conan. *História do Espiritismo*, Cf. Bibliografia (N.A.).

9. GARRET, Eillen J. *Muitas vozes*, Cf. Bibliografia (N.A.).

cumprir na íntegra o papel que lhe fora idealizado por Kardec. No aspecto religioso, pelas circunstâncias brasileiras que motivaram transformar doutrina em religião – não tratadas neste texto –, as quais implicaram na falta de aderência das demais religiões aos fenômenos espíritas e na concorrência por adeptos, não vemos que esteja conforme os preceitos registrados na codificação, mas além dela.

Contudo, é preciso ressaltar que, no tríplice aspecto, não é a Filosofia e a Religião que devem diminuir suas forças para equilibrarem a balança, mas sim a Ciência Espírita, que deve ter sua força revigorada para se equiparar às duas outras e refazer o equilíbrio. Por certo, na conjuntura brasileira, Kardec ficaria satisfeito com esse equilíbrio.

Finalmente, surge a oportuna indagação do codificador: – "E para que serve todo esse conhecimento se não for para melhorar o homem?".

De fato, o homem pode conhecer bem a ciência, a casuística dos espíritos e não avançar em humanidade; porém, se as instituições sérias reunirem em torno de si pessoas boas, estudiosas, intencionadas no bem e cientificamente preparadas, então haverá união, harmonia e fraternidade; não o inútil e pueril antagonismo, preocupado em elevar o amor-próprio, cheio de orgulho e de palavras, mas vazio de bom sentimento e de boas realizações.

Então, segundo Kardec, as sociedades espíritas "serão fortes, inquebrantáveis, respeitadas e imporão silêncio à tola zombaria dos opositores, porque falarão também em nome da moral evangélica, que a todos silencia". O tríplice aspecto doutrinário implica equilibrar Ciência, Filosofia e Religião, para se buscar a Verdade e mostrá-la ao mundo, com chances de memorável sucesso.

3

O futuro do Espiritismo – por Campos e Rinaldi

O autor Pedro de Campos e a transcomunicadora Sonia Rinaldi[10] estiveram trocando ideias, conceitos e debatendo sobre o futuro do Espiritismo[11]. Vieram à tona temas como a mudança de rumo para incrementar o desenvolvimento da Doutrina Espírita, a participação da nova geração espírita no processo, os caminhos a serem trilhados e como aumentar o número de adeptos no mundo. Não ficaram de fora temas científicos no intuito de entender se a ciência oficial, num futuro qualquer, poderá chegar ao estudo de outras dimensões, buscando nelas o espírito. Num exercício de futurologia, considerando-se os avanços da Transcomunicação Instrumental (TCI), tentou-se prever se num futuro mais ou menos distante teríamos chance de tratar com inteligências ultrafísicas assim como tratamos hoje, por telefone, com as pessoas amigas deste mundo.

---

10. Sonia Rinaldi é graduada em letras anglo-germânicas, autora de oito livros sobre TCI e diretora de pesquisas do Instituto de Pesquisas Avançadas em Transcomunicação Instrumental – IPATI. Lançou um *e-book* com a pesquisa na prática e rico material informativo. *Site*: <contatoipati@yahoo.com.br> acesso em jan./2012 (N.A.).

11. Publicado em *Espiritismo & Ciência Especial* 52, jan. 2012 (N.A.).

Rinaldi. De uns tempos para cá, notei o quanto as minhas pesquisas em Transcomunicação, somadas com o mestrado que fiz, acabaram me distanciando das religiões todas. Aprendi o quanto cada seguidor de uma religião tem certeza de que aquele é o único caminho correto; o quanto elas são ilógicas, o quanto as pessoas se submetem a dogmas que são ultrajes à racionalidade e o quanto elas submetem os seus fiéis. Hoje, vejo as religiões mais como um meio de domínio de massa do que um auxílio efetivo. Há uma máxima: *"A verdade tem de estar acima de qualquer fé"*. Penso que deveria ser a de todo pesquisador. Minhas experiências convergem para o Espiritismo como a doutrina que mais se aproxima da verdade, mas não esse que hoje prevalece, e sim aquele de base. Aliás, você colocou com propriedade essa diferença entre o que Allan Kardec propôs e o que fizeram da proposta dele[12].

Campos. Não são poucos os espíritas que estão preocupados com o futuro do Espiritismo. O desequilíbrio verificado hoje no tríplice aspecto doutrinário, com a ciência espírita relegada quase ao esquecimento, causou um distanciamento enorme aos propósitos de Kardec. Até mesmo a psicografia, tão importante que fora nos trabalhos do codificador para consolidar a doutrina e consolar os que perderam um ente querido, está hoje diminuta frente às outras prioridades da casa espírita. E isso preocupa, porque o rumo primitivo mudou.

Rinaldi. A psicografia tem os prós e os contras. No período de Kardec, surgiram médiuns efetivamente notáveis, mas hoje, com a proliferação excessiva de médiuns, não se vê aquela exuberância de ocorrências. É sabido que boa parte deles permite passar muita influência pessoal-mental naquilo que atribuem aos comunicantes. Isso pesa contra a doutrina. Já ouvi

---

12. *Espiritismo & Ciência Especial 50* (N.A.).

pessoas reclamarem de que a psicografia recebida não trazia nada que identificasse o falecido. Boa vontade não é um sinônimo de competência e o descrédito aos médiuns é apenas um dos inúmeros problemas que emperra o avanço. Se comparado às religiões, vejo o futuro do Espiritismo altamente comprometido.

Campos. A psicografia tem uma força enorme dentro do Centro Espírita e é muito consoladora ao familiar que a recebe de um ente querido. Já testemunhei tantas que perdi a conta. Mas de fato pode haver dificuldade de o parente identificar o falecido na mensagem. Isso geralmente se deve à própria dificuldade do espírito comunicante de se expressar escrevendo e até mesmo de externar o que tem a dizer. Quando essa dificuldade acontece, um espírito especializado em psicografar registra no papel a mensagem daquele e a dá aos parentes, mas não tem a pretensão de ofertar uma prova cabal do falecido, e sim um consolo à família. Neste caso, quem não crê, às vezes critica. Ocorre que o opositor contumaz sempre está disposto a não aceitar nada. É por isso que a psicografia tem os prós e os contras. Hoje, os médiuns são muito bem desenvolvidos e formados nos cursos idealizados por Kardec, mas apenas poucos fazem esse trabalho de psicografia, que é muito desgastante. O mentor espiritual sabe das dificuldades na psicografia e os dirigentes também, mas se a proposta da casa espírita é psicografar em público, a preparação é suficiente. A crítica pode ser exagerada.

Rinaldi. Será? Os números do senso 2000 falam mais que eu; temos de ver agora os de 2010. Não é fácil competir com o poder político e o dinheiro das instituições que apregoam o contrário, a exemplo das neopentecostais e até da católica tradicional. Elas realizam ações que atendem ao egocentrismo humano, à vontade de "ter" e à ideia de que "Jesus" dá tudo de presente. Quer melhor que isso?! Se essa não fosse a receita ideal, não daria tão certo. Mas dá! Se a massa quer isso... (daí o sucesso das chamadas novas religiões ou seitas), como convencer (e por quais veículos? rádio e tevê já estão nas mãos deles!) que cada qual responde pelo que planta?

Campos. Aí é outra coisa. Tenho a impressão de que os números do novo senso deverão balizar as novas ações no meio espírita, principalmente nas organizações maiores, que funcionam como mola propulsora das menores. Não dá mais para aceitar o percentual espírita na casa de uma unidade apenas. Se a doutrina é boa, mas não avança expressivamente, tem algo incorreto na sua divulgação, assim tende ao nanismo. A doutrina espírita não apregoa catástrofes, mas os místicos as divulgam como se fossem parte da doutrina, causando impacto público altamente negativo, distantes do bom senso de Kardec. Isso precisa mudar. E os que estão dormindo em berço esplêndido ficarão abalados – a perda de prestígio é inevitável e o comando muda de mãos. A nova geração está aí, basta ver a infância e a juventude de hoje. Assim como os mais velhos tiveram a sua chance de traçar o rumo no passado para a colheita de hoje, agora é preciso dar oportunidade aos jovens para fazer o futuro. Novas ideias e novas ações podem revigorar o movimento. Penso que haverá mudanças.

Rinaldi. No senso de 2000, os espíritas eram apenas 1,38% da população brasileira; no mundo, o percentual nem sequer conta. O Islamismo já ultrapassou o Cristianismo em número de adeptos, e se juntarmos as outras grandes, Judaísmo, Budismo e Hinduísmo, somam quase 95% da população mundial. Não adianta querer dourar a pílula. Os espíritas vivem imersos num mundo próprio e acreditam que a história vai reverter. Isso parece fugir da racionalidade e da lógica. O doutor Hernani Guimarães Andrade costumava repetir uma frase do tempo de Kardec: "O Espiritismo ou será uma ciência, ou não sobreviverá". Para mim, essa frase é um lema, e um indicativo de que os espíritas estão no trajeto errado. Se esse era o "norte", a maioria está indo para o "sul".

Campos. "E antes de tudo deve ser honesto", diria Léon Denis, em 1911. Na França, realmente não sobreviveu. Na Inglaterra, resiste apenas o aspecto investigativo. No Brasil, a doutrina foi transformada em religião, alterando o projeto de Kardec e causando enfartamento. Os religiosos apartaram de si os científicos, criando cismas de difícil contorno, porque estão convictos de seu acerto. Mas esse acerto precisa se refletir na prática, no senso de 2010, cujos resultados[13] veremos agora. Tenho procurado mostrar isso aos dirigentes – há necessidade de mudar o *status quo*. É preciso dar mais atenção à ciência espírita, porque ela própria tem condições de se fazer grande e reverter a inanição atual. A ciência pode dar a essa geração de moços e moças que gosta de computador, de *internet* e tecnologia de ponta, a lógica e a razão de que ela precisa para ofertar ao público a doutrina em sua originalidade. Para mim, esse é o aspecto a ser desenvolvido e são esses os veículos necessários.

Rinaldi. Sim, mas o que está sendo feito para estimular essa geração?

Campos. Não me restrinjo aqui à juventude espírita, mas falo no geral. Exemplo de atuação dessa juventude inovadora eu vi no Cosmos X, em Araçatuba, do qual participei há pouco. O evento se propôs discutir as realidades e os mistérios do cosmos, numa abordagem educativa que associava astronomia,

---

13. O censo IBGE 2010 revelou 2,0% de espíritas na população brasileira de 190 milhões, perfazendo 3.848.876 indivíduos de religião espírita (N.A.).

ufologia e espiritualidade. O pessoal do Instituto de Astronomia e Pesquisas Espaciais (INAPE) convidou os alunos do curso técnico de comunicação do Colégio Salesiano de Araçatuba para participar do evento e transmiti-lo pela *internet*, ao vivo. O empenho desses jovens foi total. Curiosamente, na noite em que se falou de espiritualidade a audiência foi maior. Houve 2.000 acessos ao *site* do INAPE, com 200 fixos, que assistiram à palestra até o fim. Houve, inclusive, a participação de internautas do Canadá e dos Estados Unidos, com perguntas ao vivo. São atividades assim, de estímulo e participação, juntando temas de interesse e atividade especializada, que a juventude espírita tem de ser convidada a participar – aprende, participa, ensina e produz outros eventos. O resultado é ótimo.

Rinaldi. Brilhante essa iniciativa! Mas é pouco. Não acho que os dirigentes espíritas tenham interesse em desgrudar do enfoque religioso. Em parte, a culpa é da nossa latinidade, essa coisa de muita emoção, paixão, e pouca racionalidade; e de outra, o Chico Xavier, que desenvolveu um Espiritismo impregnado de Catolicismo, talvez herança materna. Isso o tornou afinado com o brasileiro, que em suas raízes tem o pé na cozinha da Igreja e pouco a ver com a proposta original de Kardec. Poderíamos dizer que a nossa comunidade age de forma infantil, tipo os eternos pedinchões – sempre dependendo de um alguém "Acima" para suprir as necessidades materiais e emocionais. Já o ponto mais forte da doutrina, conforme proposto por Kardec, é o foco na pesquisa e investigação, ou seja, no seu aspecto científico – e isso sim, no seu integralismo, seria uma alavanca para a humanidade avançar na direção da maturidade.

Campos. Não vejo como diminuir o enfoque religioso nas casas espíritas; e digo mais, se não fosse esse enfoque, não haveria liga, deixaria de existir a tolerância, haveria muita discórdia e disputas intermináveis, causando cismas de difícil reparação. Eu gostaria de recordar que a doutrina espírita tem o chamado tríplice aspecto, que deve ser equilibrado. Sem equilíbrio, o religioso "acredita demais" e o científico "desacredita de tudo". O primeiro só quer Jesus, é o segundo só tem olhos para a ciência. É importante que um influencie o outro, para promover equilíbrio. Hoje, a balança está desfavorável à ciência espírita – é esta que deve ser revigorada, mas sem diminuir a filosofia e a religiosidade para restaurar o bom-senso e dar novo entendimento público do que efetivamente é a doutrina espírita.

Rinaldi. As religiões são constructos humanos. Basta uma revisão histórica para se perceber que as grandes "tradições" surgiram por motivos políticos, como forma de dominação. Elas não têm nada de "divinas". Se tivessem, seriam semelhantes entre si, e não são, até se contradizem. Já a doutrina proposta por Kardec floresceu num período perfeito, auge do Positivismo, quando imperava a necessidade da validação de tudo o que se propunha. E o Espiritismo emergiu nessa sopa borbulhante e sequiosa de conhecimento, momento em que predominava a racionalidade. Mais que isso – surgiu a partir dos fenômenos físicos investigáveis. Tempos depois, aqui no Brasil, ele assumiu vestimenta própria, distanciando-se da proposta de base. O prejuízo disso não pode passar despercebido. Os espíritas estacionaram no excesso de religiosidade, não deixaram a doutrina acompanhar os avanços da ciência – que hoje fornece ferramentas poderosas para autenticação da sobrevivência após a morte. Há alguns anos, tínhamos somente o doutor Hernani atuando na pesquisa científica. Hoje, temos vários nomes, sobretudo da área médica, buscando evidências científicas da vida após a morte para o Espiritismo ganhar respeito e não ser apenas uma crença de pouca representatividade.

Campos. Há pouco, no artigo a que você se referiu, procurei deixar patente a conveniência das instituições espíritas maiores, como as federações e outras de porte equivalente, em fazer parceria com universidade afim, para montagem de laboratório de pesquisas psicobiofísicas dentro daquelas organizações. O laboratório seria completo, teria de contemplar a TCI. Considero que quando a nossa juventude, versada como está nos computadores, descobrir que é possível falar com inteligências de outras dimensões por meio da tecnologia moderna, talvez haja uma "febre de contato" maior do que o da época de Kardec. São ações assim, com atividades de laboratório e pesquisa do mundo invisível que o Espiritismo deve realizar com apoio e incentivo dos dirigentes. Por certo, não esperamos isso de casa espírita pequena ou de médio porte, eu bem as conheço (minha mãe fundou uma, que funcionou por 40 anos) – não há condições para isso, é natural que nelas o aspecto filosófico-religioso se faça com mais vigor. Mas as organizações de grande porte têm o dever de colocar a ciência espírita no seu lugar e restaurar o equilíbrio, salvo se a doutrina for para elas apenas uma fachada ou tiver sido podada na base, transformando o monumental carvalho em delicado bonsai.

Rinaldi. Infelizmente, mesmo nas federações não se vê tal interesse pelo aspecto científico da doutrina. E para complicar, é uma convenção mundial que a ciência se mantenha alheia a quesitos propostos por religiosos. É claro que muitos cientistas têm as suas crenças, mas se nota o medo de quase todos em comprometer a carreira, caso deem crédito a algo como "os mortos vivem". Para eles, falar com mortos é ilógico de tal forma que poucos corajosos se arriscam. Várias universidades no exterior, sobretudo nos EUA, fazem pesquisas que envolvem a sobrevivência pós-morte. No Brasil, isso ainda é um sonho.

Campos. As Faculdades Integradas Espírita priorizam os conceitos fundamentais da doutrina, mas para outros a ficha ainda não caiu. A Nova Geração poderá resolver isso. Imagine, por exemplo, se os contatos por TCI nesses laboratórios fossem bem-sucedidos. A juventude espírita, que gosta de tecnologia de ponta, passaria os resultados para a *internet*. Os experimentos seriam esmiuçados. Haveria divulgação maciça e contatos invulgares com outras frequências de vida inteligente. Claro que haveria fraude e exagero, é a característica vulgar. Mas a ciência oficial não teria como ficar fora – novos recursos seriam achados para melhorar o processo. Então a verdade sobre os agentes emissores poderia vir à tona. O número de curiosos e simpatizantes aumentaria como nunca, não só no Brasil, mas em todo o mundo. Tenho a impressão de que quando a ficha cair para os dirigentes das nossas grandes organizações, haverá maior avanço da ciência espírita. Na atual conjuntura, só ela pode virar a mesa! Então, talvez possamos constatar que o futuro do Espiritismo é de fato promissor, como registrara Kardec.

Rinaldi. Você é um otimista. Com olhos na realidade, eu diria que dificilmente os cientistas dariam crédito a manifestações vindas de leigos. Como não deram até hoje. Quantos cientistas se dispuseram a verificar as curas do Arigó ou a profícua literatura do Chico? Até mesmo colegas com doutorado não causaram impacto, como, por exemplo, as pesquisas dos doutores Ian Stevenson, Elisabeth Ross, Hemendra Banerjee e Hernani Andrade, para citar um brasileiro. É uma luta árdua, mas o caminho tem de ser o desses pesquisadores, uma batalha individual ainda por um tempo, até que a soma dos esforços represente algo. Ou seja, uma mudança que vem de cima para baixo, dos cientistas para a sociedade. Aliás, se assim for, estará se cumprindo um pensamento de Kardec que para mim é quase uma profecia: "Quando do alto de suas cátedras os sábios proclamarem a existência do espírito, o materialismo terá sido vencido".

Campos. No que diz respeito ao Arigó, escrevi sobre esse tema no livro *Um vermelho encarnado no céu*[14]. Mas gostaria de lembrar que o tríplice aspecto da doutrina tem por objetivo o entendimento racional das coisas do espírito. O nosso compromisso é com a verdade que satisfaça a nós mesmos e ao povo, em geral. Na investigação, importa primeiro o convencimento pessoal, depois o de outros. Mas o acesso ao mundo dos espíritos é ainda muito difícil e o cientista tem dificuldade para experimentá-lo em laboratório. As pequeninas vitórias chegam com o tempo. Além disso, o cético é também idealista, não aceita o espírito e sonha derrubar o opositor para elevar os seus postulados. Há também os antagonistas religiosos, que para estacar o avanço de outras doutrinas advogam a teoria de que os médiuns possuem boa-fé, mas o que falam seria produto do subconsciente. Não temos pretensão de convencer esses opositores – a própria ciência o fará um dia, quando tiver condições de divulgar, "em sua cátedra", a existência do espírito e a sobrevivência após a morte. A TCI talvez possa ajudar nessa empreitada. O que acha?

Rinaldi. Em parte, sim! Digamos que existem dois lados: primeiro, o lado da possibilidade de análise e autenticação do fenômeno dentro de parâmetros científicos e, neste ponto, a TCI é o veículo mais forte para comprovar a sobrevivência; segundo, o lado que torna a Transcomunicação uma porta aberta para seres de todos os naipes, como a mediunidade também o é, certo? Se a TCI cai nas mãos de jovens, a curiosidade e o

---

14. CAMPOS, Pedro de. *Um vermelho encarnado no céu*, Cf. Bibliografia (N.A.).

fascínio podem atrair entidades igualmente interessadas em se divertir. Isso poderia criar um desserviço à doutrina. Ou seja, tudo que envolve divulgação requer cautela. Daí a necessidade de estudos feitos com rigor e responsabilidade.

Campos. Em termos de manifestação espiritual, as supérfluas e os embustes sempre existiram, inclusive no surgimento do Espiritismo. Se fosse ter receio delas, Kardec não teria feito o serviço. Além das obras básicas, a *Revista Espírita* foi o grande balão de ensaio no qual o codificador pôde depurar os fenômenos durante anos, isolando fraudes e inconvenientes. No livro *O Céu e o Inferno*, ele listou as manifestações mostrando os prós e os contras. É preciso um trabalho de esclarecimento público e filtrar as ocorrências. Mas se elas existem, então é sinal de que estamos lidando com fatos, material da alçada científica. Hoje, há alguns trabalhos de grande prestígio divulgados pela imprensa, pesquisados por notáveis científicos, como os doutores Alexander Moreira, Frederico Leão, Aírson Stein e outros de mesma linha, que investigam o fenômeno mediúnico unindo medicina e espiritualidade, mas exigindo que antes todo paciente tenha seu diagnóstico médico convencional. Penso que nesse campo investigativo poderia entrar a TCI.

Rinaldi. São grandes contribuições. Estão apontando que o cérebro e a mente são coisas distintas, e a mente-consciência sobrevive à morte do corpo. Não só entendo que seja possível apontar a realidade do espírito como também a existência de outras dimensões, até porque atuo diretamente nesse alvo. Esse é o fulcro da minha pesquisa. Temas como a sobrevivência após a morte, a existência de múltiplos planos, a comunicação e intercâmbio com "eles", a meu ver, não deveriam ser só da alçada das religiões. É tema para a ciência, em suas diversas áreas. Os religiosos costumam ver o que querem ver, não buscam a verdade nua e crua, mas se ajeitam na versão de mais afinidade, independente de ser ou não realidade. Aceitam dogmaticamente, porque faz parte das religiões desestimularem o questionamento e o raciocínio.

Campos. Ah, mas nós temos doutrina para mudar isso. O Espiritismo, no seu nascimento, constituiu-se na interpretação emérita dos Espíritos Superiores sobre um tríplice aspecto, não apenas o religioso, mas também filosófico e científico. No religioso, a ideia do mundo espiritual é própria de todas as religiões. O Cristianismo, desde o seu início, teve padres exorcistas. Isso só mudou na Igreja com o advento científico da psicologia e da psiquiatria, quando começaram achar que o "endemoninhado" tinha muito do subconsciente. Ocorre que o Espiritismo, não obstante concorde em parte com isso, os médiuns continuam advogando a origem espiritual das obsessões, inclusive eu. Aí é que entra a TCI, como meio científico para certificar os contatos espirituais. Se a ciência, investigando a mente do sensitivo ainda não consegue captar a existência de entidades ultrafísicas interferindo no processo, a TCI, por sua vez, usando uma estrada diferente, pode mostrar a existência do mundo invisível e a interação daquelas entidades espirituais com o homem. Vejo que está aí a importância da Transcomunicação para a ciência espírita.

Rinaldi. Sim, sem dúvida. Hoje, as nossas pesquisas com TCI apontam coisas tão surpreendentes que bastaria a autenticação delas por cientistas para se ter uma radiografia das realidades paralelas. Quer um exemplo? Tenho filmado com câmera de infravermelho. Sabe-se que a nossa visão não alcança esse patamar, mas os nossos "comunicantes" criam imagens notáveis dentro desse campo invisível para nós. Tudo bem documentado, para que, em algum momento, possamos contatar cientistas de peso, independente de crerem ou não, para análise desses fenômenos. É um começo do que podemos deixar plantado aqui. As nossas próximas experiências vão envolver também a faixa do infrassom, quando esperamos que os "comunicantes" se manifestem nessa faixa que nossa audição não alcança. Essas maluquices é o meu jeito de conduzir as pesquisas.

Campos. Isso se chama criatividade. Acho importante falarmos dos transcontatos, independente dos agentes que estariam se comunicando por TCI serem falecidos (espíritos) ou encarnados numa dimensão do espaço-tempo (seres ultrafísicos). Considero que o mais relevante seja o sistema de comunicação em si, se haveria como realizar um diálogo claro, com entendimento mútuo entre nós e os "operadores". A crítica mais comum tem sido que as imagens e áudios se apresentam difíceis, precisando de decifração, e decifrar não seria o ideal.

Rinaldi. Há que se considerar que não podemos ser simplistas. Criticar é desconhecer as dificuldades que os "comunicantes" enfrentam, pois "eles" não estão dentro do nosso mundo tridimensional. O som veiculado está dentro do nosso espaço-tempo, onde eles não estão! Pior, têm de se restringir a uma tecnologia primitiva como a nossa. Pelos fenômenos produzidos, nota-se que "eles" procuram suprir as deficiências dos nossos equipamentos. E, apesar de tudo, conseguem proezas inimagináveis. Eu diria que o correto, antes dos críticos emitirem parecer, seria aprofundar estudos para não incorrerem no engano de uma avaliação insuficiente.

Campos. Posso entender as dificuldades, mas o que se imagina no futuro é algo mais ou menos assim. Explico. Num contato telefônico entre nós, por exemplo, ninguém decifra nada – o interlocutor entende o outro sem dificuldade, sem chance de equívoco. Outro fator que gera desconfiança na TCI são as imagens em metamorfose terem como fundo uma pessoa humana, viva. Se de um lado tal procedimento facilita o "agente" na execução das metamorfoses, de outro, causa desconfiança nas distorções fisionômicas, fica a impressão de que é a própria pessoa viva desfigurada, não outra personalidade. O observador, talvez, crie em si uma espécie de imagem surrealista, um engano autossugestivo *semelhante a...* Tem algo novo, em termos de pesquisa, que possa superar isso?

Rinaldi. Vamos por partes, são temas diferentes. Nos telefonemas da Terra, em que os interlocutores se entendem, deve-se notar que ambos estão no mesmo espaço-tempo do mundo tridimensional. No caso dos "comunicantes", "eles" não estão no nosso espaço dimensional, mas devem agir aqui para gerar o que seja audível a nós. Se até certas ligações telefônicas são às vezes difíceis de realizar aqui, o que se dirá então da dificuldade deles?! Ainda assim, hoje a comunicação por TCI foi aprimorada – está mais clara que antes. No caso das Transimagens, temos de lembrar que as transfigurações ocorrem em tempo real, ao vivo, numa velocidade impensável para nós e com a manipulação da luz. Quero ressaltar – o fenômeno das imagens resulta de *manipulação da luz*, feita por "eles". A nossa ciência sequer cogita de como isso possa ocorrer, é um fenômeno totalmente inexplicável. Isso, os "comunicantes" (no caso, não humanos) fazem ao vivo, valendo-se de tecnologia insondável para nós.

Campos. Teria um exemplo prático? Estaria havendo uma fase nova de experimentos?

Rinaldi. Há um caso recente. No instituto, filmamos um engenheiro, nosso colaborador, que é careca. E não foi que na filmagem botaram cabelo nele! E ainda brincaram, fazendo-o loiro, depois moreno, cor dos olhos alterada, algo incrível que fizeram. Ele mesmo ficou estarrecido! Quem não se apercebe das dificuldades de moldar a luz acha pouco. Porque nós, humanos, com a nossa tecnologia, não sabemos alterar um rosto da mesma maneira, sem nenhuma ferramenta visível, manipulando a luz e em tempo real. Há coisas novas na TCI, não vamos demorar muito para divulgar.

Campos. Outro juízo crítico diz respeito às vozes dos “operadores” da estação espiritual ou alienígena, quando a falta de clareza dificulta o entendimento. Os sons não distintos no ato da recepção exigem estudo e decifração posterior. Nos áudios gravados, a “decifração” pode variar de pessoa para pessoa, causando incerteza e falta de consenso do que fora dito e se realmente fora dito conforme a decifração apresentada. O estágio ideal seria aquele em que haveria plena nitidez, de compreensão indiscutível. A TCI pode chegar a isso? O que falta?

Rinaldi. Isso me lembra que temos outro problema: lidar com a vaidade de uns tantos que mal começam a gravar, e com áudios de baixa qualidade saem por aí distribuindo a gravação. Por isso, é preciso cautela na divulgação. Recentemente, testamos uma nova forma de gravar que “limpou” muito as vozes. Vale dizer que, dentro dessa nova técnica, desenvolvida por nós, estão dois aparelhos de telefone, ambos com viva-voz, um gravador Vox e dois computadores. Como se vê, o arranjo é complexo, mas os resultados surpreendem. Tenho áudios perfeitos, recentes, que podem ser ouvidos no meu *site* <*www.ipati.org*>.

Campos. Fico me perguntando como “eles” conhecem técnicas que nós não conhecemos e sugerem inovações com os nossos próprios equipamentos. A sua afirmação de que seriam entidades “não humanas” é intrigante, e fica mais sugestiva quando se observa a fisionomia e a capacidade técnica desses “operadores”. Nota-se que está em curso um aprimoramento com novos métodos de trabalho e nova tecnologia.

Parece que o trabalho está se aproximando de um estágio com resultados mais promissores.

Rinaldi. Espero que sim. O que ocorreu conosco foi que, de um ano para cá, a nossa "chefia" do outro lado mudou de novo; agora, assumidamente, os seres não humanos tomaram a frente das pesquisas. Desde a entrada deles desenvolvemos e testamos com sucesso novas formas de comunicação como via *Skype*, por telefone, *Bluetooth*, celular etc. Mas se nota que "eles" não têm pressa no desenvolvimento, e talvez com razão. Penso que a nossa humanidade não está preparada para enfrentar essa realidade acintosa, pois não só mostramos que se vive depois da morte como, também, que outros seres, não humanos, nos contatam.

Campos. E por que vale a pena continuar?

Rinaldi. Por muitas razões. Porque estamos ajudando centenas de pessoas, sobretudo pais que perderam filhos, pessoas que não acreditavam na pós-vida e descobriram um mundo novo; porque ajudamos os nossos "amigos" a desenvolver tecnologia para esse intercâmbio; porque podemos alcançar o interesse de cientistas e autenticar a veracidade da sobrevivência pós-morte e, para mim, pessoalmente, porque me deslumbro com as ocorrências. Assombra-me o grau científico das entidades, o senso de cooperação, a paciência e a vontade que têm de prosseguir. Por muitos fatores, com certeza vale a pena o esforço.

Campos. Vejo que você está empolgada. Eu gostaria que depois desta nossa conversa, o meio espírita simpatizante conhecesse melhor o seu trabalho, os seus livros e tivesse essa mesma empolgação para desenvolvimento da ciência espírita. Seria um *pool* de pesquisadores em busca de novos equipamentos e novos métodos de contato com o mundo invisível. Penso que seria conveniente aqui, a título de esclarecimento, o seu ponto de vista sobre o porquê da Transcomunicação ser importante ao espírita.

Rinaldi. Os espíritas ainda não se deram conta de que a TCI é a ferramenta mais poderosa para comprovar a sobrevivência após a morte. Outros fenômenos nesse campo são subjetivos e de difícil investigação. Mas a TCI, sendo um fenômeno elétrico, pode servir-se da matemática, da física, das ciências da computação e da engenharia para validar os fenômenos. Nisso consiste a sua importância. Minha mais recente iniciativa foi a criação de um *Pool de Investigadores*, para o qual convidei pessoas das ciências exatas: engenheiros, físicos e técnicos em eletrônica. Fizemos a primeira gravação com o testemunho de quatro deles, há um mês, e os resultados deixaram a todos perplexos. Constatou-se a capacidade dos "emissores" de manipular a luz, como nós manipulamos a massinha de modelar. Imagine que os "comunicantes" chegaram a escrever no chuvisco da tevê. Fazem coisas notáveis, como imagens em 3D no chuvisco, animações ao vivo, interagem com os presentes e enviam imagens deles mesmos. Divulgamos um pouco disso no nosso *e-book*, lançado no mês passado. Mas ainda não colocamos nada no *site* – penso que, por enquanto, só deva chegar às pessoas interessadas, numa divulgação mais seletiva.

Campos. Eu já tive a oportunidade de entrar no seu *site* e vi ali muita coisa interessante. Inclusive, examinei detidamente o seu CD multimídia recém-lançado, *Contato em Transcomunicação na Prática*, com dezenas de áudios e vídeos que mostram o que é de fato a TCI. Com esses avanços, já seria possível prever um contato mais extenso com "eles", a exemplo de uma troca de ideias e informações como nós o fazemos entre nós por telefone? Dá para prever isso?

Rinaldi. O início disso já está ocorrendo! Quer um exemplo. Na semana passada fiz gravação para atender alguns amigos que aguardavam notícias de familiares falecidos. Fui conversando (numa mesma gravação) com "eles", e foi surpreendente a clareza das vozes e o conteúdo da conversa. Houve a identificação de voz em dois dos casos, incluindo o sotaque típico da origem – um catarinense e uma manauara. Foram 42 transcontatos registrados em gravação que ocorreu por telefone. Estão disponíveis para a revista, caso queiram utilizar. Mas é um sistema ainda restrito, que requer equipamentos de alto custo – investir na melhoria faz parte dos nossos objetivos. Temos divulgado essa técnica em *workshops*, para ensinar as pessoas a gravar e procuramos ajudá-las na medida do possível, sempre buscando tornar essa forma de comunicação mais e mais acessível.

Campos. Considerando que os "operadores" têm capacidade de manipular a luz em tempo real, coisa que nós não temos, isso só seria possível com o uso de tecnologia alienígena refinada – equipamento invisível ou oculto a nós. Então é o caso de indagarmos: Num futuro mais distante, "eles" poderiam chegar ao dinamismo da luz, exibindo imagens holográficas e vozes? O que "eles" dizem da holografia? Essa pergunta já foi feita a "eles"? Caso não, você poderia fazê-la e nos dar a resposta?

Rinaldi. Isso foi outra surpresa. As imagens holográficas já começaram a chegar. Tenho vários vídeos nos quais eles criam volumes tão definidos que se tem a impressão de se poder pegar, quando, na verdade, nada havia ali diante da câmera. Mas você tocou num ponto crucial. Sim, a pergunta já foi feita! Isso que está ocorrendo me parece apenas o começo. A pontinha do *iceberg*. "Eles" informaram que desejam trazer imagens que saiam materializadas da televisão, e que possam se locomover no espaço. Já pensou que evidência isso representaria para os postulados da doutrina espírita? Aliás, me permita corrigir, deixaria de ser evidência, para ser prova em forma holográfica.

Campos. Fantástico! De fato, o universo é algo monumental e misterioso principalmente no seu aspecto profundo. Funciona numa ordem perfeita, denunciando a ação de uma inteligência invisível que organiza todas as suas estruturas. Jesus chamou esse intelecto subjacente de Pai. Eu procurei entender esse Pai até mesmo como conjunto organizado por si mesmo, mas a lógica de raciocínio me pareceu fraca. Então certa feita, em casa, quando eu só tinha espaço para a ciência em meu cérebro, eu abri por acaso o Evangelho e vi que para Jesus a imortalidade da alma era fato incontestável, demonstrada por Ele na chamada ressurreição. Então fui mais à frente e li: "Eu sou o Caminho, a Verdade e a Vida, ninguém vem ao Pai senão por mim". Era esse Pai que eu procurava na ciência, e que poderia achá-lo agora, no caminho religioso. Li no Evangelho palavras e aspirações não encontradas em ciência nenhuma. Desse dia em diante, cansado de encarar a vida pelo lado prático e útil, embora eu ainda dê valor à ciência, e em especial à espírita, reservei um lugar na consciência e persigo mais um ideal – buscar o Cristo para, depois, tentar achar o Pai. Mas faço isso com equilíbrio. E cada qual com a sua cabeça. Espero que esta nossa troca de ideias possa ser proveitosa também a outros. Agradeço de coração.

4

VIDA EM DIMENSÃO PARALELA – TEORIA ULTRATERRESTRE

Supondo que a Teoria Unificada das Supercordas[15] e seus aprimoramentos forneçam uma descrição aceitável do universo com espaço-tempo de várias dimensões, então poderíamos cogitar que além das energias presentes em suas dez ou 11 camadas seria possível também ter eclodido algum tipo de vida. Afinal, o universo conhecido passou mais tempo em fase de energia do que em estado sólido. E durante aquela primeira fase, algum tipo de vida ultrafísica pode ter surgido e evolucionado, assim como, depois, surgiu e evolucionou a vida física na Terra. Considerando isso, naquelas camadas de energia sutil teriam emergido mundos ultrafísicos, povoados por essências inteligentes. Naquelas esferas, os espíritos estariam encarnados em corpos "menos materiais"; ou seja, em bioformas ultrafísicas, diferentes em densidade dos seres vivos da Terra.

O termo "menos material" deve ser entendido como uma espécie de "energia" em várias gradações. As partículas e subpartículas dessas esferas poderiam ser detectadas no futuro pela nossa ciência, por meio de aparelhos dotados de tecnologia avançada, ainda não inventada. A bioforma inteligente, por sua

15. Para saber sobre essa teoria, ver HAWKING, *O universo numa casca de noz,* capítulo "Admirável mundo novo das branas", Cf. Bibliografia (N.A.).

vez, já poderia ser detectada por sua própria manifestação inteligente, assim como nos vários tipos de contatos imediatos verificados na Ufologia, nos quais as entidades informam ser de outra dimensão. A isso damos o nome de vida ultrafísica em dimensão paralela.

Em cada uma dessas estratificações, numa ampla gradação da escala física-extrafísica, que vai desde a matéria saturada até o plasma inicial de energia cósmica, haveria esferas albergando vida. Nessas esferas, o espírito imortal animaria corpos formados por partículas sem massa e cada vez mais dinamizados, num estádio evolutivo sutil e peculiar a cada região do espaço-tempo. Mas a bioforma inteligente manteria a sua composição espírito-perispírito-corpo, como postula a Doutrina Espírita.

O aparato corpóreo desses seres, por sua vez, seria composto por feixes de partículas em diferentes gradações da escala em que a energia se apresenta. O espírito, aos poucos, por imperativo da palingenesia, faria sua evolução naquelas esferas. E na medida em que avança, despoja-se de suas bioformas transitórias, galgando patamares sublimados da evolução, até atingir o estádio de espírito puro, foco inteligente sem forma, mas pleno de sabedoria e bondade.

Em outras palavras, assim como da reunião de átomos emergem os mundos materiais como a Terra, também, com similaridade, da reunião de partículas subatômicas emergiriam os mundos dimensionais, invisíveis a olhos terrestres, esferas onde viveriam seres ultrafísicos, inteligências postadas além da vibração da matéria densa – os chamados ultraterrestres (UTs).

Deve-se considerar que assim como na Terra a maturação do solo, as condições atmosféricas e o princípio vital deram aos geneticistas do Altíssimo todas as condições para organizar vida simples, torná-la complexa e produzir no solo um ecossistema capaz de fazer eclodir um corpo inteligente de carne; de modo semelhante, também, nas dimensões paralelas, a constituição ultrafísica daquelas esferas associada às emanações dos orbes universais teria dado, àqueles geneticistas, a chance para organizar uma bioforma inteligente, composta apenas de energia, sem massa sólida.

De maneira semelhante à reencarnação na Terra, nas esferas paralelas o espírito também renasceria. Na gestação corpórea, enlaçaria ondas e partículas, corporificando-se; nasceria num corpo de energia, por assim dizer sem melhor expressão, e prosseguiria vivendo, evoluindo, amando, reproduzindo, envelhecendo para, em seguida, desenlaçar-se do corpo com a morte; voltaria, então, à esfera espiritual do sistema que lhe é próprio, para viver ali em colônia, aguardando nova experiência corpórea. O moderno espiritualismo postula que a maior parte dos contatos imediatos seja de entidades oriundas dessas esferas dimensionais.

Contudo, não se descarta a hipótese de eventuais ETs sólidos também chegarem à Terra. "Eles" poderiam estar presentes em mundos tridimensionais do universo conhecido e, até mesmo, em supostos mundos de Universos Paralelos. Modernamente, ficou mais harmonioso considerar que ETs sólidos chegariam à Terra viajando pelos Buracos de Vermes. Nessa viajem insólita, a diferença básica entre a entidade sólida e a sutil é que enquanto o ET sólido precisaria transportar seu corpo para chegar à Terra, o UT sutil teria de transpor dimensões e materializar-se.

É preciso entender que conceitualmente "dimensões paralelas" (origem dos UTs) são diferentes de "universos paralelos". As dimensões são camadas do espaço em sentido profundo, em que o átomo subdividido dá lugar a partículas e subpartículas cada vez menores e dinamizadas. Os universos paralelos, por sua vez, seriam como o nosso universo, formados supostamente por conteúdo expulso dos buracos negros, mas estariam permeados por matéria escura, impeditiva de reconhecimento, embora, neles, as dimensões também existam.

Quer de uma maneira quer de outra, nessa intrigante página da evolução, o espírito Erasto registrou sua mensagem no livro, *Universo profundo*[16]:

> "A dimensão do mundo Terra não vos é senão uma folha dentre as sucessivas folhas do caderno espaço-tempo. Localidade coberta por membrana protetora, na qual o corpo físico também está confinado. Sair dessa localidade só vos seria possível por uma transmutação insólita, pela passagem do átomo à sua partícula similar organizada. Uma outra dimensão é um outro mundo!
>
> "Se num formigueiro houvesse uma formiga cientista, por hipótese ela definiria uma gota de chuva caída no chão como sendo: 'Aparição misteriosa de grande bolha translúcida surgida do nada após estrondos e luzes no céu; uma materialização repentina de fluido viscoso e nevoento, com base plana e cúpula arredondada formando platô; não é possível subir nela, há risco de vida, porque, após calor intenso, a bolha desaparece entrando misteriosamente no mesmo nada de onde viera'.
>
> "A formiga não vê o homem, mas o homem vê a formiga e sabe que o aparecimento de uma gota de chuva não é isso. Contudo, para compreender a outra dimensão da vida, o homem é apenas formiga!"

16. CAMPOS, Pedro de. *Universo profundo: seres inteligentes e luzes no céu*, Cf. Bibliografia (N.A.).

5

ET, UT e espírito – entidades distintas

A vida germinou na Terra após um trabalho de bilhões de anos. A bactéria inicial avançou e evoluiu. O símio primitivo se tornou hominídeo; e este, se fez hábil no trato da pedra e tornou-se homem, que por sua vez avançou na escalada e produziu tecnologia. Então, como um peixe no aquário, o homem deu alguns saltos fora d'água e descobriu um mundo novo: o cosmos. Produziu engenhos que o levaram para fora da atmosfera e aparelhos que lhe mostraram o infinito. As nebulosas irresolúveis do passado são hoje bilhões de galáxias, de buracos negros e de energias variadas com predominância da escura. O próximo passo da exploração espacial será criar na Lua as cidades-estufas e chegar a Marte com nave tripulada.

Em seus estudos, o homem já sabe que a matéria se transforma em energia e que partículas cada vez menores formam várias estratificações no espaço-tempo, fazendo do cosmos uma espécie de cebola com camadas multidimensionais que podem abrigar outros tipos de vida, em vibrações extraordinárias.

Embora o homem não tenha encontrado ainda seu próprio espírito com os instrumentos que produziu, mesmo assim é capaz de perceber a si como essência imortal, como criatura de Deus, cujo princípio fundamental não está no mundo de três dimensões, mas na esfera espiritual. É para essa consciência que falamos.

Quando o espírito nasce na Terra, dizemos que ele encarnou, que recebeu um corpo terrestre para usar e evoluir. Se nascesse em outro orbe, num corpo de matéria densa, seria qualificado de extraterrestre – ET. Mas caso seu corpo de nascimento fosse um plasma de energia, um aparato "menos material" postado no mundo das partículas, seria chamado então de ultraterrestre – UT, pois estaria além dos limites da matéria densa encontrada na Terra e em outros orbes do universo.

O espírito errante, por sua vez, não é terrestre, nem ultra nem extraterrestre, porque tais denominações definem um espaço de nascimento e uma consistência corpórea. O espírito em estado original está desencarnado, é um foco inteligente, não tem corpo físico; não nasce da reprodução de mulher, mas da natureza de Deus, sem que saibamos como. É imortal, diferente do ET e do UT, os quais são criaturas mortais. Compreende-se assim que não se deve confundi-lo com "entidades alienígenas encarnadas". ET, UT e espírito são entidades distintas.

Para os espíritas, Jesus é um espírito puro. Vive no mundo espiritual, não tem corpo extra nem ultraterrestre, pois está desencarnado. Quando nasceu na Terra, seu corpo era terrestre, veio em missão especialíssima. E após o seu desencarne, voltou para o mundo espiritual do qual provinha. Acredita-se que tenha sob sua guarda os espíritos encarnados e desencarnados do orbe terrestre.

Como espírito puro, não precisa de nave espacial para se deslocar no cosmos, pois sua constituição leve e depurada o permite fazê-lo sem qualquer objeto de transporte, bastando apenas exercitar seu poder mental para deslocar-se a qualquer parte, instantaneamente, com a velocidade do pensamento.

Contudo, quem estuda os contatos ufológicos sabe que o mesmo não se poderia dizer de todos os seus auxiliares, porque os que estão encarnados em corpos ultrafísicos, em outras camadas do espaço-tempo, embora se pareçam com os espíritos e sejam invisíveis para nós, precisam de engenhos voadores para viajar no cosmos e chegar à Terra.

Nas práticas psíquicas, os contatos com ultraterrestres têm sido fartos, mas como essa entidade é invisível aos olhos da carne, a dificuldade está em diferenciá-la do espírito. É comum chamar a ambos genericamente de "Espíritos".

Para a doutrina espírita, todos os orbes são habitados, vivendo-se neles num regime de encarnação e desencarnação, em corpos físicos e ultrafísicos de várias densidades.

Os mundos e suas camadas rarefeitas são diferentes na composição matéria-energia, ensejando aos espíritos, durante o processo de gestação fetal, a formação de corpos conforme cada mundo ou cada esfera dimensional em que devam renascer.

Allan Kardec fez contato com uma entidade alienígena de Julnius, na Sociedade Parisiense de Estudos Espíritas, cujo propósito fora saber como são tais criaturas e como vivem em seu mundo. Informações espirituais dão conta de que os ultraterrestres teriam corpos e ciclo vital diferentes do nosso, estando, em sua maioria, num patamar de progresso superior ao terrestre.

6

Ultraterrestre — definição

Ultraterrestre (UT) é um termo vindo do latim. Está composto de: *ultra*, "que está além"; + *terrestre*, "da terra ou a ela referente como matéria", "denso e transitório". Por definição, é uma criatura cuja densidade corpórea está além da matéria terrestre, fora dos limites da matéria densa, embora tenha corpo transitório, dotado de ciclo vital limitado. Considerando que os orbes do cosmos foram formados pelos elementos fundamentais que também formaram a Terra, esse tipo de vida, caso exista nas esferas suprafísicas fora da Terra, estaria numa vibração além dos limites da matéria densa tridimensional.

Algumas características dessas criaturas foram relatadas nos contatos ufológicos. O UT é tido como entidade alienígena de outra dimensão, seja deste universo ou de outros, paralelos. Trata-se de uma criatura diferente do espírito. Embora semelhante a ele por ser invisível aos nossos olhos, diferente dele está encarnada numa esfera não-espiritual. Assim como o homem, tem um ciclo vital: nasce, cresce, reproduz, envelhece e morre. Pode viajar pelas várias dimensões do espaço-tempo e materializar seu corpo ultrafísico de modo semelhante ao espírito; contudo, enquanto o espírito o faz por ectoplasmia, usando os fluidos corpóreos do médium, o UT o faz por teleplastia, adensando seu corpo composto de uma espécie de luz, um plasma luzente postado numa oitava acima da vibração sólida, que lhe permite agregar outros substratos e manipular a luz própria com a qual faz quase tudo.

Foi o astrônomo e espiritista francês, Camille Flammarion (1842-1925), quem grafou pela primeira vez o nome "ultraterrestre" em obra literária. Ele o fez no livro *Récits de l'infini,* editado na França, em 1872. No Brasil, a obra foi publicada em 1938, pela Federação Espírita Brasileira (FEB), com o título *Narrações do Infinito.* Traduzida do francês para o inglês, recebeu o título *Lumen;* é encontrada nas livrarias da Europa e monopoliza a atenção dos aficionados.

A entidade UT, descrita na "Primeira Narrativa" do livro, causou impressão positiva. Hoje, o termo é usado para definir entidades "menos materiais", encarnadas em esferas dimensionais de outros mundos. Chico Xavier registrou a existência de tais criaturas (sem citar o nome), no livro *Cartas de uma morta*. E nós, no livro *Universo profundo*, retomamos a designação fazendo novos desenvolvimentos e consolidamos a definição de "entidade ultraterrestre" aqui expressa.

Quem examina as obras da Doutrina Espírita, nota que Allan Kardec registrou nelas um cosmos de composição quântica, por assim dizer, composto de várias dimensões, dentre as quais: a dimensão do foco inteligente (espírito), a do molde biológico semimaterial (perispírito), a do corpo menos material (encarnação ultraterrestre), a do corpo material sólido (encarnação terrestre e extraterrestre), a do corpo mais material (encarnação em organismos semelhantes a cristais), e ainda outras estratificações distantes do saber humano. Se no século XIX essas dimensões eram inconcebíveis, hoje, porém, elas repontam como possibilidade científica, considerando-se que o mundo da ciência fala na existência de onze ou mais dimensões.

Nelas, haveria uma química sutil e uma física de partículas juntando estruturas numa oitava acima da nossa, formando mundos e entidades vivas numa vibração de requinte apurado. Nessas esferas, os espíritos poderiam formar novas composições corpóreas, plasmar corpos daquele tipo de luz e deles fazer uso para evolucionar em ambiente sublimado. Com os avanços da Física Teórica, tal hipótese reponta como algo pensável, corroborada, inclusive, pelos argumentos incomuns das *Escrituras Sagradas*, as quais registram que a Terra foi visitada por entidades ultrafísicas com grau avançado de evolução. Se na Antiguidade era impossível o entendimento científico da questão, o mesmo não se pode dizer hoje.

Segundo as entidades codificadoras do Espiritismo, o UT está presente também nas dimensões dos planetas do Sistema Solar[17]. É dito que nessa bioforma incomum o espírito encarna, por assim dizer, para cumprir um ciclo de vida e adquirir experiência numa ordenação de vida sem as dificuldades que a matéria densa proporciona[18]. Hoje, embora se cogite teoricamente desse tipo de vida, trata-se ainda de algo totalmente alheio ao saber científico.

Essa entidade incomum, segundo os espíritos, usa de nave etérea, por assim dizer, a chamada "morada de pássaros"[19], um engenho construído no mundo das partículas. Viaja num hiperespaço composto de várias dimensões. Pelos contatos, sabe-se que pode converter, por tempo relativo, seu próprio corpo e seus engenhos em massa similar à terrestre, ficando

---

17. KARDEC, Allan. *O Livro dos Espíritos*, p.188ndr. *A Gênese*. VI: 61; XIV: 8 (N.A.).

18. KARDEC, Allan. *O Evangelho Segundo o Espiritismo*, III: 8-18; XXVII: 77 (N.A.).

19. *Revista Espírita*, Edicel, ago. 1858 (N.A.)

tangível no mundo tridimensional. Essa seria a razão de os nossos instrumentos registrarem a presença de tráfego UFO em certos locais, quase sem chance de positivação concreta pelas autoridades, motivada por rápida desmaterialização e controle eficaz do processo alien.

Na Terra, a comunicação do UT com o homem é feita geralmente por telepatia e clarividência; em estado normal, a entidade não incorpora médium, mas pode fazê-lo ocasionalmente, de modo não ostensivo, caso esteja emancipada do corpo ultrafísico; na nave, geralmente, comunica-se com a alma humana desprendida do corpo, mas pode fazê-lo também materializada; pode se manifestar através de aparelhos, como na chamada TCI-Alien.

Deve-se ter em mente que o UT não é o ser extraterrestre (ET) procurado pelos pesquisadores científicos, pois se trata de uma inteligência suprafísica. O ET procurado pela ciência seria uma criatura de corpo sólido, evoluído num ambiente tridimensional como a Terra, sem necessidade de ser igual ao homem na aparência e na constituição orgânica. Sendo biologicamente denso, para vir a Terra precisaria fazer uso de "nave espacial", praticar algum tipo de "teleportação" e vencer as monumentais distâncias interestelares. Não seria um tipo que se materializa como o UT, mas que se transporta para vir à Terra.

Na Ufologia, acredita-se que os ETs poderiam chegar à Terra através dos *Wormholes* [Buracos de Minhoca], uma formação de tubos no espaço-tempo que permitiria viagens quase instantâneas no cosmos. Os esforços científicos financiados pela tributação do povo são feitos para encontrar ETs de natureza sólida, criaturas que estariam muito distantes do Sistema Solar; até agora, nenhum planeta com vida inteligente foi achado; assim, por lógica, a casuística ufológica seria raríssima.

Mas a verdade é que estamos diante de uma enorme fartura de casos, de incontáveis testemunhos de contato e de relatos numerosos de abdução. Diante disso, ao examinarmos as diversas teorias em voga, vemos que a hipótese ultraterrestre leva nítida vantagem sobre as demais. Na atualidade, para a maior parte do público aficionado por Ufologia e que frequenta congressos, os nossos visitantes, em sua maioria, seriam entidades suprafísicas: UTs.

George Adamski, nos anos 50-60, teve vários encontros com civilizações cósmicas. As criaturas diziam vir de planetas do Sistema Solar, como Vênus, Marte e Saturno. Na época, ainda não se sabia com certeza se haveria neles algum tipo de vida inteligente. Adamski escreveu dois livros contando tudo, reuniu fotos, filmes e depoimentos de testemunhas acima de qualquer suspeita, que com ele avistaram as naves e os seres de outros planetas. Os contatos foram sólidos, e as criaturas chamadas de ETs. Anos depois, constatou-se que naqueles planetas não havia ninguém. Então, uns consideraram tudo uma farsa de Adamski; outros, que os ETs mentiram sobre o planeta de origem; e outros, ainda, em razão das evidências, que as criaturas eram UTs materializados, entidades planetárias, mas suprafísicas. O Caso Adamski foi estudado por nós, em mais detalhes, no livro *Os escolhidos da ufologia na interpretação espírita*[20], e mostrado em vídeo nos DVDs, *Os Aliens na Visão Espírita, Parte 1*.

20. CAMPOS, Pedro de. *Os escolhidos da ufologia na interpretação espírita*, Cf. Bibliografia (N.A.).

7

Contato de quinto grau

O "contato de quinto grau" carece de consenso no meio ufológico quanto à sua definição. Para nós, está caracterizado exclusivamente por atividade paranormal, evento parapsíquico de contato alienígena em que ocorre, eventualmente, o aparecimento da nave nos céus.

Em geral, tal conexão é obtida por canalizador sintonizando um agente externo. No Espiritismo, trata-se de evento em que o médium sintoniza por telepatia, clarividência ou clariaudiência, uma entidade encarnada numa "matéria" de outra vibração, diferente da nossa.

A canalização pode derivar também para o contato através de "emancipação da alma", evento em que a alma vai, mas o corpo fica. A "soltura da alma" não é abdução, mas artifício para contatar entidades "menos materiais", postadas num espaço ultrafísico.

Nesse evento, o corpo espiritual adentra ao objeto alienígena e pode interagir com seus ocupantes. São exemplos de quinto grau: Caso Alexânia (período de canalização e soltura da alma); Caso Bongiovanni (canalização de Ashtar Sheran e outros seres ultrafísicos, com aparecimento eventual da nave).

Ressalva-se que a manifestação de espírito desencarnado em outro orbe, que vem à Terra e aqui incorpora o médium, seria preferível chamá-lo de "espírito estrangeiro", para não confundir a sintonia mediúnica com a outra, a telepática, canalizada, em que a entidade contatada é o chamado ultraterrestre – UT, encarnado num corpo sutil, em outra dimensão do espaço-tempo. Chamar o espírito ou o ser ultraterrestre de ET é a pior das opções: confunde o entendimento e contraria os postulados científicos.

O ET deve ter natureza sólida, consistente como a dos seres humanos, mesmo que sua carne não seja carne, mas massa densa de mundo tridimensional. Hoje, nos círculos contatistas, tem-se que o espírito e o UT sejam entidades ultrafísicas. Sendo assim, o tema requer novo método de estudo e nova abordagem.

A dificuldade está em diferenciar os agentes invisíveis, pois tanto o espírito quanto o UT estão numa vibração da matéria diferente da nossa. Não nos propomos aqui a explanar sobre tais diferenças, pois já o fizemos relativamente, tanto quanto possível, em alguns de nossos livros; nos nossos artigos, vamos apenas mostrar a importância de se dar início a uma prática científica nas instituições "contatistas".

A pesquisa científica tem o mérito não só de dar entendimento, mas também de abolir desequilíbrios, tais como a insanidade observada, por exemplo, na seita Heaven's Gate e na pseudociência de alguns, que chamam de ET aquilo que não pode ser concluído como tal; pois, para a ciência, espírito e UT seriam apenas expressões da mente, enquanto o chamado ET ainda não foi encontrado em nenhum planeta. Se "eles" existem, os tipos invisíveis estariam em outra dimensão, e os de massa densa, distantes demais da Terra; qualquer deles, para chegar aqui, teria de viajar sem sabermos como; apenas o nosso conhecimento científico poderia nos ajudar a resolver a questão, dando-nos maior conhecimento sobre "eles", razão pela qual a ciência se faz importante em toda instituição.

8

Chico Xavier, ETs e reencarnação de Emmanuel

O médium Chico Xavier nos deixou dois assuntos importantes para reflexão: um, sobre a existência de ETs e a possibilidade de contato com outras civilizações; outro, sobre a volta de Emmanuel numa futura encarnação.

Quanto ao primeiro, na noite de 28 de julho de 1971, em São Paulo, ao participar do programa Pinga Fogo, na TV Tupi, Chico deu informações importantes sobre possível contato de extraterrestres com a humanidade.

Ao responder uma indagação sobre se a nossa civilização poderá entrar em contato com civilizações de outros planetas, o médium, envolvido por seu mentor espiritual, Emmanuel, declarou que se nos anos vindouros o homem não entrar num conflito de proporções enormes, o contato poderá ser realizado.

Disse que quando o homem puder construir na Lua as cidades de vidro e as cidades-estufas, onde os cientistas possam ter base de apoio para observar a nossa Galáxia; quando o homem puder obter do nosso satélite os vários elementos químicos, inclusive a água, podendo construir ali usinas e laboratórios para deles se beneficiar; quando encerrar na Terra o período bélico que marcou a evolução dos povos, – então, quando isso acontecer, haverá chance de contato com outras comunidades da nossa Galáxia.

O mentor espiritual asseverou que a nossa família não está circunscrita à Terra, mas é universal. Falou que não somos os únicos no cosmos e que não devemos esperar apenas seres como nós em outros mundos, pois no cosmos há uma diversidade de vida.

Mas disse que para fazer contato formal com outra civilização é preciso antes merecer, ter atingido substancial desenvolvimento científico e elevado padrão moral, capazes de auferir benefícios e multiplicá-los nas coisas do bem.

Hoje, cerca quatro décadas após aquelas informações vindas por Chico, vemos que ainda é preciso trabalhar muito e evoluir ainda mais para chegarmos ao ponto ideal que nos capacitaria ao contato, pois o esperado encontro com seres extraterrestres depende substancialmente de nós. Hoje, esse entendimento parece consensual no meio espírita.

O segundo tema, sobre nova encarnação de Emmanuel, espírito mentor de Chico Xavier, há alguns anos temos escutado com muito interesse os comentários de que "já teria encarnado".

Ocorre que depois de termos feito um exaustivo trabalho para o livro *Lentulus – Encarnações de Emmanuel*[21], e de termos ciência dos 412 livros psicografados por Chico (dos quais 110 foram assinados por Emmanuel), não achamos tal "informação escrita" em nenhum deles.

Talvez Chico não a tenha escrito, talvez tenha feito apenas um comentário de passagem, não sendo impossível que, numa idade avançada, sem poder registrar a informação numa obra literária, tenha externado aos amigos mais um desejo do que uma "inspiração".

---

21. CAMPOS, Pedro de. *Lentulus – Encarnações de Emmanuel – inquirição histórica*, Cf. Bibliografia (N.A.).

Contudo, nesta última hipótese, considerando a fraqueza da carne nonagenária, porque temos de reconhecer que o espírito é forte, mas "a carne é fraca" (Mc 14:38), sem dúvida seria prudente não nos anteciparmos. Uma expectativa irreal hoje, daqui a alguns anos, quando o suposto menino fosse moço, em idade de apresentar-se e ser identificado sem equívoco, a incoerência de registros ou a insuficiência de prova poderia causar grande decepção, além de críticas exacerbadas dos opositores. Com a devida prudência, em tempo nenhum haveria decepção, mas grata surpresa.

Na comunidade ufológica espiritualizada, a reencarnação de Emmanuel seria muito apreciada, pois, na obra mediúnica de Chico, foi ele o espírito que mais falou da questão extraterrestre. Quando perguntado, deu sempre explicações equilibradas e racionais, em sintonia com os vários ramos da ciência, inclusive o da parapsicologia. Por certo, sua visão da Pluralidade dos Mundos Habitados e do Fenômeno UFO iria contribuir muito ao entendimento de pontos hoje considerados obscuros. Contudo, em benefício da verdade, o xis da questão será certificar o seu retorno. E mesmo que volte, fica uma interrogação: seria para executar a missão magnífica que a expectativa exacerbada encarrega-se agora de criar?

O livro *Lentulus – Encarnações de Emmanuel*, por sua vez, não trata desses temas, embora fale de assuntos polêmicos como a *Epístola Lentuli* [apócrifo histórico do *Novo Testamento*] e descreva a fisionomia e a personalidade de Jesus, certificando a existência do senador Públio Lentulus naquela Antiguidade. Além desse membro da família dos Lentulus, traz também a biografia de seu bisavô, o cônsul Públio Cornelius Lentulus Sura, encarnação anterior do mesmo espírito, Emmanuel, político romano que vivera na época de Cícero.

Peixoto Lourenço resgatou o áudio de uma entrevista de Chico Xavier à Hebe Camargo, na TV Gazeta, São Paulo, em

1973. E informa-nos que o áudio é de uma fita K7 da senhora Nena Galves, com edição de Oceano Vieira de Melo. Nele, pudemos ver Chico revelando que Emmanuel voltará após a sua desencarnação [ocorrida em 2002]. Também tivemos em mãos um vídeo do biógrafo de Chico, doutor Elias Barbosa, médico psiquiatra, o qual confirmou as mesmas palavras de Chico.

Em ambos, observa-se a coerência do médium em suas declarações, sempre acompanhadas de sabedoria e verdade, razão pela qual obteve o respeito de todos, nas mais variadas comunidades do Brasil e do mundo.

9

Diálogo entre Campos e Ramalho[22]

Fernando de Aragão Ramalho[23] *– Você considera que possa haver vida inteligente em alguma parte do universo?*

Pedro de Campos. Naturalmente que sim! Embora a nossa ciência não tenha encontrado até agora outro planeta em que haja vida, ainda assim o universo é tão monumental que o simples bom-senso nos aponta para a existência dela em algum lugar distante. Parece-me lógico que a confirmação científica da pluralidade dos mundos habitados seja apenas uma questão de tempo. Espero que eu possa ver isso. Alguma vida deverá ser encontrada nesse universo infinito, seja em mundos de matéria sólida, constituída de massa corpórea semelhante à nossa, seja em mundos menos materiais, organizada de modo sutil, numa composição ultrafísica.

Falando exclusivamente de vida sólida inteligente, como ela poderia existir em outros planetas?

Esse tipo de vida sólida não há nos demais planetas solares. Ela deve estar em outros distritos do cosmos, muito mais

---

22. Publicado na *Revista UFO* 133, em 2007 (N.A.).

23. Fernando de Aragão Ramalho e geógrafo, funcionário público da Câmara dos Deputados de Brasília (DF), vice-presidente da Entidade Brasileira de Estudos Extraterrestre (EBE-ET), co-editor da Revista UFO e coordenador da Comissão Brasileira de Ufólogos (CBU) (N.A.).

distantes, de modo semelhante ao nosso. De maneira apenas científica, considera-se que uma vez eclodida a vida na Terra a seleção natural encarregou-se de evolucioná-la. Em outros mundos, algo assim deve ter ocorrido. Na Terra, o darwinismo pretende mostrar a tendência de todas as espécies em se afastarem de seu tipo original para formação de um tipo mais aprimorado de vida. Cada ser vivo, num movimento gradativo de avanço, transforma-se em outro mais complexo e mais diferenciado daquele que lhe antecedeu. A melhor adaptação ao meio produz a longevidade vital de todas as espécies. Portanto, os seres mais capazes vivem mais e passam os seus caracteres genéticos a seus descendentes. Prosseguindo assim durante as Eras, a evolução prospera e chega-se ao homem de modo apenas natural, com a natureza arranjando todas as melhorias corpóreas e intelectuais. Para a ciência, esse princípio evolutivo seria válido também para outros planetas. Contudo, segundo o Espiritismo, essa explicação é insuficiente, pois a evolução se faz a partir de uma matriz espiritual.

Poderia explicar melhor o porquê de ser insuficiente ao Espiritismo esse postulado científico?

A ciência deu como boa essa ideia de evolução, mas não foi capaz de produzir vida em laboratório e depois evolucioná-la até o patamar inteligente, com outra organização corpórea, confirmando assim a sua validade. Nunca ninguém criou vida em laboratório a partir da massa inerte. Nem tampouco pôde explicar o "mecanismo interno preciso", esse algo imperceptível à nossa vista que continuamente modifica todas as formas vivas, tornando-as melhor, dando a elas mais funcionalidade, mais intelecto e beleza. As formas vivas se apresentam a nós como se dissessem: "Olhe! Mudei para melhor; estou mais bonita, mais forte, mais inteligente". Então se pergunta: O que provoca todas essas modificações? Sem dúvida, além da genética está o espírito! E ainda se questiona: Como explicar essa evolução a partir do espírito? A Teoria Evolutiva Espiritual o explica! Essa teoria mostra como o "motor psíquico espiritual" constrói e modifica todas as formas vivas. No nosso livro *Colônia Capella*[24], isso foi mostrado em detalhes.

Gostaria que nos desse uma ideia geral da Teoria Evolutiva Espiritual?

Resumidamente, é o fundamento espiritual quem produz a vida e a faz evolucionar do simples para o complexo. O gérmen espiritual, em suas idas e vindas ao plano da matéria, aos poucos se faz mais completo. De início, ele avança apenas como memória fragmentária, estagiando no reino das plantas até conformar um princípio espiritual homogêneo. Nesse estágio, entra no reino animal e aí prossegue na evolução. Como princípio espiritual, vai encadear-se na natureza e produzir outras bioformas, edificando seu intelecto gradativamente. A individualidade aos poucos se constrói, avança para o ramo primata e estagia nos hominídeos. Nesse estágio, recebe a ajuda de entidades mais evoluídas, assume a forma de espírito humano e baldeia de veículo corpóreo, encarnando agora na espécie humana, onde prossegue sua evolução até hoje. Em resumo, é o espírito que constrói aos poucos sua máquina corpórea, na medida em que seu intelecto avança. E é ele que plasma em qualquer círculo do infinito sua bioforma corporal, para nela evolucionar até a angelitude. Compreende-se que quem modifica continuamente a matéria é o espírito. E isso acontece em todos os orbes do infinito, quer esteja ali o espírito revestido de uma massa corpórea densa ou de um aparato sutil.

---

24. CAMPOS, Pedro de. *Colônia Capella: a outra face de Adão*, Cf. Bibliografia (N.A.).

Você já está no Espiritismo há 44 anos e seus livros dão uma visão espírita da Ufologia. Por que se fala no Espiritismo em dois tipos de seres extraterrestres, sólido e sutil?

No Espiritismo é importante diferenciar o ser sólido da criatura sutil, ambos são mencionados por Allan Kardec, codificador da doutrina. A nossa ciência diz que não há vida de carne e osso nos demais planetas solares. E em razão de a doutrina espírita falar de haver ali seres "menos materiais", criaturas vivendo num estado rarefeito, por assim dizer, numa outra vibração da matéria, seres quase espirituais, procuramos diferenciar bem uma entidade de outra para entendimento claro. São os espíritos da codificação que falaram da existência desses dois tipos de vida no universo. Como nós contatamos regularmente os espíritos e sabemos da realidade espiritual, acreditamos nessa informação. Além disso, a natureza rara do Fenômeno UFO nos dá mostras de uma matéria imponderável.

Como você define o ET sólido e como ele poderia chegar aqui?

O extraterrestre (ET) pode ser definido como criatura de fora do planeta Terra, mas um ser de corpo sólido como o do homem, sem necessidade de ser igual na aparência e na constituição orgânica. Mas ainda assim é uma criatura de natureza física. Por ser uma entidade biológica material, para vir à Terra precisaria fazer uso de nave espacial ou praticar algum tipo de teleportação. O ET sólido não é um tipo que se materializa, mas se transporta para chegar aqui.

E como seria a criatura sutil?

Chamamos essa entidade de ultraterrestre (UT). Trata-se de uma criatura também de fora da Terra, mas de corpo incomum, "menos material" que o do homem, como denomina o Espiritismo. É ultra porque está além da matéria física, invisível aos nossos olhos. Essa entidade seria habitante das esferas sutis dos planetas e também das profundezas etéreas do cosmos, conforme os espíritos. É um ser de outra esfera vibratória, vivendo em regime de encarnação e desencarnação num corpo sutil, mas diferente do corpo espiritual.

Então ambas as criaturas estariam encarnadas?

Sim! Tanto o ET como o UT são entidades corpóreas, estão encarnadas, não são espíritos da erraticidade. O espírito é uma entidade desencarnada, um ser universal que encarna nos mundos materiais e nos menos materiais. Não é ultra nem extraterrestre, porque tais denominações são relativas à condição corpórea. Na Terra, o espírito de outro planeta é um estrangeiro, por assim dizer, não um ET. Aos espíritos, nós fazemos preces, mas aos ETs, não! Eles estão encarnados, assim como nós. Por essa definição, compreende-se que Jesus não era um "extraterrestre" nem, tampouco, um "ultraterrestre" materializado, mas sim um "espírito puro", que encarnou na Terra para realizar missão específica, dar exemplos de amor e ensinar espiritualidade aos homens.

Parece que é dessa confusão que surgiu a ufolatria, você não acha?

Eu concordo com isso! A Ufologia moderna surgiu em 1947, quando a Força Aérea dos Estados Unidos entrou oficialmente na investigação dos UFOs. Era uma investigação científica, porque sem o objeto voador não identificado, o chamado UFO, não há logia, não há estudo. Era preciso ter um avistamento para que o estudo fosse feito pelos militares. Mas depois, as pessoas motivadas pelo conteúdo paranormal das experiências ufológicas enveredaram para o chamado "contatismo", uma prática esotérica de contato mental com os aliens. Hoje, em razão de uma suposta evolução daqueles seres, diversos grupos enveredaram para a "ufolatria", ou seja, para uma quase devoção aos UFOs e a seus operadores, fazendo cultos de adoração e considerando-os, com engano de interpretação, como emissários de Jesus, que para eles seria uma entidade extraterrestre. Para a Ufologia Científica, que considera a casuística, a ufolatria não agrega valor.

Os espíritas veem com muita desconfiança a Ufologia nos meios de comunicação, seria por causa disso?

Em parte, sim! Temos sempre muito cuidado ao associar Ufologia com espiritualidade. É preciso observar se as interpretações espiritualistas estão de acordo com os preceitos espíritas, para não absorver ideias falsas. Hoje, a *internet* está popularizada e tornou-se um importante instrumento de pesquisa. Mas como não há conexão segura mostrando a relação entre Espiritismo e Ufologia e, também, como não há *site* conectando ambos com a devida propriedade, por segurança se adota uma linha científica de estudos, para depois fazer a conexão e vislumbrar os mundos habitados de que fala a Doutrina dos Espíritos. A linha espiritualista dos meios de comunicação pode distorcer o fundamento doutrinário. O propósito dos nossos livros é distinguir as coisas e divulgar "uma visão espírita da Ufologia".

Mas os espíritas ainda resistem em aceitar a Ufologia.

Em parte, isso é verdade! Mas a nossa ciência oficial também não reconhece a questão alienígena. Segundo os espíritos, os seres alienígenas existem e chegam aqui com o uso de técnica específica. Enquanto uns são sólidos, outros são de plasma sutil. No passado, houve quem imaginasse no Espiritismo ao menos duas possibilidades: Uma, que os aliens fossem espíritos; outra, que tudo fosse um descontrole da mente humana. Mas essas duas teorias se mostraram insuficientes para explicar casos que estavam muito bem documentados, com "provas" irrefutáveis ao bom-senso. Então se concluiu que os aliens existem e se fazem presentes na Terra, ou seja, estão encarnados e chegam aqui de maneira totalmente enigmática para a ciência. Dentre os espíritas, não foram poucos os que tiveram dificuldade em aceitar isso.

Você, em particular, teve dificuldade em aceitar o quê na Ufologia?

Sem dúvida, tive muita dificuldade com o evento de abdução! Eu precisava de uma prova incontestável. Foi aí que tive uma experiência marcante. Tudo começou quando uma pessoa abduzida me procurou, dizendo ter sido vítima de abdução. De início, pensei que a abdução fosse apenas uma emancipação da alma ou uma nova forma de loucura; mas, depois, com a informação dos espíritos e após pesquisar o trabalho de médicos e especialistas que se detiveram em centenas de casos de abdução, compreendi que não se tratava de soltura da alma nem de uma nova forma de loucura. O evento é físico, a pessoa é levada de corpo e a questão é traumática, muito séria mesmo.

E você teve a prova de que precisava?

Sim, tive! E foi um evento marcante. Antes, conversei com muitos abduzidos, mas sempre restava alguma dúvida. Até que certa feita uma pessoa assistiu a uma palestra minha em Curitiba e procurou-me em São Paulo. Dizia que seres alienígenas a tinham levado à nave e feito com ela algumas experiências. Ela se sentia monitorada e pediu-me assistência espiritual. Chamava-me a atenção o fato de ela ser espírita, com sólida formação na doutrina e trabalhadora de uma das casas espíritas mais conceituadas do Brasil, além de ser equilibrada e de ter formação universitária em duas faculdades. A orientação espiritual que tive foi para ajudá-la. Então conversei com um espírito-médico, que se prontificou a dar sua contribuição. Foi aí que fizemos algo novo no Espiritismo, realizamos no Centro Espírita uma "sessão especial de desabdução", uma assistência fraterna de amparo ao necessitado. O fato foi presenciado por vinte e duas pessoas com sólidos conhecimentos, tendo sido relatado em detalhes no livro *Um vermelho encarnado no céu*.

Nesse evento, você narra a fantástica experiência extraída de um trabalho espírita pioneiro, envolvendo a comunicação mediúnica com "greys", tidos como entidades materialistas. Por que ocorreriam as tais abduções? Você diz também que existem seres evoluídos, executando curas e monitorando as ações nefastas. Haveria nisso uma "guerra de forças"?

Na sessão de desabdução que fizemos, ficou claro que aqueles alienígenas tinham interesse em estudar os nossos minerais e os seres vivos da Terra, para conhecer a constituição, a fisiologia e o comportamento. As abduções são feitas para esse conhecimento, mas não sabemos em que "eles" irão aplicar. Os Cinzas são materialistas, evoluídos na ciência, mas fracos na moral. Todavia, segundo os espíritos, o universo tem uma variedade infinita de mundos habitados. Há mundos em que os seres são muito desenvolvidos tanto na ciência quanto na moral. Tais criaturas estão muito além dos Cinzas. Não se trata de haver uma "guerra de forças", porque o melhor dotado não precisaria desse artifício. Que vantagem levaria o homem de Neandertal sobre nós? Nenhuma! Algo assim deve acontecer entre essas criaturas insólitas, segundo os espíritos.

Depois da desabdução, você considera imprescindível o contato com ETs para o nosso progresso?

Posso dizer com certeza que quem participou dessa sessão aprendeu muito. É algo que realmente marca a nossa vida, principalmente no meu caso que avistei o UFO, registrei o fato num pequeno filme e fiz inúmeras fotos, algumas foram publicadas no livro *Um vermelho encarnado no céu*. Mas não considero que seja imprescindível hoje um contato com seres alienígenas para avançarmos na evolução. Ela pode ser feita sem isso. Mas devo reconhecer que um contato assim, muda a nossa visão de mundo e intensifica o intercâmbio com a espiritualidade. A nossa escalada evolutiva poderia ser acelerada, e muito!

Li o seu livro e vi que os seres contatados tinham características diferentes das nossas. Se você fizesse contato com uma civilização semelhante à nossa, o que perguntaria?

Se me fosse dado fazer contato com uma civilização adiantada e compatível fisicamente com a nossa, eu não teria dúvida em perguntar coisas para nos beneficiar. Assim como no passado descobrimos a cura de muitas doenças, seria irresistível acelerar esse processo e perguntar como eles resolveram o câncer, o diabetes, as doenças genéticas, o sofrimento na velhice etc.; quais seriam os parâmetros técnicos e a tecnologia a ser desenvolvida pela nossa civilização para fazermos contato regular à distância, por meio de ondas de rádio, por exemplo, para troca de informações em tempo real e benefício mútuo. Sem dúvida, isso seria muito benéfico ao homem, melhoraria suas condições de vida e ele poderia se preocupar mais com o altruísmo. Hoje, o pensamento humano está muito voltado à obtenção de coisas materiais, para sustentação de uma vida digna. Nesse contexto, a fraternidade ficou relegada a um plano inferior, isso teria de ser invertido. Segundo os espíritos, a maioria das civilizações exteriores está num patamar evolutivo superior ao nosso. Por certo, quando a Terra deixar de ser um "mundo de expiações e provas", elevando-se com méritos próprios à categoria de "mundo regenerado", o homem estará de coração mais fraterno e fará contato formal com civilizações mais avançadas, prosperando ainda mais na sua escalada evolutiva.

Há muitos espíritos de outros planetas encarnados aqui na Terra e vivendo entre nós?

Sim, na verdade eles são muitos. Estima-se que a população global dobre a cada 100 anos. Hoje, somos 6 bilhões de almas. Em 2100, seremos cerca de 12 bilhões, depois 24, 48 e assim por diante, até que a população estabilize num certo ponto e seja possível ao homem viver em harmonia. Segundo o Espiritismo, esse aumento populacional se justifica com a vinda de espíritos de outros orbes. Caso contrário, a alma teria de ser criada na hora do nascimento, como diz a Igreja, ou, então, uma enorme quantidade de princípios inteligentes (animais) deveria passar ao estágio humano e evolucionar nele pela primeira vez, fato característico de orbe primitivo e fase que a Terra já ultrapassou. Portanto, o aumento populacional se faz com espíritos estrangeiros, oriundos de outros orbes do infinito. E isso enseja também a visita de outras civilizações à Terra, para rever entes queridos.

E os seres alienígenas, estariam já infiltrados em nosso ambiente e vivendo entre nós?

Isso seria possível dentro de condições muito específicas. O mentor espiritual registrou no livro *Universo profundo* que houve tentativas de hibridização por parte de entidades menores, de pouca evolução, mas que não lograram êxito. Durante a psicografia, soubemos que os alienígenas podem chegar até nós e ficar certo tempo, mas não poderiam viver aqui indefinidamente, porque a Terra não lhes dá um ambiente compatível. Podem estar entre nós, mas de passagem, por assim dizer.

O acobertamento das autoridades tem dificultado muito as investigações ufológicas. A pergunta comum é: Por que a maioria das informações relacionadas a contatos com extraterrestres não são divulgadas para a opinião pública?

Há vários motivos para isso. Geralmente, o contato alienígena não deixa uma prova científica cabal, capaz de certificar sem equívoco que seja um evento ET. Nos contatos, o alienígena não se apresenta em público formalmente, nem tampouco fornece coisas materiais que certifiquem a sua origem não terrestre. Os científicos não costumam aceitar os relatos de pessoas contatadas, alegando que seriam frutos da imaginação, quando não de uma doença mais séria ou de alguma impostura da pessoa. Também relutam em aceitar como prova os filmes e as fotos do acontecimento, dizendo que tudo poderia ser forjado. E como não há vida nos demais planetas do sistema solar e as distâncias interestelares são enormes, exigindo milhares de anos de viagem de uma estrela à outra, os céticos dizem que um contato direto não seria possível. Assim, fincam o pé nas limitações da ciência e preferem o velho chavão que diz: "Não pode ser..., então não é!".

Estou plenamente de acordo, mas, entre os ufólogos, alguns deles cientistas de renome, os acidentes com UFOs são reais. O resgate de naves e tripulantes são fatos concretos. As provas aí são irrefutáveis. Roswell, Varginha e Operação Prato não são provas cabais?

Sem dúvida, são provas inquestionáveis para nós, ufólogos. Mas os órgãos oficiais de governo, tendo em mãos essas provas, tais como a nave caída nos desertos de Roswell, os seres alienígenas que nela se acidentaram, o ET capturado em Varginha e o farto material obtido na Operação Prato, não os dão a público por insuficiência científica: não sabem como eles chegaram aqui! Não há explicação científica para isso. Diante das dificuldades, chegam a imaginar uma origem insólita, mas de origem terrestre, às vezes até paranormal. Como não há vida nos demais planetas e como não há explicação cientificamente válida para justificar essas criaturas vindas de tão longe, de muitos anos-luz de distância, então as autoridades julgam que o melhor é despistar. Acreditam que acobertando, estariam evitando o pânico popular, porque a fraqueza e a vulnerabilidade das nossas instituições são grandes diante da questão alienígena.

O que os espíritos mentores dizem sobre essa política governamental de acobertamento? O estágio evolutivo da humanidade terrestre ainda estaria submetido ao cerceamento da verdade, perpetrado pela "ciência oficial"? Quem poderia dar um fim nisto, eles ou nós?

Nós já estamos mudando isso. Estamos vivendo um momento histórico. Em 24 de junho de 2007 estaremos completando 60 anos da "Era moderna dos UFOs". No início, o acobertamento foi vigoroso. Mas agora, as coisas estão diferentes. Vemos os mentores espirituais falando deles abertamente no livro espírita, fato que não ocorria antes. Os militares, por sua vez, estão vindo a público para contar a verdade, tais como o coronel Philip Corso (EUA), o coronel Uyrangê Hollanda (Brasil) e o capitão Rodrigo Bravo (Chile). Os militares brasileiros reconhecem o Fenômeno UFO, os chilenos dizem que eles "são um perigo", os mexicanos já filmaram os UFOs e os deram a público, para a imprensa, e ainda foram criticados. A França está abrindo os seus arquivos oficiais, contendo milhares de casos. As redes Discovery e History Channel mostram em documentário os casos mais contundentes. O Laboratório de Pesquisas (AFRL) da Força Aérea dos Estados Unidos (USAF), em agosto de 2004 deu a público um estudo primoroso de Teleportação e está investindo milhões de dólares em pesquisas oficiais para descobrir o "como eles chegam aqui". Nunca se falou tão abertamente dos UFOs quanto agora, inclusive nos meios oficiais. O acobertamento está agonizante.

Então cabe a pergunta, como eles chegam aqui? É possível especularmos sobre isso?

A palavra especular aqui é muito apropriada. Não há como se pensar em viagens próximas à velocidade da luz e, ainda assim, ter de gastar dezenas, centenas ou milhares de anos para transpor as monumentais distâncias cósmicas e chegar à Terra. A decifração do enigma "viagem" está seguramente em transpor o espaço por uma via insólita, ou seja, viajando talvez "por fora dele". Usando a teoria científica dos Buracos de Minhoca (*Wormholes*), os alienígenas viajariam por meio de tubos de interligação entre as várias dimensões do espaço-tempo, transpondo até universos paralelos, para entrarem no ambiente terrestre por portais supostamente abertos com potentes aceleradores de partículas. Embora essa teoria seja de difícil aceitação, ela é a que melhor explica os fatos. Hoje, é a menos medíocre. A outra, é negar tudo, como vem sendo feito, mas sem sucesso, porque os alienígenas não se importam com isso e continuam fazendo as suas incursões. As naves acidentadas, as abduções e os implantes "provam" a chegada deles à Terra, embora não se saiba como "eles" chegam aqui.

Devemos temer uma ação externa mais incisiva dos alienígenas?

Na verdade, essa indagação interessa e por certo deve preocupar as Forças Armadas de países adiantados, responsáveis que se fazem pela segurança global e pelo controle do espaço aéreo. Causam apreensão aos ufólogos as nações sem chances de defesa e aquelas que declaradamente ignoram o Fenômeno UFO. Logicamente que pelo fato de o alienígena ser supostamente oriundo de um planeta sólido, assim como a Terra, causa preocupação. Seus valores poderiam contrariar o que julgamos ser lógico e sensato. Não se trata de temer um contato, mas de ter bom-senso para tomar medidas prévias de defesa, ser precavido nas ações e guardar a máxima cautela em tudo.

Estaríamos preparados para um contato direto? O que poderia advir disso?

A preparação da humanidade para um contato com civilização extraterrestre é apenas relativa. Os graus de avanço científico e moral fariam a diferença num eventual contato. Quanto mais esses graus de avanço estiverem próximos aos nossos, mais preparados estaríamos. Mas na medida em que se distanciam de nós, a nossa preparação para um contato formal decai. É fácil entender esse diferencial observando a história da humanidade. Quando o Brasil foi descoberto, que preparação tinha os índios para contatar os portugueses? Os índios estavam dez mil anos atrasados na cultura. Por esse motivo tiveram de se submeter à cultura portuguesa, mais adiantada que a deles. Com isso, o livre-arbítrio do índio foi embora. Por certo, uma cultura alienígena muito desenvolvida e espiritualizada, com milhões de anos à nossa frente, não desejaria fazer o que foi feito aqui aos índios, saberia que temos de caminhar passo a passo na escalada de progresso. Respeitaria as nossas limitações e talvez nem sequer o contato formal fosse feito. E isso não os impediria de ajudar-nos veladamente. Mas o mesmo não se poderia dizer para civilizações apenas alguns milhares de anos à nossa frente. Neste caso, haveria contato. E não sabemos a *priori* qual seriam os graus de avanço científico e moral da civilização visitante, para avaliarmos as consequências desse contato. Seja como for, em qualquer contato a desvantagem terrestre seria grande. E a lógica aqui se encarrega de projetar outras situações.

Gostaria agora de finalizar falando de religião. A Bíblia e os Evangelhos Apócrifos estão cheios de relatos ufológicos, especialmente envolvendo a encarnação e desencarnação de Jesus (nascimento, ressurreição), bem como de seus feitos extraordinários, tidos como "milagres". Na visão cristã da Doutrina Espírita, no caso de um ente tão elevado quanto Jesus, originário direto de "outro reino", não seriam necessárias condições especiais no corpo em que ele encarnaria, justificando a ação genética de ETs e UTs muito evoluídos em técnica e espiritualidade, ou teria sido tudo apenas consequência da ação de espíritos geneticistas?

É certo que na Bíblia encontramos eventos ligados à Ufologia, exemplo típico é a narrativa do profeta Ezequiel, da sugestiva nave alienígena ali descrita. Há na Bíblia coisas espirituais e ufológicas, principalmente ligando os planos angélicos, onde estão os espíritos elevados e as entidades UTs, seres de alta hierarquia. Mas aqui temos de nos concentrar na parte evangélica da Bíblia, nas narrativas sobre Jesus. Como espírito puro encarnado na Terra, os dons mediúnicos de Jesus avançaram muito além daquilo que vemos nos Centros Espíritas e nas igrejas. Ele fazia curas com a irradiação de seu espírito. Em *O Evangelho Segundo o Espiritismo* há um capítulo primoroso, intitulado, *"Meu reino não é deste mundo"* (frase dita por Jesus a Pilatos). Segundo os espíritos, a ideia dada por Jesus naquela frase era de uma vida futura, a da vida espiritual que é infinda, enquanto a vida corpórea é apenas passageira. O "outro reino", mencionado por Ele, é o da vida espiritual, aquele que nos aguarda após a morte. É nesse reino que Jesus reina. Ele tinha um corpo humano, de carne e osso; o divino nele era sua alma. Seu corpo sentia dor, sangrava. Allan Kardec faz um *"Estudo sobre a natureza do Cristo"*, em seu livro *Obras*

Póstumas, que vale a pena ler. Em síntese, a melhoria corpórea do homem se deve ao seu evolucionismo espiritual, obtido ao longo das Eras. A interpretação espírita dessas passagens não deixa dúvida, por essa razão quem não interpreta assim, fica fora dos postulados espíritas. Se um ET vier aqui e mostrar na prática como a vida é eclodida e como se evoluciona de uma espécie a outra, chegando inclusive à espécie humana, então todas as Escrituras estarão revogadas. Contudo, enquanto isso, nós não descartamos a chance de que entidades alienígenas elevadas tenham estado aqui, em algum momento da pré-história, conforme a Bíblia nos sugere, e servido de instrumento aos espíritos geneticistas responsáveis pela implantação da espécie humana na Terra.

O que o Espiritismo nos tem a dizer sobre as promessas de retorno dessa entidade suprema: Jesus?

No livro *A Gênese*, Allan Kardec registra sobre isso num capítulo específico, intitulado: "*Segunda vinda de Cristo*". Ali, os espíritos codificadores confirmam que Jesus falou em uma segunda vinda, quando então voltará à Terra, não num corpo de carne, mas em espírito, na glória de seu Pai. Em momento nenhum fala em nave espacial. Quando os tempos forem chegados, Ele irá julgar o mérito e o demérito dos espíritos, as obras de cada um, separando assim o joio do trigo. Os espíritos bons herdarão a Terra, os demais irão encarnar em outros orbes do infinito, segundo os méritos individuais. Então a geração atual desaparecerá gradualmente, e "*A nova geração*" (também capítulo do mesmo livro) lhe sucederá, sem nada mudar na ordem natural das coisas. Isso registrou o Espiritismo em seu nascimento, permanecendo válido ainda hoje, quando se comemora mais de 150 anos de Doutrina Espírita.

10

Ufologia Integral – como começou e como é feita

Quem leu a nossa trilogia ufológica – *Universo profundo*, *UFO: fenômeno de contato* e *Um vermelho encarnado no céu* –, por certo deve ter notado algumas características incomuns dos UFOs que são relatadas por testemunhas. Os casos dão conta de que, num primeiro momento, embora as testemunhas digam que os UFOs sejam coisas físicas, concretas, num segundo instante falam que são algo absolutamente ultrafísico, imaterial.

Explicando melhor, o que dava mostras de ser material num primeiro momento, no seguinte, desaparecia. O objeto que estava no céu e era metálico há pouco, num piscar de olhos passava a ser luminoso e faiscante. O inicialmente sólido e consistente desaparecia de um lugar e reaparecia de imediato em outro. O que podia ser filmado e fotografado, repentinamente, sumia e não podia ser mais registrado. O que era visível no radar sumia de modo instantâneo, embora o objeto continuasse visível no ar. O que voava velozmente, de modo brusco, parava no alto, transformava-se em luz pulsante e desaparecia da vista, como se tivesse se desmaterializado ou entrado no meio do nada. Em suma: a coisa física e objetiva passava a ser ultrafísica e subjetiva de modo quase instantâneo.

Na literatura ufológica científica, lemos que os UFOs mergulham na água, afundam no solo e penetram nas rochas.

Os registros dão conta de que são engolidos em pleno voo por outros objetos ainda maiores; relatam que os UFOs aparecem de forma brusca, depois mudam a luminosidade e ficam nebulosos, em seguida são envolvidos por uma espécie de névoa, a qual parece convertê-los numa outra substância que os faz desaparecer, entrando no mesmo nada de onde vieram. Não há exagero em nossa narrativa, são relatos testemunhais, encontrados inclusive em relatórios militares.

Os operadores de tais objetos, que são descritos como sendo criaturas físicas e concretas, de modo estranho são vistos em seu interior, por meio das vigias, e até mesmo no exterior do engenho. Quando em terra, parecem respirar a nossa atmosfera, a qual deveria ser diferente da deles, mas se adaptam a ela com incrível facilidade e conseguem respirar facilmente, sem equipamento nem traje espacial de proteção; e o mais estranho, numa atitude incomum, de repente "eles" param de respirar, comunicam-se pelo pensamento, passam a volitar e desaparecem no ar, misteriosamente. Testemunhos assim são contados aos montes.

Nesses relatos insólitos, as leis da nossa Física ficam subjugadas por completo. Os UFOs parecem brotar e sumir num mundo totalmente desconhecido do nosso, estranho à nossa ciência, mas, ainda assim, um mundo existente e misterioso. Sugestivamente, pelas características insólitas, "eles" poderiam vir de outra dimensão do espaço-tempo, ser constituídos de matéria invisível, ou seja, de uma energia organizada em outra dimensão, a qual se converteria em massa funcional sem que saibamos como. E nessa matéria pelas avessas, viveriam seres menos materiais, constituídos de um plasma ultrafísico, capazes de materializar seu corpo na terceira dimensão sem entendermos o processo.

A esses paradoxos da Ufologia Científica (ou Militar – a que detém seu foco nos vestígios relativamente concretos da casuística), devemos o nascimento de outras escolas ufológicas. Ou seja, quando nos Estados Unidos, após a Segunda Grande Guerra, os primeiros investigadores de UFOs tentaram comunicação telepática com os aliens e tiveram respostas tidas como favoráveis, nasceu a Ufologia Psíquica (aquela que detém seu foco na capacidade de o ser humano emitir pensamentos e receptar os de outrem). Em seguida, quando nessa investigação científico-psíquica entraram as pesquisas teológicas, motivadas pela similaridade de algumas Escrituras Sagradas com o Fenômeno UFO, surgiu então a chamada Ufologia Mística. E cada uma das três escolas reuniu elementos e fundamentou os seus postulados, munindo-se todas de razão.

Contudo, alguns estudiosos não aceitaram os resultados de nenhuma delas, combateram os ufólogos e se tornaram céticos, críticos contumazes de tudo o que é divulgado na Ufologia. O ceticismo ufológico considera que a casuística retrata apenas fenômenos naturais desconhecidos ou mal estudados, além de relatos produzidos pela imaginação humana, por fraudes e outras impropriedades. De modo curioso, o cético parece ter prazer em criticar, e quando consegue provar um engano, tem aí o seu clímax, a sua realização. Não obstante, cumpre o seu papel, pois ele exige dos ufólogos maior empenho e precisão.

Outros investigadores, por sua vez, com bom-senso e raciocínio lógico, considerando que o Fenômeno UFO tem chances de ser evento alienígena de cunho inteligente, foram a campo para tentar a decifração e transitaram por aquelas três escolas, para colher delas os seus melhores fundamentos. Durante as análises, não ficaram restritos à ciência convencional, que já se houvera revelado insuficiente para decifrar os UFOs. Estenderam os seus limites para além das ciências positivas, aproveitando inclusive os postulados filosóficos, teológicos e as experiências psíquicas, tentando entender o fenômeno de modo amplo. Esses investigadores cunharam a Ufologia Integral (ou Holística).

Tais ufólogos, além de fundamentarem-se na Ufologia Científica, podem englobar também, em seus estudos, as experiências da Ufologia Psíquica e da Mística, procurando no conjunto a melhor interpretação dos fenômenos, mas acrescentando em suas pesquisas uma cultura própria, uma formação acadêmica específica, uma especialidade profissional afim, uma capacitação ou ideologia harmônica e consonante ao Fenômeno UFO.

Assim temos que a Ufologia Integral é especializada, pois mostra uma das escolas ou as três, associadas com as suas experiências específicas, dando entendimento distinto, como: a visão histórica da Ufologia, a arqueológica, a astronômica, a parapsicológica, a comportamental, a esotérica, a espírita, a católica, a reformadora etc. Cada ufologista busca, conforme sua especialidade, achar o caminho que o leve à verdade, em benefício do saber humano.

De nossa parte, temos trocado ideias com os adeptos de várias escolas ufológicas, pois procuramos examinar o Fenômeno UFO de modo integral. Devido às suas características insólitas, mostradas nos livros antes mencionados e na síntese acima esboçada, consideramos não ser oportuno ficarmos adstritos a uma única escola ufológica, nem sermos céticos a ponto de refutarmos os UFOs como supostas ações de uma civilização alienígena distante e tecnicamente muito avançada.

Para exercitar a Ufologia Integral, além das atividades ufológicas desenvolvidas pelas escolas mencionadas, é preciso também fazer perguntas e obter respostas que sejam satisfatórias. Em suma, é preciso prática de campo, estudo dos casos e reflexão apurada para tentarmos decifrar a intrigante questão alienígena.

11

Visita alienígena e os Cinzas – reflexões

Quando explicamos ao público o que é Ufologia Integral, fomos solicitados a indicar alguns livros que representam as escolas ufológicas ali mencionadas. Eis aqui o exemplo de alguns, que retratam cada uma delas:

1. Ufologia Científica: *Ufologia, uma pesquisa científica*, autor J. Allen Hynek, Nórdica, 1972.
2. Ufologia Psíquica: *Comunicações extraterrestres*, Pierre Monnet, Nova Era, 2001.
3. Ufologia Mística: *A nova ciência Divina*, Giorgio Bongiovanni, NPU, 2005.
4. Ufologia Integral: *Identidades alienígenas*, Richard L. Thompson, Nova Era, 2002.
5. Ceticismo Ufológico: *O mundo assombrado pelos demônios*, Carl Sagan, Companhia das Letras, 2006.

Desta vez vamos refletir sobre algumas questões levantadas pelo público. O assunto é polêmico! Não temos a resposta pronta nem inquestionável para cada uma delas, o que nos propomos é apenas refletir e mostrar a nossa reflexão. Exercitando a ciência, a filosofia e os conceitos de nossa formação, talvez possamos encontrar a resposta que satisfaça a nós mesmos e ao leitor.

Quantas raças alienígenas visitam a Terra? Certa vez, divulgou-se que 70% dos contatos eram feitos por aliens do tipo Cinza. Essa entidade poderia ser oriunda de vários planetas, como nos sugere a Réplica de Arecibo?

Para responder a essas indagações é necessário considerar os relatos de contato e abdução, aquilo que já pôde ser deduzido sobre os aliens de maneira geral e sobre o tipo Cinza, em particular, sejam essas entidades físicas ou ultrafísicas, nos estudos ao longo dos últimos 60 anos de Ufologia Moderna.

Alguns ufólogos, observando a tipologia alien já testemunhada, ultrapassaram a contagem de meia centena de raças diferentes que estariam visitando a Terra. Todas elas teriam conhecimento científico muito superior a tudo que conhecemos. Entretanto, mesmo que esses estudos fossem aceitos como válidos, ainda assim não significa que aliens de formas diferentes sejam sinônimos de origens planetárias distintas. Mas as diferenças fisionômicas são sugestivas e realçam a possibilidade de "eles" serem oriundos de vários planetas e várias dimensões.

Em alguns contatos, o distrito espacial fora mencionado, facilitando a catalogação. O alien tipo Cinza, em particular, seria responsável por grande parte dos contatos de terceiro grau e pela maioria dos casos de abdução, o chamado quarto grau, contado em detalhes no livro, *UFO: fenômeno de contato*, e mostrado nos DVDs, *Os aliens na visão espírita*.

Notícias dão conta de que haveria Cinzas de duas naturezas: física (ET sólido) e ultrafísica (UT sutil), conforme mostra o livro *Os escolhidos*. Assim, seria lógico pensar na existência de vida em planetas extrassolares e, também, em esferas dimensionais invisíveis a olhos terrestres.

Exemplo sugestivo desses dois tipos de vida foi impresso no agroglifo de Chilbolton, na chamada Réplica de Arecibo. Ali foram desenhadas três esferas habitadas, das quais duas seriam planetas tridimensionais e a outra, uma dimensão do espaço-tempo. As três esferas seriam moradas dos chamados Cinzas, dados como autores da Réplica.

Contudo, como esse agroglifo é marca deixada na plantação e por mais que a tenham estudado com métodos científicos ainda existam incertezas, os desenhos ficaram como possibilidade, em meio a outras chances de interpretação. A verdade sobre "eles" é apenas relativa.

Por outro lado, não há quem tenha legitimidade para falar em nome dos supostos alienígenas. Acredita-se que somente um contato formal poderia resolver todas as dúvidas. Nesse ínterim, resta-nos investigar a casuística e fazer reflexões, mas a decifração será sempre polêmica, passível de contestação, não haverá unanimidade – o Fenômeno UFO ultrapassa todos os limites de entendimento da nossa ciência atual.

12

Tipologia, contato e procedimento alien

A quantidade de tipos alienígenas fazendo contato com seres humanos é grande, passa de meia centena de raças. Na casuística ufológica, quatro tipos já foram bem caracterizados: os Nórdicos, os Cinzas, os Reptilianos (dos quais faria parte o ET de Varginha) e os Insectoides. Os relatos sobre os vários tipos são fartos, colhidos inclusive por meio de regressão hipnótica.

Além desses tipos principais, uma série de outros semelhantes e supostamente aparentados é também testemunhada. Acredita-se que parte deles seja de animais, entidades servidoras de outra espécie mais evoluída, a qual estaria nos testando.

Ainda há outros tipos diferentes, seres exóticos, como o observado no Caso Pascagoula, Mississipi, 1973, por Charles Hickson e Calvin Parker, estudado por Allen Hynek, e no Caso Zanfretta, ocorrido na Itália, em 1978, os quais nada tinham dos quatro tipos mencionados.

As testemunhas dão conta de que muitos desses aliens se apresentam sólidos e tangíveis, mas, curiosamente, de repente falam por telepatia, movimentam-se com incrível rapidez, por deslizamento ou levitação, e podem sair do nosso ambiente como se fossem retirados de súbito, desaparecendo num piscar de olhos. Para as testemunhas, tais ocorrências são difíceis de entender, “eles” parecem fazer parte de uma natureza estranha, como se o insólito fosse algo comum no mundo alienígena.

Em razão disso, alguns ufólogos consideram como hipótese legítima de trabalho a existência de várias dimensões, de onde tais seres poderiam ser originários. Ou seja, haveria em outras vibrações do espaço-tempo entidades constituídas de uma espécie de energia, mas capazes de converter seus corpos e engenhos sutis em coisas concretas e tangíveis, funcionais no espaço de três dimensões como o nosso. Tais entidades seriam constituídas de uma espécie de luz, possível de regular a intensidade até coagular em matéria densa e de, em seguida, reverter o processo. Parece apenas lógico que muitas delas seriam ultrafísicas.

São essas características insólitas do Fenômeno UFO e de seus ocupantes que motivam os leitores a nos fazer considerações e perguntas:

No contato pessoal de terceiro grau e no psíquico de quinto nível, seria possível os alienígenas se apresentarem com aparência de um ser superior como, por exemplo, a de um Nórdico, e na verdade ser um Cinza?

Aqui temos de falar da casuística de terceiro grau (avistamento do UFO e criatura), do quarto grau (abdução) e também da prática psíquica, chamada quinto grau, realizada por alguns grupos sem o avistamento do UFO, casos em que a aparência do alien e sua eventual metamorfose tenham sido estudas.

Nos contatos psíquicos, há relatos de que o UT Cinza (criatura sutil) pode colocar sua imagem física na mente do sensitivo; mas, segundo os mesmos relatos, a imagem mental não se manteve, mas se alterou, ficando disforme; nesse caso, as formas mostradas nada tinham de Nórdico, mas de Cinza ou de tipos variantes.

Quanto ao contato de terceiro grau, obtido por materialização da entidade ultrafísica, é dito que o UT Cinza se plastifica aos poucos, agregando matéria em seu corpo sutil; neste caso, as testemunhas dizem que "ele" se apresenta "feio" do jeito que é, nada tendo de Nórdico.

A seu turno, o ET Cinza (criatura sólida), supostamente oriundo de um mundo tridimensional, parece entrar no cenário terrestre por inteiro, como se fosse teleportado já pronto (talvez pelos chamados Buracos de Vermes – *Warmholes*).

Quanto aos seres do tipo Nórdico, "eles" costumam ser testemunhados como "superiores" aos outros em termos morais e científicos, mas não se descarta a possibilidade de existir tipos semelhantes e de evolução intermediária, pois alguns abduzidos relatam experiências não muito alentadoras com aliens de boa aparência.

Diante dos relatos de abdução de seres humanos e dos vestígios de presença alienígena na Terra, as nossas autoridades e a nossa ciência estariam agindo de modo correto?

Sem dúvida, o ato de abduzir revela certa insuficiência de quem o pratica, pois caso o alienígena fosse muito evoluído não precisaria sequestrar (já teria técnicas aperfeiçoadas e menos agressivas para conseguir seu intento), então, por lógica, toda abdução procederia de seres não muito evoluídos; embora melhores que nós na ciência, ainda assim seriam fracos na moral.

Por suposição, uma civilização mais desenvolvida poderia impor sua melhor condição evolutiva àquela que lhe fosse inferior; assim, estaríamos em sérias dificuldades se não houvesse entidades superiores aos abdutores para colocar ordem na casa e nos livrar das ameaças.

De fato, quando observamos a casuística, vemos que estamos no ponto mais baixo e desfavorável, sem sabermos o que fazer. Além das abduções, vemos metamorfoses dos UFOs, os quais passam de luzentes para metálicos numa fração de segundos, temos relatos de criaturas materializadas, sugerindo-nos algum tipo de teleportação, relatos da existência de raças alienígenas chegando à Terra, fazendo-nos pensar em várias esferas de origem, testemunhos de que os aliens falam pelo pensamento, razão pela qual a prática psíquica está presente na Ufologia – tudo isso, enfim, para nós é um mistério e nos coloca numa posição inferior.

Mas o fato é que já devemos estar convivendo com isso há milhares de anos e ainda estamos aqui, evoluindo cada vez mais. Sendo assim, todos os fenômenos vinculados aos UFOs precisam ser pesquisados com outros olhos e novas técnicas de estudo. Excetuando-se as fraudes e os fenômenos naturais mal estudados, rejeitar os demais testemunhos como frutos da imaginação ou coisas do gênero cético não é o mais inteligente, não resolve os enigmas. O melhor seria dar atenção acadêmica, estudar os casos com tecnologia moderna, buscar a decifração cientificamente satisfatória e tentar o contato oficial.

Considerando as abduções e a farta casuística negativa, se estivéssemos aqui sozinhos, sem proteção nenhuma, estaríamos perdidos!

Segundo os relatos de contatos efetuados com aliens tidos como de moral elevada e grande capacidade científica, haveria no cosmos uma ordem estabelecida, em que todas as esferas estariam sujeitas para evoluir. No aspecto individual, o livre-arbítrio estaria situado dentro de certos limites, não podendo ser ultrapassados por ninguém. Em meio a tantos relatos negativos, isso parece justificar com lógica o nosso contínuo progresso desde o início dos tempos, caso contrário a humanidade já teria sucumbido.

13

Aliens, espíritos e contatos

Sobre seres alienígenas já escutamos quase tudo. Enganam-se os que acham que o tipo Nórdico monopoliza as atenções na Ufologia. Na verdade, o tipo Cinza e seus assemelhados são mais comentados.

Há alguns anos, escutamos alguém ventilar a hipótese de que os Cinzas seriam apenas espíritos desencarnados, cuja constituição perispiritual estaria deformada e que, ao adensar o corpo espiritual, se fariam tangíveis; contudo, essa hipótese não pôde ser sustentada. No incidente Roswell, ocorrido nos Estados Unidos, em 1947, conforme os vários testemunhos, inclusive o do coronel Philip Corso, que deu ótima entrevista à *Revista UFO* 114, as criaturas estavam mortas, eram sólidas e exalavam um odor fétido, típico dos organismos em decomposição. Isso fez naufragar a hipótese de espírito materializado, pois na desmaterialização o simulacro desaparece, não morre. Além disso, a nave alienígena foi recuperada, e em regime de segredo militar forneceu valioso material de estudo para as Forças Armadas dos Estados Unidos. Tecemos várias considerações disso no livro *Um vermelho encarnado no céu*.

Não obstante a farta casuística e tudo que já se falou sobre os aliens de modo geral e os Cinzas, em particular, a verdade sobre "eles" é ainda um mistério. E são as incertezas que mais estimulam a Ufologia. Os ufólogos e aficionados ao tema estão nesse mote, cada qual buscando a sua decifração. Nas perguntas abaixo, o leitor questiona sobre o que lhe parece intrigante.

Pelo modo de proceder dos Cinzas, eles parecem ser materialistas e evoluídos apenas na ciência. Como poderia ser o mundo espiritual naquele planeta? Haveria ali, como na Terra, espíritos evoluídos para persuadi-los de que a evolução moral é mais importante que a científica? Haveria médiuns reproduzindo mensagens de entidades elevadas?

Aqui é preciso recorrer aos registros obtidos através da prática psíquica e de contatos em que os temas espirituais tenham vindo à tona.

Segundo alguns testemunhos, o regime de pluralidade das existências, conhecido desde a Antiguidade como palingenesia ou reencarnação, seria uma lei regular em todo o cosmos. Nesse regime evolutivo, haveria alternância da vida nos dois planos da existência, ou seja, ora o espírito viveria no plano dos encarnados e ora no dos desencarnados, tendo experiências em várias partes do cosmos.

É dito que, em todos os mundos, o plano espiritual é mais ou menos similar ao plano denso em que o espírito "encarna" para uma vida de ciclo limitado, mas ambos os planos influem um no outro, impulsionando o ser para estágios mais altos. Contudo, em estágios ainda inferiores da evolução moral, a falta de ética pode estar presente em ambos os planos, tanto no encarnado como no desencarnado, sendo, contudo, mais acentuada no plano encarnado, em que a matéria é mais densa e as imperfeições do espírito ressaltam na conduta moral.

Quanto aos Cinzas, a impressão é de que sejam espíritos materialistas, evoluídos na ciência, mas ainda fracos na moral, talvez a serviço de outros mais adiantados.

Essa interpretação, extraída dos contatos de terceiro, quarto e quinto graus, é hoje bem aceita na Ufologia Integral.

E a ser verdade o preceito teológico de que "nenhuma ovelha do rebanho se perderá", como ensinam os teólogos das várias escolas cristãs, por certo haveria entre os Cinzas entidades moralmente elevadas, transmitindo-lhes mensagens próprias à evolução moral de cada um. E isso se faria também pela mediunidade, numa interação constante entre os dois planos da vida, pois a evolução é lei imperativa em todo o cosmos.

A casuística ufológica não é clara para sabermos o que querem os alienígenas [veja, por exemplo, o Caso Sobral – alien dentro de casa]. E também, nos contatos psíquicos, os Cinzas não esclarecem quase nada do que fazem. Como conseguir isso?

Para nós, os Cinzas e várias outras raças seriam entidades exóticas, sem comparação no ambiente terrestre, razão pela qual é difícil entendê-las. Mas assim como os espíritos no passado, usando médiuns como Chico Xavier e outros, patentearam sua existência independente do reconhecimento da ciência oficial, talvez o mesmo pudesse ser feito pelos ETs.

Sem dúvida, se "eles" usarem das técnicas avançadas que a casuística ufológica nos sugere, por certo poderiam patentear não somente a existência deles, mas também dar informações valiosas de suas ações e de seus motivos. Contudo, se não o fazem, devem ter as suas razões.

Dentre as várias hipóteses, talvez possamos considerar que, na ótica deles, não estejamos preparados ou, então, que talvez o contato formal esteja próximo e a fase atual seja preparatória. O certo, ninguém sabe! Há coisas que somente um contato formal poderia resolver e dar legitimidade.

Hoje, entre nós, há quem não aceite nada de Ufologia, outros querem apenas a notícia e sua divulgação, sem comprometimento. Os mais determinados buscam contato efetivo, realizando vigílias, fazendo pesquisas científicas, praticando atividades psíquicas com seres ultrafísicos e desenvolvendo o contatismo por meio de aparelhos, na chamada TCI-Alien. Na Ufologia, cada pesquisador deve escolher os seus métodos e tentar a sua decifração.

As mensagens canalizadas dos Nórdicos podem ser levadas a sério?

As informações por via canalizada parecem refletir tendências, as quais, na prática, devem ser examinadas com cuidado. É preciso entender que essa vida rara que o Fenômeno UFO nos sugere estar aportando à Terra, a qual viria de tão longe e, às vezes, faria aqui coisas tão absurdas e, outras vezes, coisas tão magníficas, por certo escapa ao nosso entendimento.

Há certas mensagens tidas como canalizadas dos Nórdicos (Ashtar Sheran e outros), que causam dúvida atroz. Exemplo disso é a chamada "Operação Resgate" ou "Evacuação Mundial", algo totalmente funesto, com guerra atômica, impacto de asteroide, verticalização do eixo e inúmeras calamidades, atribuindo culpa ao homem, à natureza ou ao ciclo evolutivo.

A "Operação" consistiria em resgatar as almas de milhões de mortos. Fala-se que os ETs estariam "ajudando", pois levariam as almas para outros mundos. Ocorre que estamos no mundo dos vivos, cujo objetivo é preservar a vida.

Deve-se notar que apenas informar calamidades, sem neutralizá-las, é gerar desconforto e pânico – não há bondade nenhuma nisso! Difícil aceitar que previsões assim venham de seres evoluídos.

Além disso, o corpo celeste que estaria em rota de colisão com a Terra não é achado nos céus pelos nossos instrumentos. Se os ETs querem de fato ajudar, por que não usam sua tecnologia para desviar a rota do asteroide? Por que não usam seus recursos avançados para neutralizar os engenhos nucleares?

Ainda que as respostas para justificar tais catástrofes sejam bem arquitetadas, se não mudam o resultado funesto, não convencem! De duas uma, ou é animismo de canalizador influenciado por suposto "Juízo Final" ou ação extracerebral de entidade pseudo-sábia.

Algumas mensagens são possíveis de aceitar, mas outras, não! E as não aceitas colocam tudo a perder, porque, depois, por desconfiança, até as boas são rejeitadas.

Mas isso não significa que não haja canalização legítima e mensagens de bom teor. É preciso examiná-las, observar sua lógica, se são racionais e beneficiam a vida, caso contrário, devem ser rejeitadas.

Segundo postula a Doutrina Espírita, "a geração atual desaparecerá gradualmente e a nova lhe sucederá do mesmo modo, sem que nada seja mudado na ordem natural das coisas"[25].

Portanto, sejamos reflexivos e prudentes em tudo.

---

25. KARDEC, Allan. *A Gênese*. Cap. XVIII:27 (N.A.).

14

Teleportação de seres vivos

O primeiro estudo importante de teleportação física foi feito na Inglaterra, pelo naturalista Alfred Russel Wallace. Ele obteve notáveis fenômenos de transporte com experiências levadas a efeito em sua casa. De modo independente, Wallace havia formulado a Teoria Evolutiva das Espécies, tendo como fundamento a seleção natural. Mas, conforme as suas investigações no campo paranormal, ele ficara convencido de que a "força da mente", conjugada à atuação de "entidades espirituais", deveria estar por trás da história evolutiva do homem. Ele estava disposto a entender isso melhor. E, em 1866, fez várias experiências de teleportação com a médium Agnes Guppy.

Nos experimentos, em laboratório fechado, os objetos sólidos apareciam do nada, entravam no ambiente sem que ninguém pudesse entender como, e apareciam na frente de todos como se fossem atos de criação espontânea do ar. Às vezes, tais práticas pareciam estar associadas à força mental da médium, mas, em outras, era por demais sugestiva a participação de um agente invisível, distinto da senhora Guppy, executando os fenômenos. Os dois fatores davam mostras de estar operando.

Certa feita, um amigo de Wallace, presente à sessão, vendo que era comum pedirem flores para o agente invisível, solicitou algo que julgara mais difícil – pediu um girassol. Para surpresa de todos, quase de imediato caiu em cima da mesa uma planta enorme: o girassol estava ainda orvalhado e com as raízes cheias de terra!

De modo enigmático, os torrões estavam impregnados de minhocas, plenamente vivas. Era a primeira vez que numa sessão espírita se verificava o transporte de seres vivos. Não satisfeita com o experimento, a duquesa d'Arpino pediu areia do mar. De súbito, caiu sobre a mesa, como se fosse aberto um buraco no ar, um monte de areia da praia, cheia de estrelas-do-mar, plenamente vivas, demonstrando que há pouco estavam em seu *habitat*, mas agora, misteriosamente, mexiam-se em cima da mesa.

Os experimentos não pararam aí. A senhora Guppy, à medida que era solicitada, conseguia transportar para a sala, supostamente com a força mental e ajuda do agente invisível, outros seres vivos. Nesse diapasão, durante as sessões, tendo Wallace e outros sábios como testemunhas, em plena luz do dia, sem truque nenhum, foram transportados para dentro da sala: peixinhos, enguias, lagostas, caranguejos, rãs, serpentes, tartarugas, borboletas, pássaros e insetos.

Não restara dúvida: os seres vivos estavam sendo transportados, de maneira insólita, por uma inteligência ultrafísica independente da médium. Os animais vivos brotavam do nada, numa demonstração do agente invisível de que não havia desmaterialização, mas uma insólita viagem "por fora no nosso espaço", supostamente por uma quarta dimensão, sem efeito lesivo aos seres vivos.

Neste ponto, caro leitor, convém lembrar que hoje os ETs estão fazendo algo semelhante para chegarem à Terra. Os primeiros contatados da Era Moderna dos UFOs, como George Adamski e Eugênio Siragusa, disseram à exaustão ter feito contato com entidades de outros planetas e de outras dimensões. Essas criaturas falavam delas próprias, alertavam sobre os perigos dos artefatos nucleares e davam mostras de chegarem à Terra por um caminho insólito, conhecido hoje como *Wormholes* (Teoria dos Buracos de Vermes).

Diferente de ontem, hoje a nossa ciência já pode fazer algumas incursões teóricas para tentar entender o fenômeno de teleportação. Conforme mostra o livro *Um vermelho encarnado no céu*, a Força Aérea dos Estados Unidos (USAF) dá conhecimento inequívoco de que pretende saber mais sobre o tema. Aquele organismo militar estudou vários experimentos, inclusive os realizados em países como China, Rússia, Israel e outros, tendo emitido, em agosto de 2004, por meio de seu Laboratório de Pesquisa, um documento[26] de 88 páginas mostrando serem possíveis alguns tipos de teleportação física. E que a melhor maneira de entendê-las é tentando realizá-las. Assim, altos investimentos militares estão em curso nos Estado Unidos, para viabilizar o intento.

Hoje, não são poucos os científicos que declaram abertamente algumas de suas experiências com UFOs, os contatos que tiveram com alienígenas ou que tiveram em mãos documentos oficiais sobre a visita alienígena ao nosso planeta. Dentre eles, está o ex-congressista Henry McElroy, alto funcionário do governo do então presidente Dwight Eisenhower, dos Estados Unidos, que veio a público para dizer[27] que teve em mãos documentos oficiais dando conta de que Eisenhower fizera contatos com ETs, em 1954.

---

26. Em: http://www.fas.org/sgp/eprint/teleport.pdf (acesso em out./2010) (N.A.).

27. http://www.youtube.com/watch?v=a7BxDsIKh9w&feature=player_embedded (acesso em out/2010) (N.A.).

15

Desabdução e programa especial

De modo independente, cada instituição espírita tem a sua maneira de auxiliar a pessoa que vem a ela relatando ter sido vítima de abdução. Quando o assistido diz que sofreu um desconforto ufológico, não raro pode estar presente um evento psiquiátrico, tratado pela medicina convencional com os seus recursos. Mas pode haver também uma presença espiritual, especialidade das Casas Espíritas. Há, entretanto, casos raros, de origem alienígena, em que o saber ufológico entra em cena. E os membros da instituição, conscientes do amplo leque de possibilidades que tem um caso assim, procuram dar o encaminhamento adequado.

O livro *Um vermelho encarnado no céu* mostrou os vários fenômenos ufológicos e destacou alguns casos de abdução, servindo de referência ao entendimento do tema. Mas, independente do *modus operandi* ali relatado, cada organização espiritista tem o seu modo de proceder na assistência espiritual. E, de modo geral, não é incomum tais atividades entrarem no rol dos trabalhos de desobsessão.

A atividade assistida por nós em uma instituição espírita foi relatada no livro, tendo dado origem a programa de tevê. A TV Mundo Maior, da Fundação Espírita André Luiz, encarregou-se de levá-la ao ar. A série ufológica do programa *Nova Consciência*, apresentado por Jether Jacomini Filho e comentado por este autor, foi ao ar durante um ano, mensalmente, e depois transformado em DVDs, lançados pela Revista UFO, com o título – *Os Aliens na Visão Espírita*. Completando a série, lançamos o livro *Os escolhidos da ufologia na interpretação espírita,* que a Lúmen Editorial encarregou-se de publicar.

O primeiro programa sobre "desabdução" era composto de três partes de 16 minutos cada. Curiosamente, por razões independentes à vontade da equipe de produção, a parte inicial e a final do vídeo foram estranhamente perdidas – houve a queima inesperada do HD do micro. Perdendo-se, inclusive, outros arquivos e programas que estavam gravados. Diante do inesperado, tivemos de regravar três programas para o lançamento de *Os Aliens*.

Ocorre que após o lançamento, tivemos a satisfação de encontrar uma das partes do primeiro programa sobre "Desabdução" – o que fora perdido! Recuperamos apenas a segunda parte, pois já havia sido enviada para exibição em *trailer* quando se verificou a queima do HD. Constituiu-se uma raridade. E o segmento foi colocado em vídeo na *Net*[28], para livre acesso.

E sobre a assistência espiritual realizada pelo Grupo Espírita João Rocha, o espírito Yehoshua ben Nun nos trouxe, em 17 de julho de 2008, uma mensagem esclarecedora. Vamos observá-la:

> "Desabdução.
>
> "Há quem pergunte: O que é desabdução? Vamos esclarecer aqui.
>
> "Podemos definir desabdução como sendo a assistência espiritual dada ao abduzido, com o propósito de

28. <http://www.dailymotion.com/video/x5cdvz_nc-98-b_news?start=2#from=embed> acesso em ago/2010 (N.A.).

livrá-lo do monitoramento alienígena e de novas capturas. No Espiritismo, de modo genérico, a desabdução entra no rol dos trabalhos de desobsessão, mas com características próprias.

"Diferente dos espíritos, a entidade perturbadora não pode ser atraída por imantação espiritual, nem incorpora para ser doutrinada. Pode, contudo, ser inquirida pela corrente das Fraternidades a fazer contato telepático, por meio dos médiuns, e falar de suas investidas. Para o assistido, seus ataques são inconvenientes, perturbadores e maléficos.

"As Fraternidades são compostas por espíritos de escol e sua missão é irmanar todas as almas num mesmo propósito evolutivo, promovendo harmonia e bem-estar na convivência. Assim como os espíritos inferiores e vingativos num processo obsessivo persistem em atuar nos encarnados causando o descaminho moral, o descontrole orgânico e a perturbação psíquica com desajuste das faculdades mentais, os seres alienígenas de moral fraca podem, em benefício de sua espécie e prejuízo da humana, desarranjar o homem da mesma maneira que o espírito obsessor. Enquanto os obsessores falecidos na Terra são doutrinados pelos guias espirituais no trabalho de desobsessão, os alienígenas encarnados em outros orbes são inquiridos pela corrente das Fraternidades para o evento de desabdução.

"Durante a sessão específica, a entidade alienígena nunca se apresenta sozinha, mas vem em falange, representando a tripulação e o chefe do engenho. Tem interesse no contato, pois o toma como oportunidade de estudar os humanos. Na comunicação, expressa ideias diferentes e incomuns, mas ligadas ao modo de pensar e agir de sua civilização. Num processo doutrinário, não é sensível à argumentação religiosa, porque sua cultura é outra. Durante o trabalho, o propósito do dirigente espírita é sempre mostrar à entidade, por meio de argumentação lógica e positiva, a inconveniência e os prejuízos que está causando ao assistido. Por isso, nada satisfaz ao dirigente senão o cessar pleno e incondicional das abduções e dos controles monitorados. Eventual continuidade poderia significar ao assistido maior desequilíbrio, colocando em jogo sua saúde já afetada. Embora seja ardiloso, firme e insistente em seus propósitos, o alienígena é deveras inteligente para compreender o motivo alegado, para refletir juntamente com os seus e atender ao pleito.

"A assistência espiritual para neutralizar a prática intrusa pode se repetir algumas vezes e receber, inclusive, por iniciativa das Fraternidades, o concurso positivo de seres alienígenas de moral elevada, para compelir os abdutores a mudarem de atitude, livrando o assistido de suas investidas. A ação conjunta das Fraternidades e dos alienígenas de moral elevada não é de modo algum punitiva ao abdutor, mas renovadora em essência. Ela facilita e estimula o amplo reajuste do agressor. Contudo, a recusa em abraçar tal oportunidade implica em reação contrária àqueles de coração endurecido. Porque, numa ação higienizadora, o ambiente terrestre é limpo. Os que fazem o mal pelo mal, não mais encontram guarida na Terra, sendo transferidos para outros distritos mais afeitos aos seus anseios. Por determinação da espiritualidade maior, a regeneração do orbe terrestre foi iniciada e estará em curso ao longo do milênio. E o contato formal de outras civilizações poderá ser realizado no futuro meão, em condições de fraternidade universal."

16

Aparelhos luminosos – materialização

Este fato ocorreu em fevereiro de 1948. Naquela ocasião, o delegado R. A. Ranieri, homem público sério e acostumado a lidar com todo tipo de caso intrigante em razão de sua profissão, teve seu primeiro contato com fenômenos de materialização. Isso ocorreu na casa do doutor Rômulo Joviano, conceituado funcionário público da cidade de Pedro Leopoldo, Minas Gerais. Estavam presentes os médiuns Francisco Cândido Xavier, como assistente, e Francisco Lins Peixoto, conhecido como Peixotinho, que durante a sessão servia aos espíritos para produzir as materializações. Os fenômenos ali presenciados seriam repetidos muitas vezes em outros lugares, possibilitando a Ranieri escrever seu prestigioso livro, *Materializações luminosas*[29].

A produção de fenômenos físicos para estudo sério e propósito definido requer trabalho de equipe espiritual especializada, de médium doador de fluidos especiais, de ambiente preparado e pessoas selecionadas para realização dos trabalhos. É preciso registrar tudo e absorver das reuniões o conhecimento possível, para dele fazer uso na divulgação da imortalidade da alma e na realização de obras fraternas. Tudo é sempre feito sob rigorosa organização.

---

29. RANIERI, R. A. *Materializações luminosas*, Cf. Bibliografia (N.A.).

Numa dessas reuniões, onde se reunia o grupo Scheilla, o médium Ênio Wendling descreveu um enorme engenho espiritual, semelhante a um Zepelim, no qual os espíritos eram transportados para participar da ocasião. Eles desciam do objeto por um grande tubo, algo parecido a uma chaminé, e penetravam facilmente no recinto. Conforme informações espirituais, esse veículo não se compara com a nave do tipo "nuvem charuto", conhecida na Ufologia, trata-se de um engenho de transporte próprio das colônias espirituais próximas à Terra. Naquelas reuniões, Ranieri afirma que eles tiveram conhecimento de coisas maravilhosas, assim como de coisas medonhas, horríveis, existentes no mundo dos espíritos.

Certa noite, numa sessão realizada no Centro Espírita André Luiz, Rio de Janeiro, sociedade em que trabalhava Peixotinho, houve demonstração de que o mundo espiritual realmente dispõe de aparelhos capazes de produzir no corpo humano uma verdadeira recuperação da saúde. Trata-se de aparelhos completamente desconhecidos na Terra e de efeitos fantásticos.

Após o início da sessão, o delegado descreve uma entidade resplandecente aproximando-se de uma senhora e colocando em seu tórax um aparelho estranho, parecido com um bolo, feito numa forma semelhante à concavidade de um prato fundo, portanto, quase um disco. Era gelatinoso, de cor verde-claro, e transparente, ao qual podiam ver o interior do corpo como se contemplassem peixes num aquário. Lá dentro, palpitava o coração, arfavam os pulmões e corria o sangue nas artérias e veias. Tudo podia ser visto por todos, com perfeita nitidez.

Ainda tomados pelo momento, a entidade mergulhou uma mão através do aparelho, ficando parte do membro no interior do corpo da senhora ali atendida e o resto dele para fora. Em gestos compassados, o espírito retirou a mão do corpo e tornou a mergulhá-la. E cada vez que a retirava, trazia nos dedos certa matéria escura, que lançava no ambiente e se dissolvia. O espetáculo durou longos minutos.

Diante desse episódio incomum, seria o caso de indagarmos para reflexão. A ciência tem algum aparelho como esse? E o mergulho da mão materializada dentro do corpo? E a entidade resplandecente? De fato, o evento espiritual era grandioso. Com o uso de aparelhos desconhecidos, os espíritos faziam rapidamente materialização e desmaterialização de suas próprias mãos, cujo propósito era restaurar um corpo humano doente e demonstrar aos participantes a magnitude do mundo invisível, que é descortinado aos nossos olhos pelo Espiritismo Científico.

Outro caso intrigante ocorreu em 7 de dezembro de 1950, quando as pessoas do grupo André Luiz estavam reunidas. Após o início da sessão, começaram a penetrar no salão entidades materializadas e luminosas, com a finalidade de tratar os doentes que ali se achavam. Num dado momento, Ranieri aproximou-se da cabine onde estava Peixotinho, em estado de letargia, e teve uma surpresa: um globo de luz vermelha, do tamanho de uma laranja, estava cerca de 80 centímetros de Peixotinho. O delegado descreve: “A luz, incidindo sobre ele, iluminava-o frouxamente. Aproximei-me. O globo de luz girava no ar e fazia evoluções lentas”.

Ranieri chegou perto da cama em que estava o médium e começou a dar-lhe passes; então a luz vermelha flutuante iniciou um giro em torno do delegado. “Passava em volta de minha cabeça, em frente aos meus olhos, enquanto eu dava passes”, conta. E a evolução do globo de luz prosseguiu, fazendo outro percurso, que Ranieri assim descreveu: “Passava entre os meus braços, evolucionando pela frente de meu peito e, contornando-me as costas, voltava a passar entre os meus braços, penetrando pela frente”.

Nessas condições, estando Ranieri com as mãos apoiadas nas de Peixotinho, privando-o de qualquer movimento, a luz vinha e se intrometia entre os dois. Não havia um espírito materializado, mas um globo de luz materializada. E se o globo era espírito em forma esférica ou aparelho movimentado pelo espírito, ninguém soube distinguir. Quando as luzes do salão foram acesas, o globo vermelho, antes perfeitamente físico, materializado, extinguiu-se lentamente no ar, desaparecendo à vista de todos.

Nessas experiências de Ranieri, em ambiente fechado, vividas por ele em meados do século passado, os assistentes constataram a presença de entidades espirituais operando os fenômenos. Hoje, na Ufologia, em ambiente aberto, encontramos algo similar: UFOs luminosos, materializações ufológicas e mensagens à humanidade dadas por seres intrigantes. Trata-se de fenômenos testemunhados em todo o mundo. Se eles são oriundos da esfera espiritual ou de dimensão em que o espírito esteja encarnado, é difícil distinguir. Conforme detalha o livro *Universo profundo*, as materializações procedem tanto da dimensão dos falecidos quanto da dos seres encarnados em corpos "menos materiais"; são realizadas por seres distintos, postados numa dimensão invisível a olhos terrestres. Embora sejam fenômenos complexos, convém estudá-los com afinco, para tentar distingui-los.

17

Evolução técnica não significa moral elevada

Há quem sempre teve curiosidade em saber mais sobre "contatos com ETs", vislumbrando nos testemunhos uma chance de conhecer melhor fatos tão incomuns. Não são poucos os que nos confessam essa expectativa, achando interesse na nossa abordagem. São eles que formulam aqui as suas perguntas, tentando entender a intrigante questão alienígena. Naturalmente que as perguntas colocadas são polêmicas, não existindo resposta capaz de atingir a unanimidade. O que nos propomos é apenas refletir sobre o tema. A questão colocada é a seguinte:

Considerando a divulgação de que Deus só permitiria tecnologia avançada para seres com moral elevada e com bom discernimento para o certo e o errado, como entender que ETs do tipo Cinza, com moral fraca, possam ter obtido tecnologia avançada e chegado à Terra? Isso não é estranho e contraditório?

De fato é estranho, porque a premissa está incorreta: evolução técnica não é sinônimo de moral elevada! Por diversas vezes escutamos frases com esse sentido contraditório, ditas por pessoas com filosofias diferentes e oriundas de várias culturas. Não sabemos a origem desse pensamento, mas ele não se sustenta na nossa realidade, decaindo facilmente. Os motivos são vários.

Nós, seres humanos, julgamo-nos inteligentes e com discernimento suficiente para escolhermos sempre a atitude correta. Mas, quando olhamos para trás, vemos que não nos portamos com acerto. Após o surgimento da bomba atômica, no dia seguinte, os Estados Unidos estouraram o Japão, fazendo milhares de mortos e milhões de vítimas da radiação. Se fosse hoje, o efeito seria infinitamente pior. A Rússia parece hoje contida, mas China e Coreia do Norte não, assim como Índia e Paquistão, bem como árabes e israelenses se afrontam há muito, sugerindo-nos um futuro de potencial altamente perigoso para a humanidade. O Brasil, por sua vez, de um lado tem hoje a melhor tecnologia de votação do mundo, de outro, a pior classe política em moral. A ideia de que "só os de moral elevada teriam as bênçãos de Deus para obter tecnologia avançada", não se confirma na nossa realidade. Estamos cansados de ver a imoralidade lavrar como peste, em meio a sociedades com alto grau de tecnologia e capacidade intelectual para discernir o certo do errado. Conseguimos massificar muitas tecnologias, mas temos dificuldade em massificar a moral. Apenas por lógica, o mesmo poderia ter ocorrido lá fora, em outras paragens do universo.

De fato, o homem sabe distinguir uma coisa de outra, mas a insensatez e a ganância ainda imperam em todas as sociedades, inclusive nas cientificamente avançadas, desprezando a moral em detrimento do senso humanitário. Hoje, a potência das armas nucleares é tão grande que se alguém apertar o gatilho, todos seremos pulverizados. O risco está aí, para quem quiser ver. Então perguntamos: Quem está errado, Deus que nos deu capacidade de discernir e criar ciência avançada ou o pretenso "filósofo" dizendo que só seres de moral elevada poderiam obter tecnologia e viajar pelo cosmos?

Se Deus tivesse errado ao nos colocar nas mãos tanta capacidade de destruição, ele não seria justo e bom. Portanto, deve haver algum benefício nessa atitude, embora, talvez, ela não seja muito clara ao homem. Ocorre que temos o chamado livre-arbítrio e nos determinamos a proceder como nos convém, mesmo sabendo que estamos errados. Uma civilização externa, com nível moral equivalente ao nosso, mas com tecnologia mais avançada, poderia agir como nós e submeter-nos com a força de sua tecnologia. Conforme os testemunhos, os seres do tipo Cinza e assemelhados fazem aqui coisas que nos parecem inconcebíveis, inclusive experiências com hibridização que nos parecem nocivas, mas para "eles", por certo, devem ter utilidade. É provável, também, que estejamos aprendendo algo com isso.

Nos eventos de abdução e contatos testemunhados, denota-se que "eles" estão longe de um grau social elevado, são imperfeitos e devem estagiar num mundo semelhante ao nosso, com provas e expiações de toda ordem. Se de alguma maneira nos ameaçam, cabe-nos a defesa. Contudo, como espiritualistas que somos, temos que a Terra não está ao léu. Deve haver lá em cima uma Fraternidade Maior nos guardando dos males que ainda não podemos perceber. Mesmo porque, essas entidades negativas devem estar nos visitando há milênios. Se estivéssemos à deriva e não houvesse no cosmos uma ordem estabelecida, por certo já teríamos sucumbido.

Conforme alguns contatos com seres de moral elevada, o livre-arbítrio, de modo geral, estaria situado dentro de certos limites, além dos quais não seria permitido a ninguém ultrapassar. Se for assim, a ação dos Cinzas e a de outros seres negativos estaria limitada, razão pela qual ainda estamos aqui, desde o início dos tempos, evoluindo cada vez mais, guiados por imponderáveis Forças do Bem. Mesmo em aparente desvantagem (porque "eles" são ou se fazem invisíveis), não vemos motivo para preocupação excessiva, pois alguém lá em cima deve fazer a nossa guarda. Enquanto nós, aqui, devemos fazer a nossa parte: evoluindo no interesse da humanidade, na nossa ciência e na nossa moral.

18

Uma nova geração principia na Terra

Este texto foi registrado por nós durante o ano 2000, durante a psicografia do livro *Colônia Capella – A outra face de Adão*, lançado dois anos depois pela Lúmen Editorial. Antes, porém, nos idos de 1868, Allan Kardec havia publicado em seu livro *A Gênese*, um enfoque sobre A Nova Geração, no qual informava que uma grande imigração de espíritos estava sendo verificada na Terra. Hoje, cerca de um século e meio após aqueles tempos, muita coisa está ocorrendo ao nosso entorno, fazendo-nos refletir sobre essa nova geração, pois "as crianças são heranças do Senhor" Sl 127:3.

O bom observador, espiritualizado e no uso da razão, notará que está surgindo no planeta uma geração de seres muito especiais. A morada terrestre há pouco começou a ser povoada por espíritos selecionados pelo progresso conseguido em vivências passadas. Um novo contingente humano está gradativamente povoando a Terra. São homens e mulheres marcados pela sensibilidade democrática e pela liberdade de ação.

Quando atualmente se fala de experiências genéticas com alimentos, de bebês de proveta e de clonagem de animais e de seres humanos, essa nova geração vem ao mundo da maneira mais natural possível, alimentando-se com frugalidade e amando a natureza. Não se trata de seres extraterrestres nem tampouco de qualquer outra forma de vida desconhecida, mas de seres humanos como quaisquer outros. A diferença está na mentalidade altruísta e na tarefa espiritual a ser realizada.

A criatividade inata, capaz de provocar grandes alterações com o novo que há de vir, por certo impulsionará a humanidade para as mais modernas aquisições em todos os campos do saber. Tal característica é marca dessa nova geração, cuja tarefa de fazer grandes mudanças é irresistível.

Embora muitos possam dar nomes diferentes a esse contingente, na verdade se trata do início de uma nova geração, marcada por ideias novas. Seu sentido mediúnico está mais aguçado. Homens e mulheres que percebem de modo natural a presença de entidades sutis a lhes sensibilizar a mente. São capazes de intuir bons procedimentos nas mais variadas situações. Sua capacidade natural de prever as consequências futuras de atos praticados será responsável por fazê-los agir com segurança e certeza do melhor nas mais variadas situações. A faculdade intuitiva despontará neles naturalmente, na medida em que tiverem de discernir sobre novos conceitos de ordem legal, moral e religiosa.

O dom da cura para eles se fará presente no campo científico, com o desenvolvimento a ser dado nas ciências médico-biológicas, cuja capacidade de curar será aumentada com o avanço da genética, das tecnologias de pesquisa, das modernas intervenções invasivas ao corpo e dos novos medicamentos. A constituição biológica dessa nova geração está melhorada: seu molde biológico espiritual já fora aprimorado pelos geneticistas do Altíssimo. Nela, os benefícios vertidos à carne se fazem sentir pela maior beleza corpórea, pelo nível intelectual aumentado e pela maior resistência orgânica em lidar com as impurezas criadas pelo próprio homem, as quais campeiam no ar, nas águas e nos recantos da cidade moderna, exigindo solução.

Essa nova geração nasce por toda parte, nas várias camadas sociais, nos diversos países e no seio amoroso das várias religiões. A alma fraterna e a missão a desempenhar são percebidas nela pela bondade de sentimento e pela "criatividade inata", qualidades que a caracterizam de modo particular, diferenciando-a fortemente da geração comum. Não fumam, não ingerem álcool e são favoráveis ao alimento vegetal. Desde a mais tenra idade caracterizam-se por um estado emocional diferenciado; são pessoas amigas, participativas e solidárias nas realizações. Possuem bom humor, evitam comparação com outras pessoas e não gostam de ser disciplinadas com emoção.

Conhecem, no íntimo, outros aspectos de ordem educacional, diferentes dos tradicionais, como também possuem espiritualidade mais elevada, qualidades que servirão de espelho ao intelecto comum. Quando em tenra idade, querem amor, afeto e atenção. Em seguida, com o desenvolver do corpo e da mente, procuram por liberdade, respeito e estímulo. Em poucos anos, desapegam-se dos pais, embora por eles guardem o mais profundo amor e respeito. Procuram, desde cedo, por independência, mas sempre com responsabilidade em suas ações. São reflexivas por excelência e comunicativas por espontaneidade. Estão propensas ao estudo das ciências humanas, como a antropologia, a filosofia, a sociologia, a medicina e a psicologia, além de grande interesse pelas artes e técnicas computacionais.

A sociedade que buscam desenvolver será erguida em princípios fraternos, com garantias ao mínimo indispensável para manter a dignidade humana. Uma sociedade instruída o suficiente para compreender seu papel no concerto evolutivo da vida, igualitária em direitos e deveres, com liberdade e autonomia para progredir. Uma sociedade ética, honesta e responsável, consciente de que a solução para todos os problemas depende apenas do homem, de seu progresso como individualidade fraterna para o bem coletivo ser alcançado.

Esses espíritos mais evoluídos apenas começam a encarnar neste planeta. Muito ainda haverá de passar para as alterações que cogitam fazer se façam sentir de modo marcante. Entretanto, promover melhorias em todos os sentidos é a missão dessa nova geração que inicia na Terra.

Quem sabe, no futuro, possamos fazer contato com a civilização exterior da qual esses espíritos procedem, mundo no qual estavam encarnados antes de virem à Terra cumprir uma nova etapa da evolução.

19

Os transcontatos com entidades alienígenas

Há alguns anos temos a satisfação de conversar com a pesquisadora Sonia Rinaldi e falar de seu trabalho, cujo reconhecimento internacional se reflete nos prêmios que ela ganhou com pesquisas de outras realidades, usando a Transcomunicação Instrumental (TCI). O que nos chamou a atenção foi o fato de ela ter feito contato com entidades não terrestres, por meio de tecnologia. Em teoria, a TCI abre um leque de possibilidades, dando margem a contatos com entidades de origens distintas, ou seja, espíritos de falecidos na Terra, espíritos de falecidos em outros orbes, ETs sutis (encarnados em outras dimensões) e ETs sólidos (encarnados em mundos densos).

Na Ufologia, as testemunhas relatam que naves aportam à Terra trazendo criaturas vivas. São essas entidades que dizem estar encarnadas em outros planetas. Talvez seja essa a razão mais forte de muitos considerarem o Fenômeno UFO como evento extraterrestre.

Nas aparições, os alienígenas mostram ao homem que a pluralidade dos mundos habitados não é uma filosofia, mas fato prático que pode ser estudado. E se nos céus "eles" se mostram, não é ilógico pensar que poderiam fazê-lo também por aparelhos. Vem daí o interesse ufológico nas TCIs. Seria uma maneira científica de fazer contato, independente da sensibilidade paranormal de qualquer pessoa.

Supostamente, as TCIs-Aliens, ou seja, os chamados "transcontatos de 6º grau" poderiam anteceder um encontro face a face de 3º grau com outras entidades. O transcontato seria uma espécie de preparativo para o "encontro final", digamos assim. Em razão dessa expectativa, o trabalho talvez pudesse ter atingido um estágio em que a conexão preparatória já fosse possível. O nosso interesse na TCI aumentava em razão dessa perspectiva.

Examinamos diversos vídeos e áudios. Um dos métodos para gravar consiste em movimentar luzes dentro de um estúdio, tendo uma câmera fixa a filmar os movimentos por algum tempo. Trata-se de algo simples, mas de resultado alentador, que, segundo Sonia, deve-se à intervenção dos alienígenas no processo. E ela tem evidências substantivas para afirmar isso. Observando as filmagens, nota-se que as luzes movimentadas se transformam em estranhas fisionomias, tentando expressar vida.

Nesse trabalho, parece certo que existe um agente oculto produzindo e controlando as metamorfoses. A entidade que se manifesta no filme é inteligente. Seu aspecto corporal é semelhante ao do homem, mas distinto dele em várias particularidades. Num dos vídeos, a cabeça, nitidamente não humana, tem forma triangular, aparentando indivíduo talvez evolucionado a partir de alguma espécie desconhecida na Terra. Seu aspecto corpóreo é bem estruturado, parece forte, mas não conseguimos fazer um juízo de suas proporções corporais, comparadas às do homem. As imagens que vimos não nos permitiram chegar a tanto, mas tal intento não se mostra impossível, caso haja nos filmes referenciais para comparação.

A entidade se mostrou hábil no uso de luzes para formar imagens em tempo real e mostrá-las no filme, expressando feições de vida. Tais figuras não são projeções holográficas, como se um filme já existente fosse projetado ao espectador, mas figuras luminosas construídas na hora, de improviso, pelo agente oculto. Os vídeos de curta duração mostram a existência de um ser, talvez extrafísico ou apenas oculto, fazendo exibições para marcar sua presença na tela. E as sessões de áudio, gravadas com perguntas do entrevistador e respostas da entidade, complementam as imagens de vídeo.

Nota-se que o método de trabalho e os aparelhos para captação das mensagens estão ainda num processo de melhoria. A cada dia algo novo aparece e novas técnicas são testadas. O objetivo é que a comunicação avance entre os dois lados, produzindo respostas um pouco mais extensas e claras para expressar as ideias, articulando-as melhor por meio de sons e imagens.

Parece lógico que o conceito de contato vem sendo gradativamente amadurecido. E a morosidade do processo parece apenas circunstancial. Diferente dos falecidos da Terra, o alienígena quando se comunica deixa um enigma no ar. Quem é ele e o que quer, ainda é um grande mistério! O "Cabeção", como fora chamado de início, no decorrer dos transcontatos, registrou seu nome: Narisha. E parece ser a entidade que comanda não só as TCIs, mas uma legião de seres diferentes, empenhados em partes específicas daquilo que poderíamos chamar "Missão TCI".

As hipóteses sobre Narisha são várias. A primeira delas recai sobre na de "espírito estrangeiro"; talvez seja um falecido de outro orbe. A segunda recai na de "ET sutil", um ser ultrafísico encarnado em outra dimensão. A terceira, na de "ET sólido", que estaria fazendo uma insólita comunicação por meio de um canal aberto numa quarta dimensão do espaço, por onde as ondas fariam o trânsito e entrariam no nosso espaço de modo semelhante aos fenômenos de *apport*, amplamente estudados na Parapsicologia. Neste caso, talvez Narisha não precisasse de nave nenhuma para chegar aqui, porque a comunicação se faria à distância, por aparelhos de transmissão, com as ondas viajando pelos hipotéticos Buracos de Minhoca.

Todavia, em razão de ser ele um agente oculto, será preciso dar tempo ao tempo para a própria entidade se definir, fazendo isso de modo suficiente para transformar "evidência" em "prova real" de sua presença em alguma localidade do espaço-tempo. Assim, a entidade poderia interagir com o homem regularmente, para troca de informações através de aparelhos. Se esse estágio chegar, então a experiência poderá ser autenticada como "contato efetivo".

Narisha mostra que seu objetivo é falar por si só, por meio de recursos técnicos, e dizer de modo científico a que veio. Parece que um contato de 6º grau, por meio de tecnologia, está tendo início no Brasil, com Sonia Rinaldi.

Hoje, as imagens recebidas parecem dizer que, enquanto discussões intermináveis ocorrem nos bastidores da Ufologia, "eles já estão por aqui se mostrando em vídeo", conforme esclarece Sonia. E ela prossegue dizendo: "O recente vídeo é um absurdo. O ET anda, infiltra-se entre as pessoas, desaparece e reaparece. É chocante! Ocorreu dentro de um método novo de gravação". A sua expectativa é que seja uma transmissão direta da nave para cá. E, se for assim, trata-se de algo histórico.

Quem observa uma das imagens gravadas por Sonia, nota no lado direito uma cabeça nitidamente humana, girada a 90 graus. No lado esquerdo, nota-se a imagem de um tipo esquisito, quase de corpo inteiro. É uma bioforma branca, em pé, aparentemente sem roupa, ou com alguma vestimenta que não saberíamos especificar. Parece ter uma espécie de glândula mamária quase na região do estômago. Seria mamífero?

É um tipo com proporções diferentes da humana: ombros curtos, cabeça volumosa em relação ao corpo, quase sem boca, tórax estreito, braços finos e longos. Mas é preciso ainda purificar a imagem, separando o que é humano do que seria alien. Contudo, devemos observar que escutamos uma descrição assim numa transcomunicação mediúnica alienígena, apresentada por nós no livro *Um vermelho encarnado no céu*.

A descrição de testemunhas sobre a tipologia alienígena já é bastante conhecida, mas, agora, as imagens parecem vir direto deles. Não há certeza disso, mas as imagens parecem propositais. Depois das cenas, surgiram fenômenos interessantes, como aparição de falecidos, com imagens em animação inseridas de ponta-cabeça, fato também inédito em TCI. Numa certa experiência, os aliens começaram a mesclar-se com a pessoa diante da câmera, causando até um friozinho na barriga de quem participava do filme em tempo real. Numa sequência de fotos, quem está diante da câmera é a senhora Marilene; daí ela se transforma insolitamente em várias fisionomias, embora parecidas, inexplicáveis.

As imagens obtidas, quando associadas a alguns parâmetros matemáticos de referência, estão possibilitando algo pioneiro no âmbito da TCI-Alien: um estudo da anatomia alienígena. A ideia é repetir esses feitos em laboratório, na presença de outros pesquisadores, constituindo fato científico analisável. Vídeos, áudios, imagens congeladas e demais estudos estão sendo reunidos num dossiê que será apresentado futuramente à comunidade internacional, para que todos tenham acesso à pesquisa e possam tentar os mesmos feitos em laboratório. O trabalho de Sonia Rinaldi prossegue.

20

Kardec contatou alien de Julnius

Allan Kardec publicou na *Revista Espírita* de 1858 (março, abril, agosto e setembro) os relatos mediúnicos de Victorien Sardou, ditados por Palissy, um alien que se dizia "encarnado" num corpo "menos material", numa dimensão de Júpiter. A entidade não se apresentara na Sociedade Parisiense de Estudos Espíritas a bordo de uma nave espacial, mas emancipada de seu corpo ultrafísico, o qual ficara naquelas instâncias. Ali captara o pensamento invocativo de Sardou e, em espírito, viera à Terra. Ao manifestar-se, respondeu 82 perguntas e falou amplamente sobre Julnius, sua cidade espacial. Nela, as camadas sutis em que a vida se desenrola escapam ao nosso entendimento científico.

Hoje, na Ufologia Moderna, quem lê as perguntas formuladas ao alien pode ter a impressão de simplicidade excessiva. Mas para avaliar melhor é preciso voltar àquele momento histórico-social e considerar o grau de avanço científico do século XIX. Naquele tempo, a comunicação à distância apenas iniciara-se com o uso do código Morse, não havia rádio nem avião. O objeto aéreo conhecido era o balão, impulsionado por ar quente, que transportava os pioneiros por apenas alguns quilômetros, e com grande risco de vida. O dirigível de porte só veio após a desencarnação de Kardec, quando o invento do motor a explosão resolveu a questão da dirigibilidade.

A falta de tecnologia para comunicação à distância e a inexistência de engenho aéreo de transporte dificultou os interlocutores e fê-los omitir indagações sobre naves espaciais e contato regular por aparelhos. Curiosamente, o próprio alien tratou de dizer que em seu mundo "eles" viajavam em "moradas de pássaros". Hoje, com a ciência mais desenvolvida, podemos supor a existência de um tipo de nave para percorrer o cosmos e servir de morada perene, mas ainda é difícil aceitar o tipo de vida relatado.

Embora existam hoje testemunhos de avistamento e contato com seres de outra dimensão, ainda não há recurso técnico capaz de validar a vida descrita por Palissy, entidade de Julnius. Não obstante a TCI-Alien nos dê indícios de que no futuro se poderá fazer contato regular com seres ultrafísicos, ainda assim temos de reproduzir os relatos do sugestivo alien sem emitir nenhum juízo de valor, deixando a interpretação por conta do leitor.

Segundo as descrições, a metrópole de Julnius não fica no solo, mas nos ares. "Nada falta nessas moradas flutuantes, nem mesmo o encanto da verdura e das flores", descreve o alien. Há ali uma vegetação que não encontra paralelo na Terra, composta de plantas e até de arbustos que, pela natureza de seus órgãos, respiram, alimentam-se, vivem e se reproduzem no ar. Os habitantes são descritos como de silhueta humana e altura maior que a do maior homem. Há sexos diferentes, pois é dito ser o sexo lei reprodutiva presente por toda parte onde a inteligência "material" exista.

Os habitantes de Julnius possuem corpo de pequena densidade, que lhes permite o deslocamento alado, por volição. Não obstante a leveza de seu corpo e a capacidade própria de deslocamento, numa época recuada "eles" sentiram que "a conquista dos ares era ainda indispensável", pois "a imobilidade da morada celeste, o ponto fixo do lar espacial era um entrave para todas as suas grandes obras". Realizou-se então um progresso. Foi dito pelo aliens que agora suas "habitações" se deslocam rapidamente nos espaços, como "moradas de pássaros". Têm "eles" a possibilidade de transporte a tal e qual distrito espacial, no momento que lhes convenha, fazendo as suas existências mais úteis e grandiosas.

Alimentam-se curiosamente pela respiração, pois para corpos sutis o ar tem propriedades nutritivas. A organização corpórea dessas criaturas incomuns é fluídica e luminosa, uma espécie de vapor imaterial, com foco ardente de luz vaporosa e brilho magnético. Tal forma vive mais que a humana: seu ciclo vital equivale a cinco séculos do nosso tempo. "Sendo mais depurada a matéria de que é formado o corpo, ela se dispersa após a morte sem ser submetida à decomposição pútrida", informa.

Até os animais naquelas instâncias são dados como diferentes: uns, da mesma espécie que os terrestres, são mais capazes; outros, de espécies diferentes, são mais evoluídos e funcionam como servidores inteligentes da espécie principal, comunicando-se entre si com linguagem que não se assemelha à nossa; em certos animais, a cabeça não está tão aperfeiçoada quanto o resto do corpo, mas são belos e se vestem como seres inteligentes, embora sejam animais.

Hoje, fora do Espiritismo, nos círculos contatistas da Ufologia sabe-se que em estado natural essas criaturas são invisíveis ao homem, mas podem adensar seu corpo e seus engenhos sutis ajustando-os à vibração da energia do mundo visitado. Para a Doutrina Espírita, a visita desses ultraterrestres à Terra seria antiga, pois tais criaturas são anteriores ao homem, razão pela qual são também mais evoluídas.

Kardec registrou tais contatos em seu tempo, mas ainda hoje "eles" podem se manifestar nos Centros Espíritas, por meio da telepatia e da mediunidade. No primeiro caso, sua linguagem mental pode ser captada pelo homem; no segundo, com a alma emancipada, podem dar breve mensagem mediúnica. Seus engenhos ultrafísicos se deslocam pelas camadas sutis do cosmos, regulam sua densidade, pois com a luz podem fazer quase tudo, tornando-se visíveis e tangíveis quando preciso for.

Quanto aos ETs propriamente ditos, seres com naves e corpos sólidos, nascidos em mundos tridimensionais como a Terra, a existência deles, em algum lugar do cosmos, é admitida pelos espíritas. Mas a Doutrina não contraria a ciência, por esse motivo fica no aguardo das divulgações oficiais; também não pactua com despistamentos nem com mentiras e fraudes de qualquer espécie; não aceita mistificações ou lances ilusórios que encenem pretensas visitas alienígenas à Terra. Considera que o contato formal pode ser realizado; e, pelo fato de ser concreto, deixa vestígios e fala por si mesmo.

21

A CEBOLA DIMENSIONAL E AS VIDAS EM PROGRESSO

Diante das intrincadas questões que nos são colocadas, vamo-nos debruçar aqui para refletir e tentar entender um pouco aquilo que a lógica espiritista dá a entender sobre a vida ultrafísica encarnada em outra dimensão do espaço-tempo (UT) e a interação dessas inteligências tanto com o homem quanto com os espíritos de pessoas falecidas.

As indagações que nos chegam são pertinentes ao estudo de entidades ultraterrestres (UTs), cujos corpos são menos materiais que o do homem. Segundo as Escrituras Sagradas há seres que povoam as profundezas do cosmos num estado corpóreo invisível aos nossos olhos. Há registros de que tais criaturas estariam visitando a Terra desde há muito, apresentando uma característica dual, ou seja, ora em estado sólido, ora luzente no céu.

Os UTs, invisíveis para nós como os espíritos, diferente destes estariam encarnados, vivendo um ciclo de vida em que se adquire experiência numa matéria menos densa que a carne. Para o homem, não é fácil entender o espírito desencarnado nem a criatura encarnada em matéria invisível, pois a constituição de ambos estaria muito além da nossa densidade. Assim como não é fácil entender os universos paralelos, onde teoricamente poderiam viver personalidades semelhantes a nós na constituição física.

Indaga-se se os UTs, estando numa dimensão rarefeita, poderiam, em estado invisível, entrar na sociedade espírita, postada na terceira dimensão, e se comunicar com os médiuns, seja por telepatia ou materializados; e se seriam "eles" capazes de entrar na dimensão espiritual e interagir ali como os próprios espíritos o fazem entre si.

A comunicação dos UTs com os humanos, em termos telepáticos, tem sido fartamente relatada nas sessões mediúnicas, não raro com o aparecimento de objeto voador nos céus e da criatura materializada. O Caso Alexânia é exemplo clássico, do qual participou inclusive o nosso saudoso amigo Roberto Affonso Beck, autor de *Ufologia à luz dos fatos*[30], e o não mesmo saudoso general Moacyr Uchôa, autor de *Mergulho no hiperespaço*[31] e *A parapsicologia e os discos voadores*[32].

Se for considerado que se a dimensão dos UTs é a mesma dos falecidos, indaga-se – que diferença haveria entre encarnar num mundo dimensional ou ficar desencarnado numa colônia de espíritos, como, por exemplo, a do filme Nosso Lar? A princípio, a encarnação menos material não parece inócua?

Embora possa parecer que a dimensão seja a mesma, porque nos são invisíveis, ocorre que não é assim! Os falecidos na Terra e os seres UTs não estão na mesma dimensão. Cada qual estagia em plano diferente e a encanação do UT não é inócua. O homem, por sua vez, tem uma constituição corpórea e um grau evolutivo bem diferente do UT; e os espíritos da colônia Nosso Lar, por serem homens desencarnados, tam-

30. BECK, Roberto Affonso. *Ufologia à luz dos fatos*, Cf. Bibliografia (N.A.).

31. UCHÔA, A. Moacyr. *Mergulho no hiperespaço*, Cf. Bibliografia (N.A.).

32. UCHÔA, A. Moacyr. *A parapsicologia e os discos voadores*, Cf. Bibliografia (N.A.).

bém possuem uma cultura e um corpo espiritual diferente da bioforma ultrafísica de outra dimensão.

Apenas por analogia, o cosmos pode ser comparado a uma imensa cebola, com camadas e mais camadas dimensionais. Em cada camada há uma vibração específica da "matéria", uma energia diferente e um tipo de espírito inteligente cujo estágio de evolução difere do de outras camadas dimensionais. Os estádios em que a vida se assenta são diferentes! Inicia-se a escalada de progresso no degrau mínimo, mas se sobe pouco a pouco, degrau por degrau, elevando-se na "escada de Jacob" até o espírito atingir o patamar mais próximo do Criador, onde ele próprio passa a ser um co-criador em grau menor.

Na base da escalada estão os estágios mais simples, mas na medida em que a evolução avança e os degraus se elevam, o espírito quer progredir e, vencendo as dificuldades que lhe são impostas pela bioforma em que está imerso, aproxima-se da depuração total. O progresso do espírito se faz no curso das vidas sucessivas, desde a matéria mais densa até a mais rarefeita; desde a energia quase estática até a mais dinâmica e radiante; desde o espírito mais simples até o mais pleno de sabedoria e bondade.

Essas estratificações todas estão cheias de vida, em patamares variados de evolução. Os espíritos, em suas manifestações no Espiritismo, dizem que a humanidade está num grau de progresso rudimentar, razão pela qual nos seria difícil entender os estágios superiores em que a vida se assenta. Falam que essa dificuldade se faz presente na Terra, mas que neste novo milênio o homem deixará seu estágio de pequenez para galgar um patamar mais alto na evolução, embora ainda distante da perfeição. A Doutrina Espírita não apregoa catástrofes, mas o avanço constante no progresso do homem, embora com percalços inerentes à sua faixa evolutiva ainda cheia de provas e expiações.

Assim como na Terra o corpo espiritual do homem é rarefeito comparado ao seu corpo de carne, no mundo menos material dos UTs a dimensão daqueles espíritos é mais sutil que a de seus corpos ultrafísicos transitórios. De modo comparativo, dir-se-ia que o homem, com veículos especiais, pode descer ao fundo dos oceanos e subir aos espaços siderais, mas não cumpre seu ciclo vital naquelas localidades, apenas as visita – sua vida e suas experiências são vividas na Terra.

O UT, por sua vez, vê os espíritos como o homem vê os orbes do cosmos (com certa "distância" e "impedimentos"), e pode ver os encarnados em corpo denso assim como vemos os peixes, podendo interagir relativamente com ambos, mas suas melhores experiências são vividas na esfera dimensional em que fora gerado. Ali, a vivência difere da dos espíritos, pois o UT, como criatura encarnada, deve preservar o seu corpo e a sua espécie – nasce, cresce, se reproduz, envelhece e morre.

Os espíritos, como os de Nosso Lar, por exemplo, não morrem nem se reproduzem, vivem numa esfera de vida sem tempo, pois o tempo é inerente aos seres encarnados, aguardando novo recomeço num mundo corpóreo. Cada qual, em sua esfera, com sua constituição corpórea específica, vive experiências peculiares, cujo objetivo final é a plena evolução. Mas só o espírito, foco inteligente sem forma, sendo imortal, impera na eternidade, todos os demais corpos são apenas transitórios e circunstanciais.

Os ETs (na verdadeira acepção da palavra), por sua vez, criaturas sólidas de terceira dimensão, poderiam ser oriundos de distritos espaciais distantes no nosso universo e até mesmo de Universos Paralelos, caso se considere a Teoria M que postula não existir um único universo, mas sim o "multiverso" (muitos universos paralelos ao nosso e a outros), nos quais entidades sólidas viveriam como nós.

22

O estigmatizado Giorgio Bongiovanni

Giorgio Bongiovanni é hoje o paranormal mais conhecido no mundo. Ao longo de sua vida, ele viveu várias experiências intrigantes. Ainda na primeira infância, em sua casa, quando brincava com seu irmão, ambos foram surpreendidos por um estranho clarão. A luz iluminou a casa inteira. Giovanna, sua mãe, dormia profundamente, e seu irmão, Filippo, ficou como desfalecido, não se recordando de nada.

Giorgio, por sua vez, plenamente desperto, além da misteriosa luminosidade teve a sensação de que lá fora havia algo. A presença indefinível parecia dizer-lhe alguma coisa. Naquele dia, nada mais aconteceu, mas em sua lembrança ficou o primeiro contato ufológico. Experiências assim se repetiram durante toda a sua infância.

Ao entrar na escola, ele se dedicou a pesquisar o que pôde, tentando entender o estranho fenômeno que ficara gravado em sua mente. Pesquisou livros, revistas e jornais. Aos 13 anos, conheceu Eugênio Siragusa, ufólogo de Catânia, astrônomo amador com experiência na questão alienígena. Siragusa contou a ele os seus avistamentos e contatos que tivera com seres de outros mundos, criaturas de uma civilização tão antiga que dizia ter assistido a formação do nosso planeta.

Era algo verdadeiramente fantástico, mas as experiências anteriores de Giorgio podiam ser explicadas com os argumentos de Siragusa. Ele o havia encontrado há pouco, mas era como se sempre o conhecesse.

Uma estreita relação de amizade se fez entre ambos. Giorgio teve nele seu mestre para temas ufológicos. Não obstante católico, aderiu aos ensinos espirituais de Siragusa, que via forte conexão entre certas passagens bíblicas e o Fenômeno UFO.

Conversando com Siragusa seguidamente e vendo a elevada postura moral de seu mestre, aceitou dele os ensinos que, mais tarde, lhe abriram as portas para conhecimentos mais profundos.

Durante essa época, Giorgio teve várias experiências ufológicas e compreendeu que a vida se espraia por todo o cosmos, em diferentes gradações da matéria.

O tempo passou e o menino ficou adulto, tendo necessidade de ganhar a vida. Então teve de deixar a Ufologia em segundo plano. Entrou no ramo industrial, como proprietário de uma pequena empresa fornecedora de componentes para calçados. Mas depois, retomou seu interesse de infância, fundando com Filippo a revista *Nonsiamosoli [Não estamos sós]*, para divulgar a Ufologia Espiritual na Itália. Casou-se com Lorella, que lhe deu um filho, Giovanni. Tudo caminhava de modo normal, quando na Páscoa de 1989, por volta do meio-dia, algo aconteceu. E essa ocorrência mudaria por completo sua vida.

Giorgio divisou ao longe uma figura feminina. E a luminosidade que provinha da mulher era motivo de sua atenção. Ao se aproximar dela, ele notou que a figura estava toda de branco, mas, de modo insólito, flutuava no ar. A iniciativa de diálogo partiu dela, que disse a ele chamar-se Miriam, e que no futuro faria novos contatos.

De fato, os encontros naqueles meses se tornaram mais frequentes até que culminaram num convite. A aparição lhe pedia para ir a Fátima, em Portugal, porque ali, no passado, ela já teria dado um sinal para toda a humanidade. E agora, algo novamente aconteceria.

A 2 de setembro de 1989, Giorgio estava em Fátima, defronte à árvore onde ocorreram os fenômenos de 1917. Após alguns acontecimentos insólitos antecedendo a aparição prometida, Giorgio se prostrou ali e entrou em êxtase.

Num fenômeno mediúnico de clarividência, ele reviu aquela figura sublime com quem conversara. A senhora lhe indagou se estaria disposto a carregar consigo parte do sofrimento de seu Filho.

Ao aceitar a oferta, Giorgio viu sair do peito da esplendorosa mulher dois fachos de luz que lhe atingiram a palma das mãos. Não podendo suportar, desmaiou, mas amparado por amigos, logo recobrou a lucidez.

No dorso de suas mãos surgiram protuberâncias – eram os primeiros efeitos físicos em seu corpo. Quase de imediato, aquelas saliências ficaram dilaceradas, como se um prego estivesse sendo fincado e abrindo ferida na palma das mãos. O sangue escorreu, mas se coagulou quase de imediato, então os estigmas se fizeram presentes. Dores lancinantes e um profundo trauma espiritual acometeram o recém-estigmatizado.

Giorgio tinha 26 anos quando recebeu sua primeira missão: revelar ao mundo o Terceiro Segredo de Fátima, o mesmo não revelado pela Igreja desde 1960. Tendo no corpo os estigmas, recebeu mensagens de seres imponderáveis, viveu experiências ufológicas fantásticas e tornou-se um dos maiores fenômenos mediúnicos de todos os tempos. A verdade para ele se tornou clara: divulgar as mensagens do Cristo, as dos Seres de Luz e os seus contatos vividos desde a infância.

Então ficou conhecido em todo o mundo, tendo viajado inicialmente para Espanha, Argentina, Uruguai e Paraguai. Os soberbos zombaram dele, perseguiram-no, inventaram mentiras e ofenderam-no. Mas os simples, numa quantidade muito maior, viram os seus estigmas, escutaram a sua voz e ficaram reconfortados, estimulando-o a prosseguir.

Na Espanha, Giorgio conheceu a rainha Sofia, que em Madri o apresentou ao então presidente da União Soviética, Mikhail Gorbatchev, e à sua esposa, Raíssa.

O mandatário soviético o convidou a conhecer a Rússia, para falar do Terceiro Segredo. E pela primeira vez na história um canal soviético de televisão abriu espaço para tratar tema religioso, levando a mensagem a um público de 150 milhões de pessoas.

Mesmo após o golpe militar que depôs Gorbatchev, Giorgio esteve em Moscou para tratar do Segredo e do Fenômeno UFO, conversando com generais, astronautas, ex-agentes da KGB e, principalmente, com o povo.

Na Rússia, foi convidado e aceitou divulgar várias ocorrências ufológicas vividas por militares daquele país, através de vídeos com depoimentos de altas patentes soviéticas.

A cada ano, Giorgio é convidado a visitar vários países, a realizar conferências e a deixar ali sua mensagem. Visitou a África e outros continentes, falando sobre sua missão e os fenômenos ufológicos.

Nos Estados Unidos, os índios Dakotas, impressionados com os seus estigmas, convidaram-no a participar de um congresso em Sioux Falls, falando sobre a "Civilização das estrelas".

Em outubro de 1994, convidado pela Society for Enlightenment and Transformation – SEAT, Bongiovanni falou na Organização das Nações Unidas – ONU, intervindo sobre eventual "Incidência de contato extraterrestre na evolução humana".

Considerando que a luta contra o mal deve ser intensa, Giorgio se dedica hoje à causa anteriormente abraçada pelos juízes Giovanni Falcone e seu sucessor, Paolo Borsellino, magistrados italianos que perderam a vida em 1992, combatendo a Cosa Nostra e outras organizações criminosas da Itália.

Para isso, no ano 2000, fundou a revista *Antimafia due milla*. Suas ações beneficentes se fazem presentes em várias partes do mundo, principalmente na América Latina, onde a Fundación los Niños del Mañana – FUNIMA, alimenta diariamente milhares de crianças carentes.

Os centros de conhecimento do cosmos, fundados por ele, têm por finalidade divulgar as suas mensagens vindas "Do Céu à Terra", e explicar a realidade ufológica numa visão espiritual.

Curiosamente, suas feridas exalam muitas vezes o agradável aroma de rosas, *bouquet* de flores que ele levava nas mãos quando recebera os estigmas em Fátima.

Aquelas marcas já estão presentes nele há 21 anos, e algumas outras surgem e sangram com mais constância na proximidade de um grande acontecimento.

Num dos sangramentos, Giorgio testemunhou a visita do Cristo, materializado. Tocou-lhe o corpo e ofereceu-lhe pão, tendo resposta direta.

As mensagens espirituais que Giorgio recebe são captadas por sensibilidade mediúnica e dadas ao mundo sem nenhum receio de sua parte, pois ele crê que sejam verdadeiras e façam parte de sua missão.

As mensagens "Do céu à Terra" são ora de esclarecimento, ora de advertência, muitas estão publicadas em seu livro, *De Rerum Divinarum Scientia Nova*[33].

É esse homem extraordinário que tivemos a oportunidade de conhecer no ano de 2005, em Curitiba, e que agora,

33. BONGIOVANNI, Giorgio. *A nova ciência divina*, Cf. Bibliografia (N.A.).

quatro anos depois, manteve conosco um diálogo franco, concedendo-nos uma entrevista para a *Revista UFO*, exclusiva para o Brasil, talvez a mais longa e detalhada já dada por ele.

Vamos mostrar em seguida essa entrevista e depois outros pormenores de Bongiovanni, para o leitor conhecê-lo melhor.

23

Diálogo entre Campos e Bongiovanni

Pedro de Campos – Os UFOs estão sendo avistados em várias partes do mundo. Desde a Rússia até o Brasil encontramos testemunhos, fotos e filmes de algo não identificado nos céus. Para o povo, tudo é um enigma. O que estaria acontecendo?

Giorgio Bongiovanni – Esses seres são muito evoluídos e visitam este planeta desde o início da história da raça humana, acompanhando a nossa evolução. Estão fazendo um detido monitoramento ao longo dos últimos 50 anos, desde quando o homem começou a usar energia nuclear. Buscam evitar uma guerra atômica global. Mas não podem intervir nas nossas escolhas por causa do nosso livre-arbítrio, até o limite do homem atentar contra a Criação e querer destruir a Terra ou pôr em perigo o Sistema Solar inteiro. São seres dotados de uma tecnologia de alto nível científico, mas sob as ordens do Cristo. "Eles" são os anjos de ontem que hoje chamamos extraterrestres. São artífices de prodígios miraculosos e de aparições em todo o mundo, através de projeções de imagens em hologramas. Tentam sensibilizar a humanidade a renovar-se através de sinais ou por contato direto de seus mensageiros (sou um deles) antes que Jesus Cristo se manifeste a toda humanidade, como Ele prometera há dois mil anos. Este é o tempo, mas ninguém sabe o dia e a hora.

Monges tibetanos dizem que potências militares estarão em rota de colisão, mas falam que o mundo não será destruído. Qual a sua leitura? As aparições de UFOs teriam algo com isso? O que os Seres de Luz poderiam fazer?

Se as potências militares colocarem em perigo a sobrevivência do planeta, esses seres evoluídos receberão ordens das esferas Divinas e intervirão para bloquear a ação do homem, livrando do perigo o que for possível, antes mesmo que o Altíssimo desate reação própria impedindo a desintegração desta macrocélula cósmica, purificando o planeta. Em particular, poderiam fazer duas coisas: a primeira seria intervir por meio de uma tecnologia militar pacífica, atuando nas estruturas moleculares da matéria para anular a sua eficiência, algo como derreter partes de uma estrutura metálica; a segunda, ainda mais incisiva, seria intervir na mente, atuando nas estruturas neurais do cérebro, no sentido de paralisar as ações maléficas do homem sem, com isso, obstar o seu livre-arbítrio, salvo se a intenção fosse desencadear uma guerra atômica global.

Tivemos um grande terremoto no Haiti com milhares de vítimas, a sede da ONU e o disputado Palácio do Governo foram reduzidos a pedras. Tivemos também ocorrências graves no Chile, Turquia e outros países. Científicos falam em falha geológica e movimento de placas tectônicas. Como entender isso?

Terremotos, maremotos, furacões, tsunamis e outros cataclismos são reações violentas do organismo Terra, que se defende de um vírus terrível para ela, chamado homem. O ser humano está destruindo a vida em todas as suas manifestações com a poluição, o uso de armas químicas e, especialmente, da energia nuclear. As forças da natureza como a água, o ar, a terra e o fogo são instrumentos de defesa da Terra como organismo, são os Zigos, ou seja, os quatro cavaleiros do Apocalipse, os meios pelos quais a renovação planetária se faz realizar.

Os eventos no mundo de hoje estariam marcando o início de uma Nova Era? Os aliens estariam contribuindo nesse processo? Aos não escolhidos, o que poderia acontecer? Seriam levados para outros mundos? Quem faria esse serviço?

Neste momento, uma transição geral está sendo concluída. A Terra deve necessariamente evoluir para o início de uma quarta dimensão de acesso, porque o sétimo ciclo cósmico agora termina. Apenas aqueles que cultivam os valores altruístas da fraternidade, os que se despojaram completamente do egoísmo e do desejo desenfreado de posse poderão continuar a desenvolver-se neste planeta. Todos os demais serão constrangidos a renascer num planeta de terceira dimensão, ainda em estágio inicial, para continuarem expiando ali numa matéria densa. É por essa razão que Jesus Cristo, enquanto modelo e guia do nosso planeta, voltará para julgar e selecionar as almas. Cristo dará o seu juízo sobre os vivos e os mortos, porque o espírito é o verdadeiro Eu – *Ego Sum* [Eu Sou], não o corpo, este é apenas um meio de o espírito realizar sua experiência na dimensão humana. Por esse motivo, Ele disse: "*Quem tentar salvar a própria vida haverá de perdê-la*" Jo 12:25. Hoje, é preciso se preocupar mais com a renovação espiritual do que com as coisas materiais. Tudo no mundo espiritual é regido e coordenado pelas hierarquias superiores, o espírito não pode fazer o que quer nem reencarnar onde deseja, mas se submete a leis cósmicas que regulam a circulação migratória no universo inteiro.

Haveria certa vigilância celeste para impedir que alienígenas evoluídos na ciência, mas fracos na moral, aportassem na Terra para nos fazer algum mal? Essa guarda estaria sendo eficaz?

Não existem extraterrestres negativos que possam viajar no cosmos, atravessar as enormes distâncias interestelares e chegar à Terra. Tudo que a literatura ufológica, os livros, os filmes e outras divulgações espalham (reptilianos, cinzas, insetiformes, draconianos etc.), são manipulações dos serviços de inteligência para desorientar e confundir as pessoas. É uma guerra de desinformação que envolve tecnologias sofisticadas, assim como grande quantidade de pessoas e de capital oculto. Apenas uma civilização avançada e pacífica pode cruzar o cosmos. Nenhuma raça pode chegar ao conhecimento científico para viagens interestelares se não viver em paz consigo mesma e com seu planeta. Raças agressivas e belicosas, assim como a terrestre, usam a ciência e a tecnologia para construir armas, degradar o planeta e se autodestruir, antes mesmo de cruzar os espaços e usar essas armas contra outros, como está acontecendo conosco. Além disso, enquanto nós apenas acreditamos saber, seja por religião ou ateísmo, sobre a verdadeira finalidade da vida e as leis que governam a evolução, os ETs têm uma verdadeira ciência do espírito. "Eles" sabem muito bem o quanto é estúpido sentir ódio, praticar agressão e crueldade. Sabem o que significa isso e para o que serve o bem e o mal. O que importa é a evolução para o bem supremo. Em cada distrito onde haja necessidade de vigilância, há raças superavançadas protegendo o orbe e seus habitantes, para garantia da ordem e harmonia da Criação.

Não te parece lógico, do ponto de vista teológico, que se os anjos são os aliens do bem, as legiões de Lúcifer poderiam ser os do mal, acomodando em suas fileiras os reptilianos, os draconianos, insetiformes etc., sem que isso fosse manipulação do governo?

Faz sentido essa sua colocação. Mas essas legiões de Lúcifer, como mencionadas, constituídas de seres reptilianos e outros, não são de origem extraterrestre, mas podemos dizer intraterrestre, porque elas estão estacionadas nas entranhas da Terra, para o lado do hemisfério norte. Têm capacidade de rápido deslocamento, são entidades de constituição etérica e podem personificar-se aos homens, perturbá-los e possuí-los. Inicialmente, há milhões de anos, essas entidades vinham do cosmos, mas depois se rebelaram, violaram as leis do universo e ficaram aqui relegadas, não podendo mais voltar aos espaços distantes de onde vieram. Deus se serve delas para experimentar os homens e fazer evoluir a ambos. São as famosas legiões de Lúcifer. Entretanto, os seres que hoje vêm do espaço exterior, oriundos de regiões distantes do cosmos, chamados extraterrestres, são todos positivos.

Qual a razão lógica que suportaria essa afirmação de que todos os ETs são positivos?

Não há civilização no cosmos que possa viajar a velocidade da luz e até mesmo superá-la tendo um desenvolvimento físico, psíquico e espiritual negativo. Tal civilização deve necessariamente ser positiva, pois para atingir a velocidade da luz e excedê-la, há que se ter uma técnica científica avançadíssima e caminhar de mãos dadas com a ética; da mesma maneira que no futuro o desenvolvimento humano, em estágio avançado, não poderá ser obtido da degeneração da espécie, da degradação dos valores morais e tendo, na outra ponta, uma evolução técnica superavançada. Essas contradições, em longo prazo, levariam ao caos, pois numa civilização que tivesse capacidade de atingir um nível tecnológico avançado, sem a contrapartida moral, uma eventual falta de ética colocaria tudo a perder, produzindo a autodestruição. Um exemplo disso é a nossa humanidade, que superou a velocidade do som e está ainda distante de superar a da luz. Nós já fomos à Lua e talvez possamos ir a Marte, mas ainda enfrentamos o perigo da autodestruição. O homem só poderá atingir a velocidade da luz depois de superar o perigo vindo de si mesmo. Portanto, não há civilização alienígena negativa que possa viajar no cosmos, ela seria destruída antes, é uma lei universal. Trata-se de evidência lógica. Por tudo isso, insisto que quem age de modo rasteiro são os homens, não os ETs.

A Bíblia de fato sugere que os anjos de ontem eram os chamados alienígenas de hoje. Mas se os ETs seriam os chamados anjos, como explicar as abduções que causam mal à pessoa? Na Terra, o sequestro é um crime grave, que espécie de anjo faria isso?

É verdade que existem abduções reais, mas, como explicou muito bem o grande pesquisador John Mack, detentor do prêmio Pulitzer e professor da prestigiosa Universidade de Harvard, desencarnado recentemente, essas experiências produzem uma significativa expansão da consciência nas pessoas envolvidas. É um processo que se desenvolve ao longo do tempo e leva os abduzidos a um compromisso mais altruísta, com empenho prático sobre os graves problemas da humanidade. É verdade também que o encontro com seres de outros mundos pode ser traumático nas fases iniciais, mas depois tudo volta ao normal. Contudo, ao longo do tempo, os assuntos humanos podem novamente retirar as pessoas do bom caminho percorrido, mas os alienígenas não têm nada com isso, depende apenas da força interior da pessoa em causa. Além disso, a batalha espiritual na Terra contra as forças do mal é muito forte neste momento.

A coleta de material genético já fartamente detectada nas sessões de hipnose é coisa física que sugere manipulação de seres físicos. Qual seria o objetivo dessas coletas? Em que ponto evolutivo esses ETs estariam?

Notícias assim devem ser tomadas com muito cuidado. É verdade que os extraterrestres estão manipulando geneticamente a humanidade na tentativa de melhorá-la, mas essas histórias que parecem mais sessões de tortura não correspondem à verdade. Na hipnose, há muita manipulação e possibilidade de falsas lembranças. Não é plausível que o modo de agir desses seres seja como o relatado. De qualquer maneira, mesmo que, por absurdo, sejam admitidos fortes traumas pós-abdução, a finalidade é sempre positiva e visa melhorar a raça humana. Os humanos que oprimem e matam certamente não são bem vistos pelos ETs, basta recordar a história bíblica de Sodoma e Gomorra [cidades destruídas pelos chamados anjos]. Em qualquer caso, mesmo o mais insignificante dos extraterrestres que visita o nosso planeta obedece plenamente à inteligência Divina, de quem os seres astrais são intérpretes. Nada escapa ao controle e ao poder absoluto dos Seres de Luz. Hoje, o homem tornou-se um vírus mortal para esta célula cósmica chamada Terra, e os ETs, como "anticorpos" provenientes do espaço exterior, estão intervindo para salvá-la, sob o comando da hierarquia Divina.

Alguns dizem que "eles" colhem óvulos e espermas para produzir seres híbridos. Após a abdução, há casos de mulheres que perderam o útero. Fala-se hoje do Caso Giovanna, supostamente inseminada 18 vezes, na Sardenha, Itália, em que o feto era uma aberração, tido como um híbrido cinza. Como entender isso?

Quero pedir desculpas, mas não creio em tais teorias. Não existem provas cientificamente aceitas. São apenas narrações pessoais sem o respaldo médico necessário. Não há evidências científicas de que tenham sido causados por seres extraterrestres. Em vez disso, creio nas informações que os próprios ETs me deram, ou seja, de que seja uma atividade do serviço militar, especialmente dos Estados Unidos e outras potências avançadas criando incidentes nefastos para fazer a opinião pública mundial pensar que os ETs são negativos. Contudo, daqui a não muito tempo, os meus comentários serão avalizados por uma invasão pacífica, positiva, em favor da nossa evolução por parte dos extraterrestres.

No fenômeno psíquico, o problema é sempre o grau de confiança que se pode dar à mensagem. Como você dá crédito aos aliens sem o risco de estar enganando a si próprio?

Pelos frutos! Quanto a mim, sou um contatado dos seres extraterrestres. No passado, eu era um empresário bem-sucedido, poderia ganhar muito dinheiro e, de fato, estava ganhando muito. Tinha uma vida normal, mas voltada apenas para mim. Sempre fui honesto, mas não era um grande altruísta, pensava apenas nos meus negócios. Então encontrei esses ETs e tornei-me altruísta. Hoje, alimento 5.000 crianças por mês na Argentina, criei a revista *Antimafia* para combater a criminalidade no mundo, procuro fazer o bem a todos e amo Cristo e Deus. Então, nos contatos, os ETs me trouxeram as mensagens que tenho divulgado. Se eu tivesse sido enganado por "eles", por certo agora estaria sofrendo as penas do inferno, entretanto, estou aqui, sentindo-me bem e realizado. Por certo, estou provando do sofrimento ao servir a Verdade, mas a mim nada foi imposto, apenas "eles" me ofertaram o trabalho e eu disse sim, aceitei.

Certas pessoas trazem marcas físicas no corpo, sugerindo ter recebido algum abuso ou sofrido em mãos alienígenas. Haveria uma maneira de proteger-se contra a abdução? Como evitar o monitoramento indesejado?

O monitoramento e a intervenção dos nossos irmãos do céu é a única esperança que resta, juntamente com a fé na segunda vinda do supremo juiz: Cristo. A presença dessa visita do cosmos tem um valor único, redentor. É um dos sinais profetizados nos *Evangelhos* e no *Apocalipse* e indica que estamos vivendo o tempo da segunda vinda do Messias. Poderia haver nisso margem para a negatividade? Se existisse somente o homem no planeta estaríamos condenados à extinção total, provocada por ele mesmo e com sinais no corpo... É o homem que abusa e mata o seu semelhante e o planeta. Reitero que há forte intervenção de forças viciosas de origem somente humana, mas negativas, que visam ofuscar a luz dessa sublime visita.

Após a devolução, há casos em que o abduzido traz algum implante alienígena. Já houve várias cirurgias para retirada do espécime. Para que servem os implantes?

Não há provas concretas de que os implantes extraídos sejam de origem alienígena. A ciência e a tecnologia "deles" não poderiam ser tão grosseiras e primitivas. "Eles" são capazes de operar ao nível de uma nanotecnologia molecular ou atômica muito avançada e até mesmo atuar diretamente na luz. Concordo que os implantes existem e que tenham a função de interligar os extraterrestres aos seres humanos, mas são instrumentos para operador e implantado desenvolverem missão em favor da vida e do semelhante, com fins positivos.

Considerando o surgimento dos estigmas, talvez fosse possível algum implante alienígena de nível etéreo (no corpo) ou até mesmo hipnótico (na mente). Deve existir um modus operandi para produzir tais efeitos físicos. Isso viria dos alienígenas, do plano Divino ou de quem?

Os estigmas são produzidos por seres que eu considero Divinos, como Jesus Cristo, Maria ou os arcanjos celestes, os quais são para mim superiores a qualquer outra forma de vida alienígena no universo. Eles lembram o sacrifício do Filho de Deus para os que têm fé. Aos cristãos, o valor é puramente espiritual, como se a dor no corpo de uma pessoa fosse uma reminiscência do infinito amor de Cristo para a humanidade. Nota-se, então, que têm pouco de alienígena, mas muito de Divino.

Os estigmas são fenômenos físicos impressionantes e não há como negá-los. O intrigante é que se eles procedem de Cristo, por que te fazem sofrer? Por que surgem? Você já considerou outras possibilidades, já foi abduzido?

Eu não fui abduzido pelos aliens, mas convidado por "eles" a fazer uma viagem. Estive no interno do planeta Terra, numa base ultraterrena, e também fora da Terra, numa base espacial extraterrestre. Não fui raptado, mas convidado! No transcurso, estive sempre muito bem e voltei dessa viagem com profundo sentimento de amor, não tive nenhum efeito físico de sofrimento. Os estigmas lembram os sofrimentos de Cristo e para compreendê-los é preciso ler o *Evangelho* e refletir por si mesmo. Nele, Cristo ressuscita na frente dos Apóstolos e manifesta-se com os estigmas sangrando. Tanto é verdade que Ele convida Tomé Dídimo a pôr o dedo na ferida do seu lado, porque Tomé não acreditava que o ressuscitado fosse de fato Jesus Cristo. Para os cristãos, trata-se de um símbolo muito importante, significa que até a segunda vinda de Cristo devemos aprender a amar o próximo como a nós mesmos, sacrificando-nos com amor em benefício de outros. Os estigmas representam isso. Quando Jesus voltar, o sofrimento dos estigmas não será mais necessário, porque na Terra será instaurada a justiça, a paz e o amor universal.

Imagino que na base intraterrena você esteve apenas desdobrado, em corpo espiritual, e que na base espacial extraterrestre esteve de corpo físico. Poderia nos esclarecer sobre isso e falar mais das bases e dos seres alienígenas ali presentes?

Existem muitas bases intraterrenas. Essas bases têm entradas que "eles" chamam de portas dimensionais. Em particular, posso falar de uma base em que se encontra a cidade chamada Eldorado, localizada abaixo da América do Sul. Trata-se da maior delas. Mas há também entradas de outras, no Triângulo das Bermudas, no Triângulo do Japão, no mar Adriático, no vulcão Etna, da Sicília, no México, nos Estados Unidos e em outras partes do mundo. A base que visitei é a Eldorado. Fui levado a ela em corpo espiritual, corpo astral, em 5 de maio de 1990. É uma cidade alienígena construída há 200 milhões de anos. Trata-se de uma metrópole belíssima, parece toda de ouro, pelo menos eu a vi assim, toda cheia de luminosidade. Vivem ali Seres de Luz e outras entidades do tipo humano. Os extraterrestres têm bases também na Lua. Eu os encontrei fisicamente numa praia de Montevidéu e aqui, na Itália, em Porto Sant'Elpidio dal Mare.

Alguns procedimentos dentro da nave, em casos clássicos de abdução, parecem rudimentares comparados aos da nossa ciência. Como entender que tais seres sejam mais evoluídos que nós? Teriam corpo sólido ou sutil?

É absurdo que uma civilização que já atingiu uma ciência tão avançada para viagens espaciais tenha ficado tão atrasada nas ciências médicas. Se olharmos o nosso exemplo (e nós ainda não fizemos nenhuma viagem interestelar), vemos o desenvolvimento das nossas ciências médicas e da nossa biologia humana em grau suficiente para garantir a sobrevivência dos nossos astronautas no espaço. E não conseguimos levar o homem além da Lua, só estamos fazendo experiências em órbita da Terra. Então, assevero, é mais plausível que se trate de despistamento, de mentira e manipulação do poder terreno visando desacreditar essa visita alienígena maravilhosa e pacífica, cujo objetivo é defender a nossa própria vida. A matéria corpórea do alienígena é mais sutil que a nossa, tem vários níveis e várias gradações.

Quanto à consistência dos corpos, os alienígenas do incidente Roswell eram sólidos. Após a morte, exalavam um odor fétido, repulsivo. Fala-se que não eram aliens sutis, mas físicos e perecíveis. Você descartaria essa informação sobre a densidade da matéria alienígena? Os aliens de Roswell não seriam de terceira dimensão?

Os aliens de Roswell eram como "cães policiais" a serviço de extraterrestres mais evoluídos. Assim como o homem se utiliza de animais para os seus serviços, os ETs evoluídos fazem o mesmo. Os seres do tipo "cinza" têm para "eles" a função de animais servidores. Ao contrário dos nossos cães pastores, aquelas entidades têm uma inteligência superior em dezenas de milhares de anos. Estão em sintonia direta com os mais evoluídos, podem pilotar astronaves e fazer tudo o que faz o homem, mas ainda assim são autômatos biológicos a serviço de seres angélicos magníficos. O fato de aqueles aliens terem sido encontrados mortos, exalando um odor fétido, permite dizer que eles eram entidades físicas, mas podem ser comparados a robôs biológicos, construídos pelos ETs para serem enviados em missão exploratória, enquanto os mais evoluídos a tudo observam do espaço.

Os que fazem contato com você estariam nesse patamar de adiantamento?

Recordo que os ETs em contato comigo disseram estar 15 bilhões de anos à nossa frente. Com tal adiantamento, é possível imaginarmos o que uma ciência tão avançada poderia fazer. Aliás, devo corrigir-me, pois não se pode sequer imaginar o que essas criaturas poderiam fazer ou criar. Assumo aqui a responsabilidade de dizer que esses seres evoluídos podem vencer a morte, controlar a vida, aumentá-la e diminuí-la, fazendo os vivos imortais, mas em perfeita sintonia com o Criador. Nunca morrendo. Quando a nossa ciência tiver alcançado aquela mesma idade, sem dúvida irá fazer coisas semelhantes. Mas, agora, ainda estamos numa fase selvagem, num estágio larval, de certa maneira inferior ao daqueles servidores inteligentes. Estamos apenas no estágio dos computadores e dos singelos engenhos aéreos. "Eles", entretanto, são a verdadeira luz, podendo fazer tudo o que querem. Direi até que podem criar os sistemas solares e, no momento oportuno, também extingui-los, correndo o risco aqui de não ser acreditado. Cristo é um deles, um arquétipo, um criador de forma e substância; na verdade, é o chefe desses geneticistas, dessa equipe de gênios cósmicos.

Os especialistas de Roswell ainda tentam entender o incidente da nave e as criaturas capturadas, as quais pareciam monstruosas. Será que decifraram o achado tão enigmático?

O homem se fascina por ter encontrado quatro criaturas monstruosas em Roswell e capturado a sua astronave. Então discute, escreve e polemiza sem saber interpretar o acontecimento. Não sabe o que eram? Tratava-se de quatro servidores inteligentes, espécie de "cães pastores", mandados em exploração e soltos aqui de propósito. Não foi uma coincidência! Bem como aquele outro monstro de seis dedos que era uma espécie de brinquedo dos demais, para ver como iríamos reagir e o que faríamos em tal situação. Queriam saber se somos violentos ou tolerantes, se já desenvolvemos a piedade, se somos humildes o suficiente para aceitar uma ciência mais desenvolvida e como nos comportamos frente a uma visita alienígena.

Tal como Roswell, em seus contatos ocorreu algo semelhante? Foram enviados seres exploradores?

Por certo, não se deve imaginar que os ETs comandantes da missão Roswell, sabendo que praticamos crimes, somos violentos, degenerados, odientos e malcheirosos, haveriam de lambuzar-se no lodo e descer no nosso meio para uma visita pacífica. Antes de um contato assim, "eles" enviam os seus "babuínos" em missão exploratória, para assistirem a tudo. Os chefes se deixam ver apenas por pessoas boas e simples. Dotados de luz própria, quando percebem a compaixão e a tolerância nos homens, a estes se apresentam diretamente. Num nível muito mais avançado que o daqueles, apresentou-se a mim a celestial Senhora, assim como se apresentam os Seres de Luz que faço contato, sem necessidade do envio de nenhum "babuíno", ou seja, dos seres exploradores do tipo "cinza". Quando os Seres de Luz surgem no alto, mostrando-se ao homem, a primeira coisa que vem instintivamente ao vê-los é prostrar o rosto ao chão, em respeito, tal como fizera Ezequiel na Antiguidade, em homenagem à majestosa visita. Estes são os ETs em comando!

Um de seus vídeos mostra a missão Apollo 11 que levou o homem à Lua. Tem ali um diálogo entre os astronautas, conhecido como "Tango-tango, Bravo-tango", que faz supor um encontro com alienígenas na Lua. Os céticos duvidam da veracidade desse documentário, alegando fraude. Você teve garantias de que não houve fraude de computação?

Tive garantia das fontes quando recebi o filme, como estou certo de que os filmes que me deram os generais e os astronautas russos são genuínos. Quanto a mim, não tenho nenhuma dúvida sobre eles, se os outros duvidam, não posso fazer nada. Quero lembrar que ainda hoje há pessoas não acreditando que fomos à Lua. Elas não só desacreditam que os UFOs foram filmados na Lua como, também, consideram tudo uma grande farsa. Eu não penso assim. Para mim, o homem esteve na Lua e ali, no solo lunar, seres extraterrestres fizeram contato. Cada qual deve fazer o seu juízo.

Não seria mais fácil o contato formal deles com resposta nossa direta, para esclarecimento e solução do que querem? Por que esse encontro formal não acontece? Teriam "eles" medo de nós por estarem fazendo coisas que nos seriam prejudiciais?

É preciso estudar muito e conhecer bem o que aconteceu nos 60 anos de história da Ufologia Moderna. Houve várias tentativas de abordagem diplomática, mas todas falharam. Os nossos irmãos do cosmos tentaram falar com os poderes político, religioso, militar e econômico que dominam o mundo. A resposta foi negativa e violenta. "Eles" foram proibidos de aterrissar e os seus objetos foram muitas vezes atacados com todas as armas disponíveis. Para uma compreensão do problema extraterrestre, não se pode prescindir de uma profunda compreensão do que seja ele, e de como estão estruturados e se comportam os poderes dominantes na Terra. Um dos políticos que fez contato com ETs foi o presidente Eisenhower, em 1954.

Considerando que hoje as coisas estão diferentes, poderíamos esperar um contato oficial? Quando isso poderia ocorrer? Seria bom para a humanidade? Por quê?

Absolutamente, sim! Haverá contato. Sou um dos promotores desse encontro e estou dedicando a minha vida em prol dele. O contato oficial entre os extraterrestres e a humanidade será muito em breve. Não sei o dia e a hora, mas o tempo é este, e será dentro de poucos anos. Estou seguro de que esse evento trará benefícios para a humanidade. Será a solução para muitos dos problemas, como: ciência pura, tecnologia, medicina, filosofia, sociologia, política e religião. Esse encontro haverá de perturbar todas as forças opressoras e criminosas do mundo, porque a realidade extraterrestre é inconveniente para os vendedores de armas, os traficantes de drogas, os promotores de guerras, a quem não quer que as doenças sejam debeladas, àqueles que devastam o planeta e desperdiçam os seus recursos. Portanto, somente pelo fato de "eles" nos ajudarem em amplo aspecto, a presença deles na Terra irá subjugar a força negativa dos poderosos. Em razão disso, haverá muitos obstáculos contra os alienígenas, mas esses obstáculos serão superados por "eles" próprios.

Por certo haveria diferenças substanciais entre um evento espiritual e uma aterrissagem de ET de terceira dimensão. Você se refere a um contato oficial de ETs sólidos ou a um evento como o de Fátima, durante a Primeira Grande Guerra, que não se soube distinguir um de outro?

Refiro-me a um ser astral de luz e a muitos outros Seres de Luz, que haverão de apresentar-se e falar ao mundo em nome da Confederação Interestelar. Então, naquele momento, todos baterão no peito para dizer: "*Mea culpa, mea culpa*". Isso ocorrerá quando "eles" se apresentarem, antes mesmo de começarem a falar. Num sentido figurado, podemos criar aqui a imagem expressiva de seres belos, majestosos, cheios de luz e de autoridade celestial. Ao vê-los, muitos poderão achar que são deuses. No entanto, são os nossos irmãos maiores, anunciando a chegada do Filho de Deus. Nessa hora, todos haverão de tremer. Portanto, refiro-me a um contato oficial em que "eles" irão falar em nome da Confederação, demonstrando, concretamente, o que são, e fazendo prodígios extraordinários. Por exemplo, poderiam elevar o oceano e detê-lo no alto, baixando-o em seguida, num feito extraordinário.

Partindo dos menos evoluídos até os seres mais avançados do cosmos, os aliens poderiam ser subdivididos em classes de conhecimento científico, postural moral, tipo e natureza do corpo físico etc. Poderia nos dar um panorama disso?

Existem várias dimensões. A terceira dimensão compreende o reino mineral, animal e humano; a quarta dimensão inclui o reino humano de energia sutil; a quinta dimensão é a planetária, ou seja, seres radiantes capazes de viver nos planetas do Sistema Solar; na sexta estão os seres capazes de viver na galáxia; a sétima está reservada aos seres cósmicos. Os alienígenas que conhecemos a forma física são tanto de terceira quanto de quarta dimensão, os da quinta têm apenas uma forma diáfana. Essa forma poderia causar deslumbramento e surpreender a muitos, mas eu conheci seres que vivem nas estrelas e pertencem à quinta dimensão, são constituídos de plasma de luz, aqueles que os antigos autores bíblicos chamaram de anjos e arcanjos.

Nas mensagens "Do Céu à Terra", trazidas por seu intermédio, estão presentes seres de luz como Ashtar Sheran e Setun Shenar. Poderia nos dizer quem são? Estão "encarnados" ou "desencarnados"?

Ashtar Sheran é o que a Bíblia chama de arcanjo Miguel, está no comando geral de todas as civilizações extraterrestres que visitam a Terra. É um Ser de Luz que pertence à sexta dimensão, um arcanjo. Setun Shenar é um Ser de Luz da quinta dimensão, lugar-tenente de Ashtar Sheran. Não são físicos, mas constituídos de um plasma luzente. Também não são entidades espirituais, pois têm o espírito encarnado num corpo que não podemos ver. Trata-se de corpo sutil, que lhes permite fazer coisas para nós inconcebíveis. Caso queiram, podem materializar seu corpo e se fazer visíveis aos nossos olhos. Então é possível tocá-los, porque podem ajustar a vibração de seu corpo para torná-lo tangível no plano tridimensional, uma vez que com a luz podem fazer tudo. A natureza deles, portanto, é diáfana, comparada à nossa, são formados de um plasma radiante que, quando condensado, toma a forma humana e se materializa.

Poderia nos descrever a forma desses seres e nos dizer de onde "eles" vêm?

São seres altos, às vezes de cabelos loiros, como Ashtar Sheran e Setun Shenar. Ithacar, por sua vez, tem cabelo preto. A testa deles é alta, não possuem pelos, não têm barba, apenas cabelos. A pele é branca, do tipo nórdico, como o sueco. Vi também mulheres belíssimas, mas isso é da natureza desses seres, pois parecem andróginos, com olhos grandes, ao estilo egípcio, estes são oriundos de Alfa Centauro. Outros, porém, como Nibiru Arat Ra, vindos das Plêiades, são de estatura elevada, mas com características diferentes: os cabelos são brancos, mas um branco brilhante, a pele é morena e os olhos amendoados, como os de japonês; embora de olhar severo, são seres muito afáveis. Pertencem à mesma dimensão tanto os de Alfa Centauro quanto os das Plêiades. Não vivem nos planetas, mas nos astros, ou seja, nos Sóis. Contudo, existem ETs que vivem em planetas. Quando digo que esses ETs vêm das estrelas, é possível que me tenham por louco, porque, de acordo com a nossa ciência, seria impossível viver no Sol. Em vez disso, posso assegurar que é possível viver nas estrelas quando se tem um corpo plasmado na luz.

Nibiru Arat Ra e a Confederação Interestelar parecem ter uma missão importante. Poderia nos falar sobre isso?

A missão de Nibiru é anunciar a segunda vinda do Cristo, porque seres como ele viajam pelo cosmos indo aonde Jesus decide encarnar. Desempenham sua missão acompanhando-O. A Confederação Interestelar foi fundada com o propósito de seguir Cristo e redimir as civilizações necessitadas. Quando Cristo falou do paraíso, do reino dos céus, estava falando da Confederação, porque não existe propriamente um reino na dimensão espiritual. O espírito, após a morte do corpo, vai para a luz se tiver praticado o bem, ou para a escuridão, caso tenha praticado o mal. Não é recompensa nem castigo, colhe apenas o que semeou. Quando Jesus falou do reino dos céus, estava falando de uma morada que recebe a Sua assistência permanente. Referiu-se à Confederação Interestelar, a qual não reside num planeta específico, mas viaja e está presente em todo o cosmos. Todas as civilizações que Ele remiu passaram a fazer parte dessa liga que O acompanha no universo. Se o homem soubesse o que os espíritos bons de outros planetas dariam para se tornar membros dessa Confederação e lhe dedicar uma vida de trabalho, o homem seria diferente. Mas o homem ainda não pôde compreender isso, compreenderá agora com o advento da Nova Era. Nibiru é membro da Confederação há milhares de anos e, no entanto, Jesus disse: *"Não há homem maior na Terra que João Batista, mas no reino dos céus ele é o menor"*. Na Confederação, Nibiru é como outros, apenas um irmão, o maior é Jesus Cristo.

Você já fotografou ou filmou as naves desses viajantes, assim como Antonio Urzi na atualidade?

Nunca fotografei ou filmei os extraterrestres, porque essa não é a minha missão. Por agora, a minha tarefa é portar no corpo os sinais visíveis dos estigmas. A missão que os ETs me confiaram foi de natureza messiânica e espiritual. Entretanto, explicaram-me que outros amigos e irmãos em todo o mundo estão se encarregando do trabalho de apresentar a verdade extraterrestre no plano dos estudos ufológicos. Quanto a mim, estou disponível para aplicação dessas diretrizes. Reconheço pessoas como Antonio Urzi, no presente, George Adamski, no passado, e ainda outros, cuja tarefa é fotografar e filmar os UFOs. Se eu recebesse essa missão, sem dúvida daria a público todo o material.

Na Terra já haveria algum ser híbrido, filho de mãe humana e pai extraterrestre?

Na Terra não existem apenas seres híbridos, há também extraterrestres originais, filhos de pais e mães ETs vivendo entre nós. São como nós, mas possuem valores completamente diferentes dos nossos. Muitos ETs são cientistas e trabalham em favor da vida, em breve haverão de revelar-se. Sim, existem também os híbridos, e não há nada de errado em um humano copular com um extraterrestre. Deveríamos acaso ser racistas como nas décadas de 1930, 40 e 50 nos Estados Unidos, onde os negros não podiam sequer entrar no ônibus em que estavam os brancos?!

O DNA do híbrido por certo seria diferente do nosso. Essa diferença poderia ser constatada em laboratório?

Alguns híbridos possuem o DNA como o nosso, sua natureza difere da dos seres humanos apenas pela composição espiritual e pelo aspecto evolutivo. Outros híbridos têm o DNA diferente, porque mesclaram nele o DNA alienígena. Estes, caso fossem analisados, logo seria notado que não são deste mundo. Num exemplo radical, em alguns deles a característica principal da estrutura humana não é mais o carbono, mas o silício, adaptado aos moldes da Terra, razão pela qual são híbridos. Trata-se de uma raça criada para tutelar o futuro, a qual não se move por ora entre os seres humanos. Entre nós, há alienígenas com mentalidade diferente, mas o corpo é igual, estão espalhados por várias partes da Terra, não podem ser reconhecidos pela constituição do corpo biológico, mas apenas pelo fruto de suas realizações, encarnam pessoas fraternas, tolerantes, harmoniosas e missionárias.

Algo fantástico aconteceu com você em Fátima. Foi um evento extraterrestre ou espiritual? Todos puderam ver o fenômeno ou foi algo pessoal? Quem era a entidade que se manifestou?

O que me aconteceu em Fátima foi um fenômeno de natureza Divina, espiritual, no qual houve testemunhas de natureza extraterrestre que participaram desse evento, não como curiosos, mas como colaboradores daquela entidade que eu chamo de Mãe Celestial, Miriam. Ninguém, naquele momento, conseguia ver os acontecimentos. Mas quando a entidade Divina manifestou o desejo de mostrar um sinal visível, perguntando-me antes se eu estava disposto a sofrer por Ele e pedindo-me permissão para fazê-lo, então os estigmas se manifestaram em mim na presença de todos, e desde aquele dia permanecem visíveis.

Você tem divulgado o Terceiro Segredo de Fátima como parte de sua missão. Poderia nos dizer como se deu em você a recepção dessa mensagem? Notou sons e imagens em holograma ou foi um fenômeno mediúnico direto no intelecto? O que te fez considerar que o Segredo é de fato verdadeiro?

Eu converso diretamente com essas entidades, não são hologramas. São seres radiantes que podem se materializar. Nos meus contatos, ora tenho uma visão espiritual, ora um contato físico, também os escuto nos mínimos detalhes. Foi assim que me disseram o segredo de Fátima, o qual pode ser baixado, integralmente, na página do meu *site*[34]. Tem ali um dossiê completo do que me foi dito pela Senhora. A Igreja católica divulgou apenas uma parte do Terceiro Segredo, revelando a visão de Lúcia, mas escondeu as palavras da Senhora. Entretanto, por razões óbvias, revelei tudo. Depois, então, os eventos se manifestaram, certificando-me da mensagem e fazendo-me acreditar ainda mais nela, porque tudo aquilo que a Senhora anunciara está se concretizando, ponto por ponto: crises internacionais, terremotos, guerras, crises na Igreja, visitas extraterrestres e outras coisas mais, estando para culminar a segunda vinda de Seu Filho e o início de uma Nova Era.

Poderia nos resumir o que foi tratado na Rússia sobre o Segredo? Houve uma posição oficial do governo russo? Qual foi a receptividade? Quiseram saber sobre eventual origem extraterrestre da mensagem? O que a Senhora queria obter teve resultado satisfatório? A profecia foi cumprida?

Na Rússia, oficialmente não obtive nada do governo. Em vez disso, tive muito do povo, porque a Senhora me havia dito para ir à Rússia, onde havia muitas pessoas à espera de Sua mensagem espiritual. Embora a União Soviética já estivesse no fim, havia ainda um muro político a ser transposto, mas assim mesmo fui o primeiro italiano e o primeiro religioso do mundo a atravessar a fronteira da Cortina de Ferro e falar na televisão russa, sendo acolhido com amor e fraternidade pelo povo. Então constatei que a Senhora estava certa quando me dissera que o povo seria sensível aos Seus apelos. Não sei se os cientistas e os astronautas russos creram na

---

34. <www.unpuntoenelinfinito.com/fatima.html> acesso em set./2010 (N.A.).

mensagem de Fátima, não posso afirmar isso de modo categórico. Entretanto, posso dizer que eles acreditaram no homem Giorgio Bongiovanni, pois confiaram em mim para levar ao mundo ocidental as suas descobertas sobre os UFOs, sem nenhuma alteração de conteúdo. Recolhi deles o maior número de documentos ufológicos jamais vistos fora da União Soviética e os dei ao Ocidente. Se mérito houve nisso, seria apenas porque esses amigos militares, cientistas e astronautas russos, acreditaram na minha seriedade e na mensagem espiritual que eu levava. Tais fatos talvez sejam o cumprimento de uma das profecias de Fátima, mas não seria ético afirmá-lo, deixo ao público essa resposta.

Durante um programa de televisão na Rússia, o general G. Rescetnikov, responsável pela investigação dos UFOs, não só teria admitido como te convidado a conhecer e divulgar ao mundo a casuística soviética. Foi verdade isso? O que aconteceu? Haveria alguma nova surpresa?

Sim, é verdade! Sobre isso tem um filme que divulguei em todo o mundo e, inclusive, parece estar disponível também no Brasil. Depois desse encontro, os militares me entregaram filmes exclusivos de UFOs no espaço exterior e em bases militares russas, os quais divulguei ao mundo. Aconteceu apenas isso, nada mais. Para mim, foi mais que satisfatório. Contudo, sei que ainda faltam casos muito importantes com relação à Rússia, os quais agora não seriam possíveis revelar, mas em pouco tempo virão a público e haverão de abalar o mundo. Da Rússia sairão provas positivas sobre a realidade extraterrestre, coisas que não foram dadas por países do mundo ocidental em razão apenas do medo. Espero ser eu, mais uma vez, a testemunhá-lo, mas se não for, será outro. É certo que isso acontecerá.

A ONU parece preocupada com as ameaças e a segurança global. Em 1994, você esteve nas Nações Unidas intervindo sobre eventual "Incidência de contato extraterrestre e sua influência na evolução humana". Por que essa preocupação da ONU? Como a sua intervenção foi vista naquele Congresso?

As Nações Unidas são um depositário de personagens a serviço das nações mais poderosas e das corporações mais influentes do planeta. Ela perdeu completamente a sua função. Trata-se de uma instituição hoje esvaziada, apenas um artifício global, quase inútil para a humanidade. Em seu interior, há muito medo da verdade extraterrestre, porque esta redundaria na destruição de seus mentores, ou seja, dos que fomentam as guerras, dos vendedores de armas, das multinacionais que exploram o povo e os recursos da Terra. A verdade extraterrestre poderia ajudar gratuitamente os povos, mas iria destruir o poder dos que dominam as Nações Unidas. Isso eu percebi quando visitei aquela organização, e nada mais. Então, para mim, é uma instituição perniciosa.

Impressionados com os seus estigmas, os Dakotas te convidaram a participar de um congresso em Sioux Falls. O que os chefes índios falaram da experiência deles sobre a chamada "Civilização das estrelas"?

As lideranças indígenas, nossos irmãos de "pele vermelha", sabem que foram vítimas de extrema violência no passado, seus povos foram quase aniquilados pelos brancos, mas sabem também que estão entre os povos mais favorecidos pelos Seres de Luz que visitam a Terra. Foram distinguidos como povos depositários das profecias, receberam na mente os futuros projetos da Nova Era. Seus filhos irão aderir e colocar em prática esses projetos. Foram escolhidos como homens dignos de repovoar o planeta e reconstruir a supercivilização do futuro.

Em assunto religioso, os Evangelhos mostram que Maria não concebeu de José nem teve parto normal, tampouco Jesus teve José como seu genitor. Hoje, como explicar isso? Seria Jesus um terrestre híbrido? Qual o propósito desse enigma antigo?

Hoje se explica que a luz pode interferir na matéria e que o esperma humano pode ser influenciado pela luz diáfana. Cristo se fez do corpo de Jesus, por si mesmo, e sozinho foi concebido no ventre de sua mãe, sem a necessidade de concepção humana. Para nós, essa ciência é inconcebível, mas não o é para os Seres de Luz. Deve ser considerado que esses seres estão 15 bilhões de anos mais avançados do que nós. Com esse adiantamento, difícil imaginar o impossível de fazer. Poderiam bem ressuscitar os mortos se quisessem, porque têm bilhões de anos de ciência e tecnologia à nossa frente. Quando o nosso universo foi formado pelo Big Bang, há 15 bilhões de anos, existiam outros universos habitados por seres inteligentes, são esses os seres que conheci. "Eles" viram a formação do nosso mundo, então imagine se não poderiam fazer a mulher conceber sem intervenção humana. É para refletir.

Os céticos argumentam que desde a morte de Jesus, a volta dele vem sendo anunciada, mas nunca acontece. Se Ele não voltar (como não voltou até o ano 2000), digamos até o ano 2020, as Escrituras e as religiões cristãs correm o risco de total descrédito? Você já fez contato com o Cristo?

Creio que Jesus foi homem de honra e ainda mantém inalterável a Sua promessa, bem como acredito que Ele é o Filho de Deus. Por tudo isso, não tenho medo e digo a todos para não terem receio algum; em breve, Ele voltará pleno de poder e glória. Uma consulta ao capítulo 24 de *Mateus* fará todos entenderem o momento de Seu verdadeiro retorno. Eu vi Cristo no plano das visões espirituais. E vi Cristo também fisicamente, quando se materializou em minha casa. Com Ele comi o pão, e me foi dito: *"Filho, devemos comer o pão da vida"*. Além dessa experiência, tive centenas de outras, recebendo as Suas mensagens que podem ser lidas no *site*[35]. São todas de teor profético e falam de Seu iminente retorno ao mundo.

A materialização do Cristo em sua casa foi algo fantástico e deveras incomum. Poderia nos dar mais detalhes desse acontecimento tão extraordinário? Como aconteceu?

Naquele dia, tive uma visão, por essa razão me coloquei em prece. Enquanto me levantava do sofá, vi um raio concentrado de luz descer do teto de minha casa, era como um raio *laser*. Desse feixe de luz formou-se uma pessoa. Primeiro a luz se materializou como um todo e vi apenas uma silhueta humana. Depois, então, essa luz começou a desvanecer-se e formou uma pessoa, vestida de túnica, já bastante usada. Era possível ver manchas de suor e resquícios de terra onde esse personagem se encostara ao deitar-se. Estava tão nítido para mim como se o tivesse vendo agora, na minha frente. Era mais alto que eu, tinha 1,82 m de altura, estimo. Os cabelos eram longos, mas não em demasia, num tom castanho-claro, quase vermelho. Seus olhos eram grandes e escuros. Um homem de belas feições, típico judeu da antiga Palestina, com barba não muito longa. Aproximou-se de mim com os pés descalços, primeiro levitando, depois apoiou os seus pés no chão e deu alguns passos em minha direção. Causaram-me forte impressão alguns fenômenos físicos: o aroma que emanava de Sua pessoa e se esvanecia no ar como perfume de rosas secas, assim como o fato de ver à minha frente um jovem viril, em estado físico, não esquelético nem frágil, tampouco efeminado como

35. www.unpuntoenelinfinito.com/ acesso em set./2010 (N.A.).

mostram os filmes retratando Jesus. Diante de mim estava um homem jovem e forte. Eu toquei o Seu braço, o Seu ombro e percebi Nele um homem musculoso, forte. Fiquei impressionado. Vi que tinha estigmas nas mãos e nos pés, mas não vi o estigma em sua costela, por causa da túnica. Não tinha coroa de espinhos. Os Seus estigmas eram iguais aos meus, com sangramento. Olhando para Ele com os Seus estigmas e, depois, para mim, com os meus, fiquei um pouco confuso. Eu O via diante de mim e pensava: O que estou fazendo aqui? Não me sentia digno de estar ao Seu lado. Ele me colocou a mão no ombro e nós nos sentamos à mesa da cozinha, que estava posta não sei por quê. Assim que nos sentamos, eu lhe ofereci um pedaço de pão. Ele pegou, e disse: *"Filho, devemos comer o pão da vida"*. Então, de modo fraternal, tocou-me o ombro com a sua mão e mastigou o pão que lhe dei, não bebeu. Olhou-me intensamente, e eu fiz o mesmo. Engoliu o pão, assim como eu. Então se levantou de modo aristocrático, caminhou um pouco, depois se voltou à direita, em direção ao corredor e, sem me dar as costas, afastou-se aos poucos, movimentando-se para trás, mas continuando a fitar-me. E assim prosseguiu afastando-se, a passo pequeno, até se acender todo numa tocha humana de luz e tornar-se, novamente, uma espécie de raio *laser*. Elevando-se ao teto, desapareceu aos poucos, assim como tinha entrado. Foi isso que me aconteceu, se quiserem acreditar...

No fim dos tempos, Jesus se apresentará em seu antigo corpo ressuscitado, apenas em espírito ou num corpo sutil de outra dimensão? Ele virá com nave espacial ou somente em espírito no céu?

No fim dos tempos, Ele voltará assim como eu o vi, porque aquele é o Seu corpo, dito ressuscitado. Virá do céu, manifestando-se cheio de poder e glória. Em *Atos dos Apóstolos*

1:9-11, está descrito como Jesus foi elevado para aqueles que o receberam numa nuvem de luz, enquanto na terra, de repente, surgiram dois seres, que diziam: *"Homens da Galileia, porque estais olhando para o céu? Esse Jesus, que estava convosco e foi arrebatado ao céu, haverá de voltar um dia, do mesmo modo que para o céu o vistes seguir"*. Voltará numa astronave de luz. Mas quero vos advertir: Haverá ao menos um milhão de naves junto da Dele, as quais fazem parte de Sua guarda e proteção contra eventual ação humana de força se porventura quiserem detê-lo de novo. Essas têm a ordem de Adonai, o Pai do Cristo, porque Seu Filho volta a este mundo para julgar, e antes que se atrevam a levantar um dedo contra Ele, as milícias celestes, legiões de anjos chamados Extraterrestres (potências celestiais), entrarão em cena para defendê-lo. Há dois mil anos não intervieram para defender Cristo, porque o Pai tinha permitido a crucificação. Hoje, entretanto, está vetado todo sacrifício e perseguição ao Filho.

O Apocalipse 16:14-21 cita a batalha de Armagedom, que determinaria uma nova ordem mundial. Nós já estaríamos vivendo o princípio desses acontecimentos? Da parte dos aliens, haveria algo a fazer?

Os "aliens" só estão observando os assuntos humanos. A batalha do Armagedom é um embate de forças do bem contra o mal, num nível espiritual-humano. É uma batalha em que esses dois exércitos se destroem em conjunto, mutuamente, como diz o *Apocalipse*. Os extraterrestres irão intervir imediatamente durante o impacto que essa batalha provocará, para salvar os eleitos, aqueles que estiveram no bem.

Alguns ufólogos acreditam incorreto misturar Ufologia com religião. O que justifica essa mistura? Qual a conexão existente entre as Escrituras, os UFOs e os seres alienígenas?

Religião em latim significa "Religar", unir os eventos que se combinam entre si. UFO, por sua vez, significa objeto voador não identificado. Eu uno, então, o objeto voador não identificado de hoje, com a nuvem de luz de dois mil anos atrás. O profeta Ezequiel (Ez 1:1-28), há 2550 anos, no rio Quebar, na terra de Canaã, viu quatro seres e chamou-os de Anjos. Viu seus meios de transporte e os chamou de Rodas. Viu as vigias que tinham esses aparatos celestes e disse que tinha Olhos ao redor. Hoje, eu traduzo as Rodas de Ezequiel como discos voadores; traduzo a multidão de Olhos como vigias de forma redonda; traduzo os seres angélicos físicos, entidades que tinham no peito faces diversas, semelhantes ao homem, ao leão, à águia e ao touro, como quatro seres extraterrestres que tinham vestimenta representando as constelações do Anjo, do Leão, da Águia e do Touro. Traduzo isso e ainda outros para "religar" aquelas palavras incompreensíveis da Antiguidade ao discurso religioso de hoje, mais fácil de compreender, pois aquilo é literatura religiosa. Então, se isso é incompreensível para os científicos, por certo tenho de defini-los como insuficientes e ignorantes.

Num apanhado geral: se o Fenômeno UFO é produzido em sua maior parte por milícias angélicas e, talvez, até mesmo pelas legiões de Lúcifer, então o estudo dos UFOs estaria num mote que, no futuro, poderia confirmar, com base científica, os escritos religiosos. Essa afirmação é correta?

Sim, é correta. E justifica de modo positivo o trabalho da Ufologia. Mas é preciso ter em conta que os aliens não são os anjos decaídos de Lúcifer. As entidades atávicas extraterrestres, que no passado remoto ficaram relegadas à Terra, vinculadas de algum modo aos seres humanos em regiões intraterrenas, são legiões de Lúcifer, mas não se trata das civilizações extraterrestres que nos visitam. A chave é separar isso no esquema ufológico, pois uma civilização que atinja a Terra e exceda a velocidade da luz, essa é positiva, caso contrário, seria destruída em seu próprio planeta, por si mesma, antes de empreender tal viagem.

Agradecemos muito e abrimos espaço aqui para as suas palavras finais.

Para finalizar, reportando-me aos leitores da *UFO*[36], editada pelo meu grande amigo, A. J. Gevaerd, e também ao realizador desta entrevista, o amigo Pedro de Campos, devo dizer que a *Revista UFO* é veículo pioneiro da verdade extraterrestre e do futuro dos homens no planeta Terra. Suas publicações estão abrindo a consciência do povo deste país, o Brasil, para uma nova realidade. Quero deixar aqui um grande e fraternal abraço de Giorgio Bongiovanni a todos os brasileiros.

36. Entrevista publicada na *Revista UFO*, número 166, junho 2010 (N.A.).

24

Investigação científica dos estigmas

Numa de suas viagens internacionais, os estigmas de Giorgio Bongiovanni estavam exalando sangue com mais frequência. Em razão disso, ele foi convidado a realizar uma série de exames no México, em 1994. Os médicos queriam um exame hematológico completo. De modo incomum, suas feridas já estavam abertas desde 1989, sem apresentarem nenhum tipo de infecção.

O propósito médico era estudar a secreção sanguínea dos estigmas, fazer uma comparação do sangue exalado com o de outras partes do corpo, avaliar a ambos e confrontá-los com o tipo sanguíneo padrão de outros indivíduos. O trabalho foi realizado pelo hematologista, doutor Sergio Alba Briseño, do Centro Médico Oficial Forense, Cidade do México.

O médico fez a coleta diretamente nos locais em que o sangue vertia naturalmente das feridas abertas, por meio de tubos apropriados ao exame.

Em particular, na coleta do pé esquerdo, o examinado sentiu uma dor intensa. Depois, o médico levou o material ao laboratório, para análise. Ele conta: "Fizemos a coleta da secreção e do material que verte das feridas. Constatamos que é de fato sangue. Mas tivemos de fazer um exame com fórmula diferenciada, porque o sangue das feridas se coagulava imediatamente".

O hematologista coletou também o sangue da veia do braço e constatou que não era anêmico, tendo todos os fatores normais, inclusive o tempo de coagulação. O material analisado revelou que o grupo sanguíneo era idêntico, tanto do braço quanto das feridas.

Giorgio tem o sangue igual ao de muitos seres humanos, ou seja: tipo "O RH positivo", com número normal de glóbulos vermelhos, de glóbulos brancos e de plaquetas.

Com esse exame, o médico pôde afirmar que não havia nenhuma infecção, embora as feridas estivessem abertas havia vários anos. Curiosamente, Giorgio não sofre de anemia nem enfraquece durante os sangramentos, que são diários.

Diante de condição tão rara, o hematologista foi solicitado a dar seu parecer sobre o que seria normal ocorrer a uma pessoa comum, nas mesmas condições de Giorgio, com feridas abertas e sangrando diariamente durante vários anos.

De imediato, o doutor Briseño respondeu: "Não seria preciso alguns anos, mas apenas alguns dias. Entre oito e 15 dias a ferida deveria infectar-se".

O médico explicou que quando uma ferida fica exposta ao ar por esse tempo, seguramente ela infecciona. E ele constatou que o sangue não era anêmico, não tinha infecção nem apresentava alteração hematológica. Disse ainda que um sangramento de vários anos, complicado pela pouca comida e viagens constantes para o mundo todo, como acontece a Bongiovanni, deveria deixá-lo muito anêmico. Mas, de modo estranho, os exames não mostram isso: "Giorgio está perfeitamente normal", completou o médico.

Segundo Briseño, o sangue humano não se coagula por completo em menos de 30 segundos, como acontece estranhamente com o sangue dos estigmas de Giorgio. E também é estranho que, de modo comparativo, o sangue colhido ao mesmo tempo do braço se coagule em pouco mais de cinco minutos, tempo normal para o teste efetuado.

As amostras, embora iguais, é como se fossem diferentes, como se o sangue não pertencesse à mesma pessoa ou se aquele que sai das feridas fosse de outra fonte. Contudo, ambas as coletas são da mesma pessoa e têm o mesmo tipo sanguíneo.

Assim, o médico concluiu: "Esse é um caso muito fora do comum. Na verdade, nunca vi um caso assim em toda minha carreira. Para dar uma opinião definitiva, eu teria de fazer uma exploração física completa. É um caso deveras interessante".

Alguns psiquiatras e psicólogos de prestígio também se detiveram ao estudo de Bongiovanni. Dentre eles, está o neuropsiquiatra italiano, doutor Stanis Previato. Este médico fez um estudo detalhado do comportamento e do estado psíquico de Bongiovanni, confirmando a veracidade dos estigmas sem que haja uma iniciativa consciente de Giorgio.

Para o médico, trata-se de caso inexplicável e embaraçador. Um fator extracerebral parece intervir na eclosão dos estigmas. Para ele, o Caso Bongiovanni está fora de todo esquema tradicional de análise, fora de qualquer situação análoga.

O médico explicou: "A crítica mais comum é que seja ideoplastia, situação em que a pessoa somatiza e provoca em seu organismo os estigmas. Em outras palavras, uma patologia psíquica".

Numa análise técnica bem elaborada, o psiquiatra mostrou que a medicina ainda é impotente para explicar cientificamente como um indivíduo sangra duas vezes ou mais por dia, durante anos, permanecendo todo tempo com grande vitalidade e sem o sofrimento que lhe deveria ser característico.

Segundo ele, a psiquiatria considera que no evento de ideoplastia os estigmas sejam possíveis. Mas quando se junta ao histórico uma entidade externa produzindo os fenômenos e repetindo-os, assim como estão sendo repetidos ao longo dos anos, e, sobretudo, uma inexistência de infecção e de anemia no estigmatizado, – então tais fatores juntos excluem por completo a causa ideoplástica.

O médico explicou que uma pessoa capaz de produzir em si mesma uma patologia do gênero, necessariamente teria de ter uma potencialidade ideoplástica tão grande que, por certo, ela não poderia ser enquadrada na categoria dos doentes, porque estaria em grau de reverter em si própria o fenômeno. Isso seria uma contradição, ou seja, a pessoa teria de ter capacidade de provocar uma patologia em si mesma e de cura-se logo em seguida, de imediato.

Uma pessoa com um poder psíquico de tal monta, obtido de uma filosofia como a de Bongiovanni, mostraria uma capacidade intelectiva superior à média e um poder de concentração incomum para operar os fenômenos físicos.

"A coerência dos eventos encadeados de modo lógico para se obter os feitos verificados, exclui de Bongiovanni toda e qualquer patologia", disse o médico.

Além da mente, um fator extracerebral parece intervir na eclosão e no controle dos estigmas.

25

Interpretação parapsicológica dos estigmas

O estudo dos fenômenos em Giorgio Bongiovanni não pode ficar restrito a um ou a outro campo, mas deve ser estendido em amplo aspecto científico. O ramo da parapsicologia assume fundamental importância.

A Escola Materialista de Vasiliev, também conhecida como Escola Psicotrônica, é uma corrente de raciocínio parapsicológico que considera a ação concentrada do pensamento na criação dos estigmas.

Embora ninguém desse segmento tenha feito eclodir numa dada pessoa os estigmas verificados em Bongiovanni, ainda assim, como hipótese, os adeptos dessa Escola consideram que, em estado de êxtase, uma pessoa poderia movimentar energias psíquicas e modelar em si mesma os estigmas, num efeito chamado ideoplástico, que seriam uma realização fisiológica das ideias do indivíduo em si próprio.

Contudo, sem invalidar esse postulado, a Escola Dualista de Rhine entende que, além dele, a mente pode transcender os próprios mecanismos neurofisiológicos. E grande parte dos membros dessa Escola admite como hipótese legítima de trabalho a sobrevivência do espírito após a morte.

Essa linha parapsicológica considera que os médiuns de efeitos físicos, quando induzidos por uma entidade espiritual e sob a vontade desta na manipulação do ectoplasma, podem apresentar estigmas que lhes seriam visíveis no corpo.

Nesta hipótese de trabalho, membros do Laboratório de Parapsicologia de Duke admitem que os estigmas possam ser provocados por uma entidade extracerebral, operadora dos fenômenos desde o mundo das partículas ou de um ambiente espiritual imponderável.

Na marcha do tempo, quando retornamos a visão ao passado, vamos encontrar em séculos anteriores alguns estigmatizados que tiveram em seu corpo efeitos semelhantes aos de Bongiovanni.

Uma das figuras mais conhecidas foi a alemã Anna Catharina Emmerich (1774-1824). Desde a primeira infância, ela via entidades angelicais e dizia receber dos céus uma direção superior. Aos 38 anos, quando então freira, dentro do convento avistou um jovem resplandecente. Ela apertou o crucifixo no coração e ficou gravado em seu peito um estigma. A marca foi aumentando aos poucos, com o passar do tempo, até que ela avistou uma luz muito brilhante. Então, ofuscada por um clarão sublime, os estigmas se fizeram presentes em várias partes de seu corpo, a exemplo das chagas de Cristo. Mais tarde, em estado de êxtase, Anna ditou vários livros, contando as suas visões da Sagrada Família. Ditou *Vida, paixão e glorificação do Cordeiro de Deus*[37], livro que quase dois séculos depois daria origem ao filme, *A Paixão de Cristo*, de Mel Gibson, em 2004, onde o diretor exagera nas cenas de sangue, talvez influenciado pelos estigmas de Emmerich.

Outros estigmatizados também ficaram conhecidos, como, por exemplo, Therese Neumann e Padre Pio, ambos tão incomuns quanto Giorgio.

---

37. EMMERICH, Anna Catharina. *Vida, paixão e glorificação do Cordeiro de Deus*, Cf. Bibliografia (N.A.).

Quando o neuropsiquiatra Stanis Previato diz que o poder psíquico de Giorgio pode ter sido obtido da filosofia defendida por ele, o investigador do Fenômeno UFO geralmente completa o pensamento dizendo que "a filosofia de Bongiovanni tem origem em algo mais concreto".

De fato, os ufólogos, em suas pesquisas, encontram uma categoria de fenômenos físicos causados na testemunha quando os UFOs estão por perto. É algo substancial, mas de difícil estudo em razão do precário acesso da ciência às camadas internas da mente e ao imponderável mundo extracerebral, no qual estaria postado o *sujet* espiritual, entidade motora dos fenômenos.

Para a ciência, não é transparente a fronteira entre o fisiológico, causado pelo psiquismo do *sujet*, e o fenômeno extracerebral, causado por uma entidade oculta, seja esta a própria alma do *sujet* ou um ser ultrafísico independente dele. A literatura parapsicológica é farta ao mostrar tais ocorrências.

Nos avistamentos de UFOs, não é incomum ocorrer sons de causa indefinida, clarões repentinos de vários matizes, coisas sólidas ficarem transparentes, objetos pesados levitarem com facilidade e fenômenos de *poltergeist* eclodirem de modo enigmático.

De modo estanho, os UFOs fazem manobras em sincronismo com o pensamento da testemunha. E ela própria passa a ter sonhos premonitórios, podendo apresentar mudança de personalidade, desenvolver poderes paranormais, potencializar em si faculdades já existentes, produzir curas e autocuras inexplicáveis, receptar pensamentos externos, apresentar marcas no corpo, habilidades ou aptidões fora do corrente, como acontece com Bongiovanni.

Se juntarmos aos fenômenos paranormais de Giorgio as suas várias perícias médicas, atestando a sua saúde física e mental como boas, e incluirmos nisso o seu amplo histórico de avistamentos de UFOs, os seus estigmas eclodidos em Fátima e as suas mensagens atribuídas a seres imponderáveis, tudo isso, enfim, junto, mostra-nos ser ele um homem incomum.

A sua pessoa e todos esses fatos exigem profunda reflexão, para o estudioso tentar decifrar a verdadeira origem dos fenômenos e o motivo de eles estarem ocorrendo já ao longo de vinte anos.

Se isso é uma missão, a ciência não pode dizer, mas Giorgio está convicto dela. O certo é que além dos fenômenos estão o seu bom caráter, as suas obras beneficentes e o seu trabalho em prol da espiritualidade e das coisas do bem, tanto na Itália quanto em outros países.

Aquilo que ele faz, dando seu exemplo, e ensina aos interessados, cabe a cada um ajuizar para decifração e, eventualmente, fazer o seu reajuste naquilo que a própria livre escolha determinar.

26

John Mack e B. Schwarz falam sobre Bongiovanni

Na *Revista UFO* 166, fizemos uma longa entrevista com o contatado italiano Giorgio Bongiovanni. Mas, além dela, aprofundamos o estudo do Caso Bongiovanni e publicamos uma investigação científica dos estigmas realizada no México e uma interpretação parapsicológica.

Naquele número, por falta de espaço, não publicamos que o Caso Bongiovanni fora estudado também pelo ex-professor de psiquiatria de Harvard, doutor John Mack, hoje já desencarnado, e pelo conceituado psiquiatra e também psicólogo, interessado em fenômenos paranormais, doutor Berthold Eric Schwarz, médico do Essex Country Hospital Center, de Nova Jersey, Estados Unidos.

O doutor Mack considerou que, numa hipótese precipitada, talvez alguém pudesse cogitar que os estigmas e os seus efeitos seriam para Bongiovanni chamar a atenção sobre si mesmo, como se ele fosse uma espécie de guru, querendo exercer domínio sobre os seus adeptos. Mas o médico explicou que isso é um conceito errado e injusto, porque quando se conhece Giorgio, pessoalmente, nota-se nele uma pessoa genuína, espontânea e diferente da supostamente imaginada. Fixando-se depois no seu modelo pessoal, naquilo que lhe é invariável, nota-se que ele não é doente nem tampouco fascinado.

Mack considerou que quase nada sabemos de como cada pessoa se identifica com a agonia de Cristo. "Não sabemos como o corpo pode manifestar de modo contínuo feridas com sangramento em partes distintas e bem definidas, como mãos, pés, fronte, tórax e, logo em seguida, coagular o sangue quase instantaneamente", disse o médico.

Após outras considerações, o professor ensinou: "A medicina psicossomática pode explicar isso como sendo um mecanismo da mente, mas nós não sabemos como esse mecanismo funciona e se de fato é assim".

O doutor Schwarz, por sua vez, após realizar todos os exames em Bongiovanni, disse não ter encontrado nenhum sinal psicótico, nem distúrbio mental, alucinação ou coisa do gênero. Em seus exames, nada fora encontrado.

Para ele, os sangramentos deveriam fazer do estigmatizado uma pessoa anêmica, portadora de doença, com algum sinal de gangrena ou de complicação da saúde.

Mas o fato é que Bongiovanni não apresenta nada disso e tem saúde perfeita. Os estigmas, assemelhando-se aos de Cristo, são fenômenos muito raros. "Na minha experiência hospitalar tratei de milhares de casos, mas nunca vi um caso assim", finalizou o médico.

Após a entrevista que publicamos na Revista UFO tivemos de responder inúmeras perguntas do público. Fomos inclusive convidados a participar do programa *Ciência da Alma*, apresentado na emissora espírita Rede Boa Nova de Rádio, aos sábados, às 11 horas, pelas psicólogas Guaraciara Maia e Liriam Vieira, o qual foi muito esclarecedor aos ouvintes, com mais de uma centena de telefonemas.

27

Médico estudou os estigmas por vinte anos

Este testemunho foi encaminhado por Elisabetta Montevidoni, secretária da Associação Cultural Giordano Bruno, de Sant'Elpidio a Mare – Itália, e traduzido por este autor. Trata-se de um depoimento feito pelo médico Nicola Ceglie, em setembro de 2009, depois de 20 anos pesquisando os estigmas do contatado italiano Giorgio Bongiovanni. Após a entrevista, publicada na *Revista UFO* 166, não pudemos deixar de dá-lo ao público.

Por Nicola Ceglie, médico

Os estigmas de Giorgio Bongiovanni são feridas que não podemos considerar como chagas, porque as chagas tendem à cicatrização, nem tampouco como úlceras, porque estas exigiriam uma base patológica. As úlceras tendem a não cicatrizarem. Por outro lado, o sangue dele não apresenta nenhum odor desagradável que denote sinais de infecção.

Quanto ao resto, excetuando-se o sangue de curso recente, as feridas denotam limpeza absoluta, não mostram sinais de pus, de infecção e não apresentam edema, ou seja, não têm os sinais clássicos da inflamação que acompanham um estado infeccioso.

O que torna essas feridas particularmente estranhas, por assim dizer... estranhas pelo fato de elas já durarem duas décadas e sangrarem todos os dias, dando aos germes um importante campo de cultura, como todo tipo de sangue deve oferecer a eles na prática.

Em outros casos, seria fácil encontrar sinais de inflamação e infecção, mas, em vez disso, as feridas de Bongiovanni têm a semelhança dos ferimentos estéreis.

Quanto ao sofrimento que ele experimenta durante os sangramentos, isso é inequívoco e dispensa comentários.

O que intriga e impressiona de modo notório é a limpeza absoluta das feridas, as quais, além do sangue, não são acompanhadas de nenhum outro sinal concreto.

Pude examinar o sangue das feridas em várias ocasiões, detalhadamente, num trabalho minucioso de laboratório. Constatei ser ele do mesmo grupo e com as mesmas características do sangue das veias do senhor Bongiovanni.

O que me permanece inexplicável é a limpeza total das feridas ao longo de 20 anos.

Em ocasiões passadas, desde que comecei a examiná-las, tenho notado ao longo desse tempo que elas não sofrem alterações nem denotam tendência para qualquer tipo de degradação ou degeneração orgânica, tanto o tecido de dentro das feridas como os tecidos circundantes.

Trata-se, verdadeiramente, de fato inexplicável!

28

Setun Shenar fala sobre o diálogo

Após nos ter concedido entrevista publicada na *Revista UFO* 166, Giorgio Bongiovanni recebeu mensagem mediúnica sobre esse evento na localidade de São João de Polcenigo, na província de Pordenone, perto de Veneza, Itália, numa terça-feira à noite, agosto de 2010.

Vamos observar a mensagem de Setun Shenar, entidade ultrafísica que, segundo Bongiovanni, é um Ser de Luz estagiando na quinta dimensão do espaço-tempo e um dos comandantes de nave que aportam à Terra em missão redentora:

> "Do Céu à Terra.
>
> Setun Shenar comunica:
>
> Leiam e meditem!
>
> Através de um dos nossos mais esforçados mensageiros expressamos para os amigos do Brasil a natureza messiânica da nossa missão.
>
> Apenas queremos enfatizar que os conceitos expressos por Giorgio Bongiovanni nesse diálogo com seu amigo, Campos, são provenientes da nossa vontade e da nossa dimensão.
>
> Trata-se de uma leitura muito útil para todo aquele que se aproxima aos valores supremos da verdade que nós, extraterrestres, representamos.

Paz a vós todos.
Setun Shenar e Os Irmãos vos saúdam.
San Giovanni di Polcenigo (PN) – Itália.
3 de agosto de 2010, às 21h25."

A mensagem e a entrevista original também foram publicadas em seu *site*[38] de bandeira italiana, com o título: "*Visita Extraterrestre ed Evoluzione Umana*", tendo como subtítulo: "Quem são, de onde vêm e por que nos visitam".

38. *Site*: <www.giorgiobongiovanni.it/messaggi-2010/2180-visita-extraterrestre-ed-evoluzione-umana.html> acesso em set./2010 (N.A.).

29

Sonho, emancipação da alma e Ufologia Mística

A Doutrina Espírita não trata somente do mundo dos desencarnados, mas também da Pluralidade dos Mundos Habitados, onde estão os seres encarnados, ou seja, os chamados alienígenas, como os Extraterrestres (ETs – seres sólidos) e os Ultraterrestres (UTs – seres sutis ou menos materiais). O Espiritismo não fala de naves espaciais nem do Fenômeno UFO, mas fala na vida em outros mundos.

Os UFOs, por sua vez, alvo de estudos da Ufologia, têm uma característica dual: às vezes são físicos, outras vezes, ultrafísicos. Sobre isso, demos aqui algumas informações gerais no capítulo sobre Ufologia Integral e, em detalhes, no livro *Os Escolhidos da Ufologia na Interpretação Espírita*.

Na época em que entrevistamos Giorgio Bongiovanni, ficamos sabendo de um acontecimento com sua esposa, digno de ser registrado, para reflexão, pois fora algo insólito e dera motivo, inclusive, a uma mensagem por ele recebida mediunicamente. Nela, Bongiovanni dá conta de que viera "Do Céu à Terra", intitulando-a: *Às Almas Requisitadas*.

Em 10 de agosto de 2010, na localidade de Sant'Elpidio a Mare – Itália, durante um contato psíquico com as Milícias celestes, Bongiovanni registrou que Jesus houvera visitado sua casa e aqueles a quem ele ama.

Lorella – esposa e mãe de seu filho Giovanni – tivera um sonho. O Cristo se fazia presente e exibia a ela, muito devota à Maria, toda Sua fulgurante luz, espargida na chamada "ressurreição" e capaz de redimir todas as almas.

Lorella conta que, na noite de 9 para 10 de agosto, tivera um sonho... Ela conta que guiava um carro, e junto estavam sua mãe, sua avó já falecida e uma menina de uns nove ou 10 anos, cabelos loiros e vestida toda de branco. O carro chegou à frente de uma igreja altíssima, com tijolos marrons e um campanário com teto pontiagudo. Ela sabia que haveria ali uma festa, uma missa para celebrar algo muito importante. Então desceu do auto e, com os pés descalços, correu para a igreja, porque tinha para si que, antes da celebração, muita coisa ainda deveria fazer.

Ela entrou e sobre os primeiros bancos da igreja fez sentar sua mãe, sua avó e a menina. Depois, entrou na sala ao lado para pegar algo que precisava. Por um momento parou, e ao seu encontro veio uma menina pequena, de uns dois anos, cabelos loiros e pele clara, como porcelana... era belíssima, e um menino de estatura menor, tinha cerca de um ano e meio, cabelos negros, lindo. Todos se abraçaram e a menina disse: "Finalmente, mamãe, estamos todos juntos!".

Embora preocupada com as coisas que tinha de fazer, Lorella pegou as duas crianças e as apertou no coração, decidindo ficar ali com elas, cheia de amor. As crianças, felicíssimas, abraçaram-na forte e se aconchegaram ao colo, chamando-a de mãe. O menino a beijou, exclamando: "Mamãe, estou tão feliz! Agora não vamos nos separar mais!".

Saindo da sala, Lorella entrou na igreja com as crianças no colo. Olhou para o altar, onde viu o padre, e divisou poucas pessoas na igreja. Olhou para as paredes, mas não viu sequer um crucifixo, então se surpreendeu. Como poderia ser isso, uma igreja sem cruz?!

Foi aí que algo inesperado ocorreu: à direita do altar, fez-se uma luz intensa. O clarão era de várias cores: amarela, laranja e dourada. E o mais estranho: partia do peito de um "Ser", ali postado.

No início, Lorella pensou que fosse uma estátua, mas na medida em que a luz espargia da entidade, o "Ser" tomava forma e fazia-se mais nítido.

O que mais lhe surpreendia era o corpo da entidade, que brilhava de modo intenso, como um farol ofuscante. O ser estava como pousado sobre o altar, com a cabeça erguida e um lençol ao entorno. A tonalidade de sua pele era oliva-suave, seus cabelos de um castanho-dourado, muito intenso. E quanto mais ela olhava para Ele, mais Ele parecia vivo: sua pele, seus cabelos, suas mãos e pernas fortes irradiavam luz, muita luz, como a das estrelas!

Lorella sentiu profunda emoção e disse em voz alta, como se tivesse recordando uma experiência: "Mas eu já vivi esta cena... Vi Jesus no sepulcro". Então, Ele lhe respondeu: "Tu estavas lá". E ainda lhe disse outras coisas, das quais ela não se recorda.

Lorella acordou... Era por volta de duas e meia a três horas da manhã, 10 de agosto de 2010.

Caro leitor, se esse relato teria sido um sonho comum ou uma emancipação da alma ao mundo dos espíritos, fica por conta de quem o lê.

O fato é que Bongiovanni chama parte do mundo Divino de extraterrestre, em que estaria também o arcanjo Miguel (entendido por ele como sendo Ashtar Sheran) e outros alienígenas de hierarquia elevada, os quais seriam os anjos das Escrituras Sagradas. A essa interpretação de Bongiovanni damos o nome de Ufologia Mística, que ele trata em seu livro, *De Rerum Divinarum Scientia Nova*.

Quanto à experiência vivida por Lorella, para Bongiovanni, segundo os seus mentores, fora uma visita do Cristo, conforme mostra a mensagem mediúnica divulgada por ele.

30

Repercussão da entrevista com Bongiovanni

A entrevista que Giorgio Bongiovanni nos concedeu, publicada na Revista UFO brasileira, continuou a despertar atenção dos leitores por longo tempo. A redação da UFO recebeu o comunicado que motivou está postagem em nosso *blog*, no *site* da revista. Agradecemos ao leitor a oportunidade de esclarecimento e, em razão do interesse, estendemos os comentários ao público geral. Não vamos declinar aqui o nome do remetente, pois não pedimos autorização. Trata-se de um espiritualista convicto, participante de atividades paranormais e estudioso de casos ufológicos. Em suas análises, ele discorda de que os aliens de Roswell seriam *"como robôs a serviço de seres mais evoluídos"*; e argumenta que existem muitos relatos envolvendo tais seres, sugerindo-nos que *"são inteligentes e se utilizam de tecnologia avançadíssima"*.

De nossa parte, consideramos necessário um estudo detido da citada entrevista. Nela, notamos que o entrevistado, embora tenha tomado uma estrada variante para interpretar os seres do incidente Roswell, ainda assim não se afastou da ideia original do coronel Philip Corso, autor do livro *Dossiê Roswell*[39], que trata do caso. Como oficial do Exército dos Estados

---

39. CORSO, Philip. *Dossiê Roswell*, Cf. Bibliografia (N.A.).

Unidos, o coronel Corso diz ter visto as criaturas alguns dias após o incidente, num quartel do Exército, e que, anos depois, sob ordens superiores, examinou o relatório das autópsias e viabilizou o trabalho de engenharia reversa da nave alienígena. Para ele, eram entidades vivas e geneticamente modificadas, próprias para viagens de longa duração.

Qualificá-las de espécie de "robôs" ou de "servidores inteligentes", como o fez Bongiovanni, não fica fora do conceito original de Corso, testemunha militar do Caso Roswell. Em seu livro, e em suas palestras, o coronel informa que as criaturas usavam "faixas de cabeça" e, por meio delas, com a ponta dos dedos e ação do pensamento, os aliens poderiam operar os controles da nave; sendo assim, não seria impossível a comunicação dos operadores com a base alienígena, onde estariam outras inteligências, talvez mais evoluídas que os tripulantes acidentados. O certo, não se sabe! Tudo fica no campo das hipóteses, e a ventilada por Bongiovanni é apenas uma.

Numa segunda abordagem, o leitor diz que os chamados "*Seres de Luz*", dos quais Bongiovanni faz referência, seriam para ele "*prepostos de Jesus*", entidades que estariam "*conduzindo e defendendo os humanos nas situações mais graves da vida*"; como, também, estariam "*controlando os seres de outros planetas e fixando um limite em suas ações na Terra*".

Nessas colocações, o leitor concorda com o entrevistado. Mas não crê que Jesus viesse a se apresentar materializado na casa de Bongiovanni, pois não entendeu o "*sentido de tal aparição*"; estranha a falta de uma "*mensagem clara*", uma orientação, por assim dizer, e considera que o "*governador da Terra*" estaria muito além das "*aparições isoladas e particulares*".

Diferente da primeira disposição, a segunda é de extrema dúvida para o leitor remetente. De nossa parte, não temos motivo para duvidar de que Bongiovanni tenha presenciado uma materialização em sua casa. Devemos realçar que não se trata aqui da opinião do entrevistado sobre um fato testemunhado por outro, como o Caso Roswell, mas do seu próprio testemunho, algo que ele vira em primeira pessoa.

Se considerarmos que a materialização ocorrera, então seria o caso de indagar: Como certificar que o simulacro era Jesus? Na identificação, teria a entidade induzido Bongiovanni a erro? Como saber isso? De fato, a dúvida persiste. Sem acurado exame da aparição fica impossível emitir juízo de valor. Por outro lado, poderíamos especular: Filosoficamente, haveria chance de que fosse mesmo Jesus? Estaria Ele acessível aos simples mortais? São perguntas que ficam para reflexão. Contudo, para o que está fora do positivismo científico, não há certificação; e o caso passa ao domínio da crença.

A crença, por sua vez, é algo de foro íntimo. Hoje, há quem diga que Jesus não existiu; outros, que não era o Messias. Poucos creem que Ele tenha nascido de uma virgem, a qual, depois do parto, permanecera virgem, para, em seguida, ter vários filhos, conforme mostram os *Evangelhos*. Difícil entender esses fenômenos sem considerar Jesus um ser diferenciado. E mesmo aqueles que creem na origem virginal, talvez não creiam que Ele fosse um humano híbrido, mas humano integral, Filho de Deus espiritual. Mas não é fácil entender um ser "apenas espiritual", como Deus, inseminando mulheres na Terra [em sua entrevista, Bongiovanni deu interpretação interessante sobre isso].

Os *Evangelhos* registram que Jesus transformou a água em vinho, sugerem que Ele bebia o fruto da vinha e expulsou os vendilhões do Templo, mas muitos não creem nisso, pois acham que tais atos seriam incompatíveis com sua perfeição espiritual. Há quem creia que Jesus não ressuscitou nenhum morto nem expulsou os demônios, dizem que um corpo morto não revive e que os demônios não existem. Alguns parapsicólogos, inclusive, falam que os fenômenos físicos, assim como os praticados por Jesus, têm origem na força mental e na capacidade de sugestão do sensitivo, nada tendo de atividade de espírito desencarnado, colocando em jogo, ainda que de modo impensado, os feitos de Jesus.

Assim, sucessivamente, chegamos a um emaranhado de crenças e descrenças. Quem encontra nelas uma lógica de entendimento, uma fé, passa a acreditar; os demais, não! E como há crenças de todo tipo, contrariando uma a outra, o cidadão imparcial que de fora as observa tem dificuldade em distinguir qual lhe seria verdadeira. Somente a reprodução do fenômeno e seu controle científico poderiam certificá-lo, transformando crença em fatos reais.

Não obstante isso, sem dúvida, a doutrina de Jesus superou todas as outras, foi ao encontro dos anseios do povo e absorveu o mundo ocidental quase inteiro. E sendo Jesus tão magnânimo aos simples, como mostram os *Evangelhos*, por que não poderia Ele se materializar para o seu missionário que traz no corpo os estigmas da Paixão? Quanto a nós, quando vimos a formação dos estigmas em Bongiovanni, os quais ele dá como oriundos da esfera crística, não pudemos descartar a chance de a entidade motora ser o Cristo ou um de seus prepostos, já que naquela esfera, segundo alguns contatados, as entidades são semelhantes entre si e altamente capazes. Bongiovanni dá detalhes disso em seu livro, *A nova ciência divina*.

Conforme observa o Espiritismo Científico, a materialização seria promovida e controlada por entidades de hierarquia elevada, e nisso está incluso as da esfera crística. Sendo assim, não duvidamos que Bongiovanni assistisse em sua casa a materialização relatada por ele na entrevista. Consideramos que o evento poderia ser um estímulo à sua missão, haja vista sua condição de estigmatizado há mais de 20 anos. Contudo, para quem não presenciou o episódio, assim como nós, tudo cai no domínio da crença. Os próprios sensitivos, distanciados de Bongiovanni, sem conhecerem a extensão de sua capacidade mediúnica, principalmente a de efeitos físicos, nem a sua lisura, encontram dificuldade para acreditar num fato tão incomum como a materialização de Cristo.

Abdução foi o terceiro tema abordado pelo leitor remetente. *"As abduções são amplamente pesquisadas e não raro com relatos de violência contra os abduzidos"*, afirma o leitor. Ele está certo de que existem outras civilizações no cosmos, as quais nos visitam fisicamente, agindo com certa autonomia na obtenção de seus propósitos. Na entrevista, tratamos do tema abdução com Bongiovanni, principalmente do Caso Giovanna Podda, embora isso não tenha sido publicado na UFO, pois ficamos à espera de novas evidências. Essa italiana da Sardenha relata coisas incríveis que teriam sido feitas a ela por seres alienígenas. Dá conta de ter sofrido inseminação artificial por 18 vezes, ficando, em cada uma delas, grávida até o limite de dois meses, quando o suposto híbrido teria sido retirado pelos aliens.

Trata-se de algo verdadeiramente fantástico, relatado por uma mulher que não teve receio de contar nada em público. O insólito vivido por ela está sendo discutido em toda a Itália, principalmente em *Villaspeciosa*, província de Cagliari, onde Giovanna estaria vivendo, e na Sardenha, onde teria nascido. As opiniões divergem, repartindo o público interessado. Contudo, diferente de outros relatos de abdução, o Caso Giovanna traz algo novo: o filme de um aborto realizado em casa e um suposto feto alienígena.

O programa *Mistero*, apresentado na tevê italiana por Enrico Ruggeri, encarregou-se de mostrá-lo ao mundo, em meados de 2009. Quanto a nós, no Brasil, longe dos acontecimentos, discutimos o caso desde aquela data. Bongiovanni, por sua vez, perguntado por nós, não deu muito crédito ao caso. Ele tem uma opinião geral, dando conta de que "não há abdução negativa". Contudo, as evidências mostram o contrário, sugerindo-nos algo preocupante.

O Caso Giovanna permanece sob investigação dos ufólogos italianos. Trata-se de algo tão insólito, com evidências tão marcantes, que os especialistas não querem se precipitar num prognóstico sem o devido respaldo científico: pode estar aí a chance de transformar evidência em prova, com DNA e outros fatores diferenciados. É preciso esperar.

31

Mensagens alienígenas – círculos e rosto de Cristo

A cada ano que passa as marcas nas plantações da Inglaterra e outros países estão ficando mais complexas, ensejando maior alcance na decifração. De modo geral, não se sabe o significado, mas há consenso entre os ufólogos de que os sinais sejam para expressar algo espiritual.

Alguns canalizadores procuram dar sua versão sobre o significado, mas o xis do problema é a confiança que tais versões podem oferecer ao público. Quando se procura saber da moral do canalizador, o que ele já fez de bom para a sociedade e o grau de confiança que tem no exercício de sua faculdade extra-sensorial, encontramos no estigmatizado Giorgio Bongiovanni a legitimidade necessária para uma versão digna de estudo.

A mensagem abaixo foi recebida por ele, dada como vinda de altas esferas. O texto original foi dividido aqui em oito partes, na pretensão de oferecer ao leitor pequenos segmentos para reflexão, pois cada um deles, considerando-se a mensagem legítima, seria de fundamental importância para entendimento dos agroglifos. A canalização fala dos círculos nas plantações, informa sobre como os verdadeiros círculos são feitos e as entidades que estariam no comando.

"Mensagem alienígena sobre Círculos nas Plantações.

"Do Céu à Terra.

"1. Esses agroglifos ou círculos nas plantações, assim como vós os chamais, são criados por nós mediante uma ciência incompreensível para vós.

"2. Nós possuímos sincronizadores magnéticos, ou seja, emissores de energia solar que funcionam como micromemórias esféricas, em conjunto com a nossa energia psíquica.

"3. O nosso pensamento entra em simbiose com os *microchips* do equipamento, os quais podem materializar instantaneamente qualquer imagem criada por nossa mente.

"4. O espaço, o tempo e as dimensões são superados facilmente por nós e as imagens são criadas com perfeição, sem alterarem a natureza ao seu redor.

"5. Se para vós isso é impossível, não o é para nós que possuímos uma ciência mais adiantada que a vossa em 15 bilhões de anos.

"6. Compreender as mensagens dos agroglifos e colocá-las em prática é indispensável para todo aquele que está consciente de que nós, alienígenas, estamos visitando o vosso mundo no desejo de oferecer amor e amizade aos vossos espíritos.

"7. Sabei também que não somos apenas seres alienígenas em visita ao vosso planeta, mas, sobretudo, anjos da legião do Cristo.

"8. Quando Pilatos questionou Jesus sobre o Seu reino, Ele respondeu: 'Sim, tu o dizes, Sou rei... Mas o meu reino não é deste mundo; se fosse, os meus anjos teriam combatido para que Eu não fosse entregue... Jo 18:33-37'. É isso que somos: os anjos do Senhor. Anjos de ontem, alienígenas de hoje, sempre a serviço da luz do Cristo.

"Setun Shenar e os irmãos da Fraternidade Cósmica vos saúdam.

"Montevidéu – Uruguai, 10 de novembro de 2009, por intermédio de Giorgio Bongiovanni, estigmatizado."

Numa releitura da Doutrina Espírita, vemos que em *O Livro dos Médiuns* os espíritos ensinam a teoria de todas as manifestações inteligentes de natureza ultrafísica, mostram em detalhes os meios para se comunicar com os seres do mundo invisível, bem como as dificuldades e os obstáculos que podem ser encontrados nessa atividade.

Segundo os preceitos ali externados, a mediunidade pode ser desenvolvida e educada. E essa prática é realizada nas instituições espíritas, por meio de cursos regulares, com duração de alguns anos, sempre assistidos por dirigentes capacitados e espíritos orientadores.

Ao final do curso, os médiuns cujas faculdades foram educadas e desenvolvidas recebem mensagens de origem extracerebral, oriundas de um mundo imponderável. Os comunicados podem vir de espíritos desencarnados ou de entidades "encarnadas" numa gradação sutil da matéria. Em outras palavras, não se trata de animismo nem de frutos da imaginação, pois durante a formação mediúnica tais eventos foram afastados, mas de atividade psíquica em que o médium recepciona outra individualidade, distinta de si mesmo.

A natureza existencial do agente comunicante é invisível a olhos terrestres, razão pela qual a prática pode ser rejeitada por opositores, pois a ciência ainda não tem meios para detectar o agente motor invisível. O estudo acadêmico dessa atividade psíquica é feito nas escolas que seguem a linha parapsicológica de Rhine, onde o Espiritismo Científico também está presente.

Contudo, o estudioso atento percebe que os fenômenos físicos da sala fechada de antigamente migraram, estão hoje em ambiente aberto, ao ar livre, fazendo-se presentes nos céus e na terra. Bongiovanni vivenciou essa evolução dos fenômenos físicos. Embora ele não tenha uma formação espírita, mas sim, a nosso ver, a de um gnosticismo cristão mesclado de Ufologia e esoterismo, ainda assim não cabe aqui análise de sua faculdade mediúnica e de seu adestramento para exercê-la. Ele, ao longo dos últimos 20 anos, já mostrou o valor da sua sensibilidade rara atuando como principal elemento da chamada Ufologia Mística. A mensagem sobre os círculos recebida por ele tem características de recepção mediúnica legítima. É concisa, esclarecedora e de teor elevado. Mas, ainda assim, surge a indagação: seria verdadeira?

Aqui é preciso entender que quando se lida com seres ultrafísicos, a identificação do agente motor e a certificação da mensagem não dependem de carteira de identidade nem de diploma certificador, pois tais entidades nada possuem de material. Conta apenas o teor da mensagem, o que ela traz de bom aos que a recebem e, eventualmente, alguma ocorrência física que possa corroborar sua veracidade e torná-la ainda mais confiável.

Após Bongiovanni divulgar a sua canalização de Montevidéu, ninguém esperava que nove meses depois, em 30 de julho de 2010, apareceriam vestígios físicos agregando valor material à mensagem anteriormente recebida. Isso porque, da noite para o dia, surgiram nos campos de trigo de Wickham Green, na Inglaterra, duas grandes formações de círculos, as quais, de início, foram estudadas criteriosamente pelo ufólogo Pier Giorgio Caria.

Quando Caria juntou os desenhos das formações de Wickham Green, emergiu nitidamente um rosto, semelhante ao do Santo Sudário. E quando ele juntou ao rosto a mensagem mediúnica de Bongiovanni, o significado do conjunto foi simplesmente notável.

Para os peritos em círculos que acompanham o trabalho de Bongiovanni, as formações na Inglaterra e a mensagem canalizada no Uruguai se autocertificam, legitimando-se mutuamente.

Contudo, em complemento a ambas, veio depois outra canalização, na qual as entidades confirmaram o feito na Inglaterra. Ou seja, em 6 de agosto de 2010, uma semana após o evento nas plantações de trigo, Bongiovanni recebeu nova mensagem, desta vez em Sant'Elpidio a Mare, na Itália, que informava:

> "Fomos nós que criamos em Wickham Green, Berkshire, Inglaterra, a sagrada face de Jesus Cristo: O Sudário".

As tevês de vários países deram destaque à formação de "O Rosto de Cristo na Plantação" e à opinião de Giorgio Bongiovanni sobre ela.

32

Sinais de UFOs em Buritama

O Fenômeno UFO exige do pesquisador uma série de atividades práticas. Em primeiro lugar está o trabalho de campo, para constatar a incidência do fenômeno, em seguida vêm os relatos testemunhais, falando da ocorrência, depois o levantamento das evidências físicas e eventual pesquisa dos resíduos em laboratório, culminando no registro detalhado dos fatos, na interpretação da ocorrência e sua divulgação.

Em 3 de junho de 2008 ocorreu um fenômeno estranho em Buritama, região de Araçatuba, estado de São Paulo. Na madrugada daquele dia, a Chácara São Paulo, propriedade do pecuarista Antônio Caldeira, teria sido sobrevoada por um UFO que deixara marcas na pastagem.

Na madrugada daquele dia, o sitiante vizinho avistara luzes estranhas sobrevoando o local e dera seu testemunho no programa Câmera Record. Além disso, a reportagem identificou que o histórico de UFOs na região é farto e mostrou isso na tevê. Os relatos faziam suspeitar que uma atividade ufológica concentrada pudesse estar ocorrendo ali.

Na Chácara, as várias marcas na pastagem eram circulares, distantes entre si uns seis metros. O círculo maior media 4,7 metros de diâmetro, enquanto o menor, 2,5 metros. Caldeira disse nunca ter visto nada parecido, nem tinha ideia de como se formaram, mas os sinais estavam ali, para quem quisesse vê-los.

Sua filha, Érika Domingues, contou:

> "Meu pai e eu estávamos na Chácara indo levar sal para o gado quando deparamos com os círculos no meio da pradaria. Aliás, eu os vi, mas meu pai não os tinha visto ainda. Levei um susto, porque sabia que aqueles sinais eram incomuns ali."

Cerca de um ano depois, em julho de 2009, tivemos a oportunidade de visitar a Chácara. Na ocasião, estávamos em Araçatuba a convite de Gener Silva, presidente do Instituto Nacional de Pesquisa – INAPE, para realizar palestra no Cosmos VIII, evento tradicional na cidade. Após a palestra, convidado então pelo pecuarista Antônio Caldeira, no dia seguinte fomos visitar suas terras.

Pudemos constatar que as marcas de um ano antes ainda se faziam visíveis no local. A terra se apresentava enrijecida, sem germinação plena do capim, o qual era farto fora das marcas. Saímos do local com a ideia de que a radiação emitida pelo UFO, cerca de um ano atrás, não só teria feito os sinais, mas também interferido no solo, matando as sementes no interior dos círculos e tornando a terra enrijecida.

A pergunta era: qual seria o interesse alienígena nesse feito? Cogitou-se que talvez fosse para estudar o gado ou algum mineral do subsolo. Nas proximidades, existe também uma rede de alta tensão e um belíssimo porto fluvial, com barcas que navegam o Tietê, o qual se apresenta exuberante. Não se descarta a possibilidade de interesse alienígena em algum tipo de energia ali existente, talvez para reabastecer o engenho.

Algum tempo depois, comparamos as fotos que tiramos no local com as chapas batidas um ano antes, por Caldeira. Juntamos as duas sequências e confrontamos com os primeiros círculos surgidos na Inglaterra, no capim. Sem dúvida, as marcas de Buritama estavam mais para agroglifos (ao estilo dos primeiros círculos ingleses), do que para sinais de pouso iminente (como os achados no bairro São José, em Peruíbe). A impressão é de que foram impressos intencionalmente no capim.

33

A réplica de Arecibo – decifrando a mensagem

A Réplica de Arecibo é o nome com que ficou conhecido o agroglifo da suposta mensagem alienígena à Terra. Ela não chegou a Porto Rico, local do radiotelescópio que os cientistas tinham enviado um "alô da Terra aos ETs", em códigos binários, a 16 de novembro de 1974, mas em Hampshire, Inglaterra, nas plantações de trigo.

A resposta foi recebida 27 anos depois, a 19 de agosto de 2001, ao lado do radiotelescópio de Chilbolton, no terreno da instituição, que não autorizou ninguém a fazê-lo. A polícia inglesa fez exaustivas investigações para tentar achar os responsáveis, mas não encontrou indícios da ação do homem nem responsabilizou ninguém. Ao contrário, os testemunhos colhidos apontaram algo insólito – o "alô da Terra aos ETs" teria sido respondido.

O agroglifo recebido foi um conjunto de desenhos nas plantações de trigo, em forma de códigos binários, que quando decifrados, após exaustivos estudos, mostrou uma resposta à mensagem humana. A representação binária apresenta a mesma divisão da mensagem enviada pelo homem e tem sete módulos:

No primeiro – representação binária de 1 a 10: Partindo de cima, a resposta alien de 2001 não apresenta alteração nenhuma, comparando-se à mensagem humana que fora enviada em

1974. O alien mostra apenas que a mesma representação binária é válida também na resposta de 2001, fazendo-se assim o entendimento recíproco, nos mesmos termos binários da linguagem cifrada original.

No segundo – elementos químicos da vida: Fora inserido no módulo o elemento químico Silício (Si 14), de número atômico 14, indicando que a vida alien tem esse elemento a mais que os nossos (H1, C6, N7, O8, P15); e como sabemos que o Silício é cinza, a conotação da mensagem com o alien tipo "Cinza" foi reforçada.

No terceiro – fórmula dos açúcares e DNA: Não há alteração para os açúcares e nucleotídeos em ambas as mensagens, mostrando-se comuns a ambas as espécies, ao alien e ao homem.

No quarto – dupla hélice e nucleotídeos: De modo surpreendente é mostrada no agroglifo alien, à esquerda, uma terceira hélice de DNA, num arranjo diferente: à direita, há uma alteração na base da hélice, e no centro, uma única mudança nos nucleotídeos, que divide a opinião dos peritos quanto à interpretação. Parece certo que a presença do Silício na composição da vida alien fora responsável pela terceira hélice e pela alteração substantiva no DNA, mostrado na representação.

No quinto – dados do humanoide: O módulo alien apresenta ao centro o desenho de um vulto com cabeça, tronco e membros; o volume do crânio é maior que o do homem e desproporcional ao pequeno corpo do alienígena, com os olhos grandes e bem maiores que os do homem; os braços compridos, as pernas curtas e o pequeno tronco sugerem, no conjunto, embora não iguais nos detalhes, um alien do tipo Cinza, semelhante aos relatados por seres humanos em eventos de abdução; à esquerda, a representação binária mostra uma população alienígena (em 1974), que uns pesquisadores calcularam em 4,3 bilhões e outros, em 12,7 bilhões (a diferença no cálculo se deve às representações binárias nos agroglifos, as quais não estavam nítidas para cálculo, gerando dúvidas); à direta, a representação binária permite concluir que a altura do alienígena é de apenas um metro.

No sexto – sistema planetário: A representação do sistema alienígena mostra um Sol menor que o nosso (talvez a metade, ou ainda menor; e nesta condição, segundo estudos abalizados, dificilmente haveria planeta com água líquida para desenvolver vida); mostra, também, nove planetas, como o nosso sistema (nomenclatura de 1974), definindo a grandeza de cada um deles, e diferenciando-os (não há planetas gasosos como Júpiter e Saturno, mas denota haver aqueles como Urano e Netuno); mostra haver planetas rochosos, como no nosso sistema; três orbes estão deslocados em direção ao alien, denotando ser neles o *habitat* alienígena – os dois primeiros são sugestivamente rochosos, mas o terceiro é diferente, tem um complexo vazado, sugerindo-nos outra dimensão do espaço-tempo, na qual parte de sua população habitaria. Sendo três as esferas habitadas, não seria de estranhar uma população alien bem maior que a nossa. Se for assim, haveria "Cinzas" tanto densos como sutis: o denso, vivendo em dois planetas, e o sutil, numa única dimensão (não se deve confundir esse tipo de vida com a espiritual, vivida nas esferas do espírito).

No sétimo – radiotelescópio alien: O último módulo, ocupando toda a linha de baixo, está representado o equipamento de transmissão da mensagem alienígena, diferente do nosso sistema parabólico de Arecibo. Pela complexidade da figura e comparando-a com o agroglifo denominado "A Flor", surgido a 13 de agosto de 2000, no mesmo campo de Chilbolton, nota-se semelhança surpreendente entre ambos, sugestiva de que o equipamento alien já teria sido detalhado naquele desenho de um ano antes. Contudo, o suposto equipamento ainda não foi devidamente entendido.

Para quem considera os UFOs de modo apenas científico, o significado dos círculos talvez só possa ser entendido quando houver um contato de terceiro grau. Na Inglaterra, uma versão espiritualista dá conta de que o fenômeno dos círculos, formando agroglifos, poderia estar vinculado aos feitos paranormais. Outras inteligências conscientes poderiam estar fazendo o serviço. Essas inteligências estariam produzindo os desenhos, querendo mostrar ao homem sua responsabilidade para com a natureza, sem destruí-la, porque, se assim o fizer, estará destruindo a si próprio. Seria uma espécie de alerta para reflexão humana.

Curiosamente, na feitura dos agroglifos, nota-se, segundo testemunhos, que a entidade executa os desenhos com seu objeto aéreo, mas não dá nenhuma informação de si própria. Parece receosa, com medo de algo indefinido ao nosso saber. De fato, numa sessão espírita por nós observada, em 8 de outubro de 2008, para retirada de implante alienígena, uma das entidades feitoras de agroglifos, presente ao evento, mas de modo oculto, quase nada falou de si mesma. Durante a retirada, repetia um som estranho, em transmissão mediúnica à médium receptora, algo como um poema religioso: "Dza ra ben bin – Dza ra ben ban". Segundo o espírito-médico, o mantra funcionava como prece, dando a entender o *Apocalipse* 4,11: "Digno és tu, Senhor e Deus nosso, de receber a glória, a honra e o poder, pois tu criaste todas as coisas; por tua vontade elas não existiam e foram criadas".

Alguns sensitivos interpretam que o alienígena esteja precisando de energia provinda das plantas, como se a clorofila, responsável pela coloração verde dos vegetais, lhe servisse de seiva vital necessária ao corpo. Outros consideram que o interesse se estenderia para os minerais do subsolo. Se for assim, seja de um modo ou de outro, os agroglifos não seriam apenas desenhos para impressionar, mas enigmas para decifração. E o homem, refletindo sobre o seu significado, encontraria os porquês, servindo a prática de preparativo para contato mais efetivo no futuro.

Hoje, há quem considere que os aliens precisam de certas energias existentes na Terra e as estão colhendo nos nossos mananciais. Em razão disso, haveria receio de contato formal, porque se houvesse represália humana, a vida de uma civilização estrangeira (talvez de outra dimensão) estaria em jogo, com reflexos negativos para ambas as partes. A Réplica de Arecibo seria apenas uma alusão de que "eles" já estão aqui fazendo o serviço.

34

Um UFO na noite de Guarulhos

A Ufologia estuda as manifestações em nosso meio ambiente de objetos voadores não identificados (OVNIs), também conhecidos pela sigla UFO, do inglês Unidentified Flying Objects. Trata de analisar as ocorrências e verificar a possibilidade de terem origem não terrestre. Ufologia não é religião nem filosofia, mas uma área de estudos práticos. Por esse motivo, tenho me dedicado a mostrar o Fenômeno UFO como ele se apresenta, sem interpretações ou julgamentos. Assim inicio este artigo, relatando uma experiência pessoal que registrei em meu livro *Um vermelho encarnado no céu*. O fato aconteceu durante a noite, após um dia que transcorreu como outro qualquer.

Deitei-me por volta das 22 horas e tive um sono tranquilo, até acordar subitamente escutando umas explosões fora de casa, que pensei tratar-se de alguém soltando fogos de artifício. Quando olhei no relógio, o digital de cabeceira marcava 2h12. Estávamos iniciando o dia 3 de fevereiro de 2006. Achei estranho, nas primeiras horas de uma sexta-feira comum, alguém fazer esse tipo de comemoração, pois a data nada tinha de especial, e, àquela hora da madrugada, menos ainda. Não parecia coisa de criança, mas considerei a possibilidade. Mesmo assim, virei para o outro lado e tentei conciliar o sono. Cochilei um pouco, mas acordei novamente de súbito com um forte cheiro de queimado invadindo o quarto. Olhei de novo o relógio e havia passado cinco minutos das explosões, pois ele marcava agora 2h17 da manhã. Minha esposa logo identificou o odor de "borracha queimada", que eu imaginei vir da rua, pressupondo que algum vizinho estivesse queimando pneus ou algo assim.

Mas quem poderia estar fazendo aquilo e àquela hora? Foi aí que levantei e fui ver se havia algo queimando. Afinal, a geladeira e outros eletrodomésticos ficam ligados a noite inteira. Ao passar pelo quarto de meu filho, notei que a TV estava ligada e exibia um chuvisco de instabilidade na tela; logo imaginei que o cheiro poderia vir dela. Como era tempo de férias, Rafael ficara assistindo algum filme até tarde e, agora acordado, também havia identificado o odor estranho na casa. Porém, ambos constatamos que não era nenhum de nossos eletrodomésticos. Então, prossegui e fui à cozinha, olhei tudo e nada encontrei. Abri o vidro da janela para ter mais ar, olhei os demais cômodos e vi que estava tudo normal, só o cheiro que continuava forte – e aumentou ainda mais quando voltei ao quarto, onde estava insuportável.

Achando que o odor de "borracha queimada" vinha de fora da casa, minha esposa sugeriu que eu fosse averiguar. Abri a porta da sala e saí no jardim, olhei para a casa vizinha, onde parecia mais provável estar ocorrendo a suposta queima de pneu, mas não havia qualquer sinal de fumaça. Do outro lado, também nada havia que indicasse a origem do cheiro. Então olhei para o poste da esquina, onde há um emaranhado de fios, apostando que alguns poderiam estar queimados, mas também não era isso. Nesse instante, notei que repentinamente o odor tinha desaparecido. Eu ainda estava no jardim, em meio às plantas e ao ar fresco, quando olhei para cima e vi algo estarrecedor.

Fiquei perplexo. Numa altura considerável sobre uma árvore frondosa que há em frente à casa havia uma enorme bola avermelhada, quase do tamanho da Lua cheia. Sem fazer ideia exata do que era aquilo, comecei a refletir. Era algo incomum e me questionei se estava sonhando. Não estava. Estava acordado, absolutamente calmo e consciente. Olhei tudo em volta varrendo o céu, que estava completamente límpido e sem nuvens. As estrelas do Cruzeiro do Sul estavam magníficas e bem visíveis. Então voltei meus olhos e fixei aquela enorme bola vermelha. Era o que eu defini como "um vermelho encarnado no céu", algo muito intenso, que depois usei como título de meu livro. Era notório que aquilo não poderia ser a Lua, nem uma estrela ou um planeta. Estava perto demais para ser um corpo celeste de qualquer espécie. Eu estava tentando entender o que poderia ser aquela esfera, totalmente estacionária e silenciosa no céu, mas não conseguia. Também não poderia ser um satélite nem um fenômeno da natureza, algo que me ocorreu.

Eu já estava olhando aquilo havia mais de um minuto e não me parecia ser qualquer fenômeno atmosférico nem astronômico. Com toda certeza, também não tinha aparência nenhuma de qualquer tipo de avião. Seria um balão, pensei, mas logo excluí a possibilidade. Por mais que os baloeiros paulistas costumem colocar fogos de artifício nos artefatos que soltam, para explodirem lá em cima, minha experiência na área, reunida quando eu também era um apreciador, me fez estimar que a possibilidade fosse nula. Já estava com os olhos presos naquilo havia mais de dois minutos e tal esfera vermelha continuava lá em cima, parada. Foi então que me dei conta de não poder identificá-la, e assim concluí que deveria ser um UFO.

Entrei na casa, fui rapidamente ao quarto de meu filho e disse para ele pegar a câmera fotográfica e me acompanhar até o jardim, a fim de bater algumas fotos. Tive o cuidado de não revelar o que vira, para não influenciá-lo. O caso era insólito para mim, mas eu queria saber a opinião dele, sem nenhuma interferência de minha parte. Pensei em chamar também minha esposa, mas achei que ela poderia ficar impressionada e não queria deixá-la com medo. Então voltei ao jardim e lá continuava o UFO, bem em cima da árvore e no mesmo lugar de antes. Parecia que estava nos esperando...

Rafael chegou em seguida e teve uma enorme surpresa ao também constatar aquele artefato no céu. Nesse momento tive certeza de que não era uma visão particular, mas algo concreto que estava lá, para ser visto por quem passasse naquela hora por aquele local. Meu filho ficou tão agitado com o que via que chegou a colocar a pilha invertida na câmera, fazendo que ela não funcionasse. Procurei aliviar a tensão e acalmá-lo. "Faz algum tempo que aquilo está lá em cima, e não está com jeito de que vai embora logo. Arruma a máquina com calma e bate umas fotografias", eu disse com tranquilidade. A primeira foto, de um total de 17, foi tirada exatamente às 2h29, mas foi registrada no filme original à 01h29, em razão da câmera não estar ajustada para o horário de verão, que vigorava naquela data. Ela era o único equipamento que tínhamos à disposição no momento.

Num dado instante, quando o UFO se distanciou um pouco, lembramos que estávamos na rota dos aviões que chegam e partem do Aeroporto Internacional de São Paulo, em Guarulhos, e uma aeronave se aproximava ao longe. No local em que estávamos, mesmo à noite, dá para ver bem a fuselagem dos aviões que passam. Rafael rapidamente alterou os controles da máquina e fez uma breve filmagem do objeto, de um minuto e oito segundos. No início do registro fica nítida a passagem de um avião de grande porte, com luzes e sons característicos, quase na linha vertical de nossa posição. Ele não se confunde com o UFO, que se encontrava mais distante e de tamanho menor. Na hora, calculamos que o avião passara a uns 500 m de altura. Mas depois, conversando com um major do Exército, soubemos que os aviões passam ali a uns 200 m, não mais que isso. Confirmando a informação de que mesmo à noite a fuselagem dos aparelhos é visível, reconsideramos nossos cálculos.

Na passagem do avião, o UFO se distanciara para uns 600 m do solo, e pareceu não se importar muito que ele se aproximava. Com certeza, os pilotos e parte da tripulação poderiam ter visto o objeto. Após se distanciar, não voltou mais à posição original, ficando estacionário naquele local. Algum tempo depois, fez um movimento lento e seguiu para sudeste, como se fosse passar por baixo da ponta mais estendida do Cruzeiro do Sul. Então aumentou muito a velocidade e desapareceu de vista. Registramos a última foto às 2h41.

Das explosões verificadas às 2h12 até o UFO sumir, às 2h41, foram 29 minutos, sendo 15 de avistamento real. Era uma grande esfera vermelha que emanava de seu interior uma luz encarnada, que de modo curioso não clareava o ambiente nem refletia um halo de luz para fora, como se verifica nas lâmpadas acesas quando a energia exala e expande ao redor. Ele parecia guardar dentro de si a própria força. Isso me deu a ideia de campo eletromagnético. Ao distanciar-se, até desaparecer de vista, apareceram quatro luzes verdes ao seu redor, como se fossem os pontos cardeais da esfera maior.

Ainda antes de desaparecer, no meio do grande círculo vermelho surgiu uma esfera verde, maior que as outras quatro ao redor. Ao distanciar-se, o objeto soltou fagulhas de luz amarela pelos lados. Foi totalmente silencioso e se deslocou muito mais rápido do que a passagem do barulhento avião que registramos no filme.

Depois do acontecimento, não conseguimos mais dormir. Ficamos fazendo cálculos e mais cálculos, que nos levaram à conclusão de que, para ficar perfeitamente sobre nós, o artefato teria de avançar uns 100 m à frente, ou menos, e que no início sua altura não era mais de 200 m do solo. Estimamos que a esfera tivesse uns 15 m de diâmetro, mas não sabemos se o que vimos era o UFO inteiro, uma de suas luzes – talvez de seu sistema de propulsão –, um campo eletromagnético ou uma materialização de outra natureza. Apenas ficamos com a impressão de que aquilo não era terrestre e de que fomos impelidos para fora de casa com o som das explosões e o odor intenso de "borracha queimada" (somente dentro de casa). Tenho certeza de que se tratou de algo intencional e tivemos um contato imediato com um artefato nitidamente não terrestre, mas que não interferiu diretamente conosco nem com a natureza ao redor.

Como é de conhecimento público, sou um escritor especializado em Ufologia e espiritualidade. Meu trabalho está pautado na seriedade dos fatos e na lógica de raciocínio. Também não sou fácil de impressionar. Tenho condições de suportar coisas graves a sangue frio, dominando as emoções. Por tudo isso, para mim, não há dúvida de que se tratava de uma nave alienígena. As fotos e filmes que fizemos mostram apenas um pouco do que vimos. Na verdade, o que realmente testemunhamos não ficou registrado, fora algo mais grandioso. A câmera não conseguiu captar o veículo como ele é, nem tampouco seus detalhes.

Depois disso, compreendi que fora mais fácil ver um UFO com os próprios olhos do que registrá-lo com as nossas técnicas atuais. Tenho antecedentes em minhas pesquisas ufológicas e no contato com pessoas abduzidas que me levaram, desde o início, a ter a sensação de saber o porquê fui privilegiado com aquela visão. Todavia, as provas materiais são escassas. Mas não estou interessado em convencer ninguém sobre o que vi, apenas mostro os fatos. Cada um deve formar a sua opinião. Este relato não é obra de ficção nem coisa de lunático.

Depois daquela ocorrência, tenho buscado intensamente explicações científicas convincentes para entender o que vi junto de meu filho. Mas, na ausência delas, não me resta alternativa senão interpretar os fatos fazendo correlação com outros fenômenos raros, especialmente na área do Espiritismo Científico, cuja ligação com a Ufologia é há tempo conhecida e objeto particular de meus estudos.

Quando se observa os fenômenos espirituais e ufológicos comparativamente, notam-se coisas comuns entre eles. Percebe-se em ambos a ação de um agente oculto, de uma inteligência extraordinária produzindo fenômenos de natureza rara e inexplicável.

Nos dois casos são comuns as aparições de bolas de luz que vagam livremente no ar, fazendo movimentos perfeitamente ordenados, como se fossem guiadas por uma mão oculta. Notam-se algumas névoas, como nuvens claras ou cinzentas que dão origem a seres e a objetos insólitos, num processo de materialização e desmaterialização já bem estudado no Espiritismo Científico, que pode ser aplicado à manifestação ufológica.

Também se constata no Espiritismo efeitos de teletransporte, antigamente conhecidos como *apports*, supostamente realizados "por fora do nosso espaço", através de uma dimensão invisível aos olhos do homem. Hoje, a ciência teoriza que a teleportação se dê por meio dos chamados Buracos de Minhoca [*Wormholes*], atalhos entre pontos distintos do universo, pelos quais coisas sólidas poderiam viajar por outras dimensões sem se desmaterializar ou exceder a velocidade da luz, limite imposto pela Teoria da Relatividade.

Na Ufologia, a exemplo do Espiritismo, verifica-se também a levitação de objetos e de seres vivos, aparentemente anulando-se o efeito da gravidade. São comuns coisas relativas à alma, como seu desprendimento do corpo físico – a chamada emancipação da alma –, assim como as recepções telepáticas que os médiuns conhecem por praticá-las nas casas espíritas, as curas extraordinárias e outros fenômenos raros.

No Espiritismo, os relatos de curas extraordinárias são abundantes e seu registro está documentado em filmes, exames especializados e testemunhos de valor incontestável. Sua ocorrência desafia as ideias céticas, as quais não encontram respaldo nos fatos, uma vez que os fatos apontam para uma origem extracerebral, oculta ao sensitivo operador e de cunho inteligente superior a ele. Contudo, algumas das curas espirituais são ainda mais enigmáticas, pois os próprios espíritos indicam terem sido causadas por forças extraterrestres operando nos médiuns e nos pacientes.

Como se sabe, na literatura ufológica não é raro encontrarmos curas médicas realizadas por ETs, às vezes voluntárias e noutras, casuais, mas tão inexplicáveis quanto às curas espirituais. Não é fácil diferenciá-las, pois em sua origem está presente um fenômeno imponderável.

Conforme testemunhos, um mundo de aparência menos densa se manifesta de súbito, quando da realização das curas, sem que possamos entender sua origem e seu *modus operandi*. Assim, o estudo comparativo dos fenômenos espiritual e ufológico se revela oportuno e descortina ao estudioso novas possibilidades para decifração dos fatos.

A Ufologia Científica, com seus casos práticos de avistamento, aterrissagem e contato, tem sido bem-sucedida ao mostrar ao mundo cético as manifestações ufológicas e apontar como origem a pluralidade dos mundos habitados. Supostamente, desses mundos distantes viriam os seres que fazem aqui contatos imediatos, abduções e implantes.

A visão espírita desses fenômenos tem completado o senso prático da Ufologia, mostrando comparativamente as manifestações espirituais, suas teorias e seus postulados, contribuindo assim para diferenciar um evento de outro e proporcionar uma decifração mais integral e harmônica das ocorrências.

Os espíritos codificadores foram unânimes ao afirmar a existência de vida em outros mundos, seja em corpos materiais, semelhantes aos do homem, seja em corpos menos materiais, em estado vibratório sutilizado, algo diferente do que conhecemos na Terra.

Convencionou-se chamar o primeiro de extraterrestre (ET), de aparência sólida, e o segundo de ultraterrestre (UT), de aspecto etéreo. Este último, por estar além da matéria densa, seria para nós tão invisível como os espíritos, mas com ciclo vital limitado: nasce, cresce, se reproduz, envelhece e morre. Nos contatos efetuados, os próprios aliens informam que os UFOs são procedentes tanto de mundos sólidos quanto de orbes menos materiais. Os espíritos, por sua vez, são imortais, animam os seres vivos terrestres, ETs e UTs.

35

Fenômenos de cura

É certo que daqui a mil anos a nossa medicina será muito diferente da de hoje, sem nada igualável. O que hoje nos parece invisível, as novas tecnologias poderão executar. Considerando-se o tempo de 3,5 bilhões de anos que levou uma simples bactéria para se tornar homem, uma civilização com apenas alguns milhares de anos à nossa frente faria coisas que hoje não poderíamos entender. O estudo das cirurgias espirituais pode nos trazer conhecimento. E a decifração de casos tidos hoje como de procedência ET, talvez mostre algo comum com esse fator oculto, magnífico e ao mesmo tempo misterioso que é a cura espiritual.

Não podemos descartar a possibilidade de algumas dessas curas estarem vinculadas a civilizações muito adiantadas, as quais poderiam chegar aqui por meio de tecnologia avançada, sem que pudéssemos detectar a presença delas com os nossos recursos científicos de hoje. O nosso propósito é entender esses fenômenos sem achar, *a priori*, que os místicos apenas supõem as coisas e os científicos já sabem de tudo. Assim, não haveria avanço. É preciso observar os fenômenos num sentido mais amplo, depois aprofundar estudos e levá-los a efeito com experimentos, para nesse roteiro tirar o aprendizado necessário. Isso é ciência! E alguns cientistas estão fazendo isso com as curas espirituais.

Quando o doutor Edson Queiroz, incorporado pelo espírito do doutor Adolph Fritz, fazia as suas cirurgias perante as câmeras de televisão, a prática era por demais polêmica. Ainda que a entidade atuasse no chamado "corpo espiritual" do paciente, sua intervenção principal era diretamente no corpo físico. E isso contrariava os preceitos espíritas de cura, cuja via deve ser a inversa, ou seja, do corpo espiritual para o físico.

Quando observamos a codificação espírita, não encontramos referência doutrinária que possa nos dar indícios de que as cirurgias espirituais, aquelas que cortam a carne, sejam práticas espíritas de âmbito comum. Elas são realizadas por espíritos, disso não resta dúvida, mas quem estuda detidamente o Espiritismo não encontra suporte doutrinário para considerá-las como tal.

Não obstante isso, essas cirurgias mostram que a vida espiritual se desenrola em outras esferas da existência, muito além dos limites da nossa ciência. Elas mostram a existência de um espírito incorporado no médium, uma entidade exterior que toma personalidade própria e executa a intervenção, independente da vontade do médium, de seu conhecimento de prática cirúrgica e da patologia tratada. O Espiritismo, por seu turno, se ocupa da comunicação de entidades invisíveis com o homem, por isso não pode ficar fora das cirurgias sem dar sua interpretação.

No que diz respeito à cura estritamente espiritual, esta tem características diferentes. É praticada apenas no perispírito [corpo espiritual], sem intervenção direta na carne. O benefício é obtido na medida em que o corpo físico, em teoria uma espécie de mata-borrão, absorve os fluidos que lhe foram impregnados no molde espiritual. Aos poucos, por ação da mente, o indivíduo obtém a cura. Ela é vertida ao corpo por facilitação do espírito-médico e pela ação receptiva da mente do paciente. Então se diz: "A fé remove montanhas!"; sem ela, a mente não se torna receptiva e a cura se faz mais difícil. Há que se ter em mente que o agente espiritual motor não é Deus! Para obter a cura, o paciente precisa querer com afinco e ter merecimento para consegui-la, por essa razão se diz: "É preciso fé".

Ufologia, por sua vez, não é prática espírita. Mas sua casuística pode comprovar a Pluralidade dos Mundos Habitados postulada pelos espíritos codificadores da Doutrina Espírita. Foram os espíritos que disseram a Allan Kardec que no universo há uma infinidade de mundos habitados. Neles, os espíritos encarnam para evoluir até atingirem a perfeição. Por lógica, os habitantes desses orbes poderiam vir à Terra com engenhos sofisticados, produtos de uma tecnologia ainda desconhecida do homem e de uma física com acesso ao mundo das partículas. Na Ufologia, são as testemunhas que confirmam esse tipo de contato.

Se for assim, os alienígenas querem conhecer o nosso ambiente, os seres vivos e experimentar o que lhes for proveitoso. Nesse contexto, considerando-se a capacidade requerida para qualquer civilização externa chegar à Terra, por certo seu desenvolvido científico seria deveras avançado, suficientemente capaz de realizar curas médicas que para nós seriam inexplicáveis. E certas curas, tidas hoje como espirituais, em razão de ser difícil a identificação do agente motor oculto, poderiam ser realizadas por alienígenas dessas enigmáticas civilizações visitantes. Em teoria, negar isso seria refutar o Fenômeno UFO como evento extraterrestre ou ocorrência ultrafísica de outra dimensão.

36

Doutor Fritz – o enigma continua...

Os tratamentos espirituais sempre estiveram envoltos em profundo mistério. Dentre eles, vimos as cirurgias praticadas diretamente no corpo físico chegarem ao ápice com o brasileiro doutor Edson Queiroz. Ao longo de 10 anos, o espírito do doutor Adolph Fritz incorporou em Queiroz, desde o ano de 1981 até 5 de outubro de 1991, data em que o médico fora assassinado. Relembrando o triste episódio, o golpe de faca fora mortal, atingindo-o nas costas com profunda abertura da axila direita, ferindo-o mortalmente. O ferimento provocou enorme sangramento e o médico não resistiu à operação realizada às pressas, tendo como *causa mortis* "parada cardíaca".

O doutor Queiroz houvera entrado na política por cargo eletivo, sendo na época presidente da Assembleia Legislativa de Pernambuco. Ney Bianchi relata em seu livro, *A verdade sobre o Dr. Fritz*[40], que o agressor, José Ricardo da Silva, 64 anos, era empregado de sua casa. Foi preso no ato, em flagrante delito, por ação defensiva de um segurança que lhe disparou um tiro, atingindo-o no ombro esquerdo e fazendo um ferimento leve. Na prisão, alegou ter levado uma bofetada no rosto. A afirmação mereceu crédito apenas relativo, pois quem dá uma bofetada na cara de outro, como fora alegado,

---

40. BIANCHI, Ney. *A verdade sobre o Dr. Fritz*, Cf. Bibliografia (N.A.).

em seguida não dá as costas ao opositor. Queiroz andava tranquilamente em sua residência quando o golpe de peixeira o acertou nas costas. Uma semana depois, o agressor foi libertado sob alegação de ser réu primário e ter residência conhecida. Publicações deram conta de que nunca mais foi encontrado, transpirando depois que fora jagunço.

Ao longo dos dez anos em que praticou as tais cirurgias, o médico foi estudado por inúmeros cientistas de outros países, sem que nenhum deles pudesse formular uma hipótese com respaldo científico posterior para validar os fenômenos, repetindo-os em laboratórios por cirurgiões da medicina convencional. Ou seja, nunca puderam realizar os mesmo feitos, nas mesmas condições ocorrentes e para milhares de pessoas como as cirurgias do doutor Fritz.

Vale lembrar que o conhecido Zé Arigó, homem quase sem instrução, durante os 29 anos que recebeu o doutor Fritz, praticou dois milhões de atendimentos, sendo meio milhão de cirurgias. Essas cifras tão alarmantes fizeram com que por três vezes viessem ao Brasil equipes norte-americanas para estudá-lo. Na última, em maio e junho de 1968, foi montado em Congonhas do Campo um minilaboratório de análises e diagnósticos. No primeiro dia, Arigó atendeu 300 pessoas. O laboratório improvisado não suportou, mas fez o que deu – examinou 30 casos. Três dias depois, vieram os resultados: tudo batia com o diagnóstico de Arigó.

Mas, nessa altura, o médium já havia atendido mais de mil pessoas, feito centenas de diagnósticos, cirurgias, tratamentos e receituários. Era algo absurdo, mas as pesquisas continuaram. Os médicos pesquisadores, além de parapsicólogos, eram também prepostos da NASA. Em razão disso foram levados muito a sério nos Estados Unidos. O ufólogo John Fuller veio ao Brasil para tirar tudo a limpo. Escreveu um livro primoroso *Arigó: O cirurgião da faca enferrujada*[41], no qual conta o que aconteceu.

Segundo Fuller, parte do material que reuniu veio da conceituada ufóloga brasileira Irene Granchi, que lhe entregou o que pôde. O chefe da equipe norte-americana, doutor Andrija Puharich, corroborou escrevendo sobre as conclusões de sua equipe médica e deu importante contribuição ao livro. Tudo foi realizado de modo sério, como requer uma pesquisa desse tipo, tendo plena colaboração de Arigó. Contudo, como Arigó fazia tudo aquilo os cientistas norte-americanos nunca souberam, ao menos publicamente, e o mistério permaneceu.

Em sua prática, o doutor Fritz quebrava todas as técnicas conhecidas na medicina: o diagnóstico era feito na hora, sem necessidade da tremenda lista de exames que antecedem um ato cirúrgico comum; a cirurgia era feita sem analgesia, sem anestesia e sem hipnose, ao mesmo tempo em que era suprimida, de modo enigmático, a sensibilidade dor; o sangramento era controlado ou inexistente; também não havia assepsia nem sutura convencional, com pontos; o cirurgião usava agulhas para drenar abscessos, os quais misteriosamente se liquefaziam, denotando um processo similar à desmaterialização parcial. O ato cirúrgico não produzia infecção, como se os micróbios deixassem de ser patogênicos; tudo era feito na hora – diagnóstico, preparação, cirurgia, receituário –, algo totalmente atípico e incomum, e o mais incrível: a recuperação do paciente ocorria em tempo recorde. Tudo realizado numa rapidez incrível, inclusive a cicatrização do corte, obtida em tempo menor e quase sem marca na pele, sobrevindo, para culminar, um grau de sucesso simplesmente invejável.

---

41. FULLER, John G. *A viagem interrompida*, Cf. Bibliografia (N.A.).

Além dessas condições, o próprio médico operador (de modo proposital) e sua equipe não faziam qualquer tipo de profilaxia. Ninguém da equipe mediúnica se autoesterilizava entre uma cirurgia e outra, a instrumentação era praticamente a mesma, ninguém lavava as mãos, não havia troca de aventais e o contato com o sangue era direto. Ninguém da equipe tomava antibiótico ou fazia qualquer prevenção contra doenças, mas todos pareciam misteriosamente vacinados contra qualquer tipo de mal infeccioso. Tais procedimentos davam entender que tudo era proposital, feito de modo calculado para chocar a opinião pública e causar impacto, chamando a atenção para o fenômeno.

Na época do doutor Queiroz a AIDS já se proliferava de modo galopante, e todas as outras infecções graves já existiam. Mas, mesmo assim, nunca ninguém de sua equipe tomou qualquer medicação, nem tampouco foram infectados. Curiosamente, na época de Arigó, enquanto o médium estava preso, condenado a 12 meses de reclusão por prática de curandeirismo, nos sete meses que passou na cadeia operou oficiais de polícia, guardas da prisão e teve de operar a população carcerária. Parecia que fora preso para cumprir uma missão: atender na cadeia aqueles que não podiam sair de lá, dando mais publicidade às cirurgias espirituais. Trabalhando com vários médiuns ao longo de 50 anos, o doutor Fritz atendeu 10 milhões de pacientes. Mistério!

O nosso propósito aqui é levantar a questão, no intuito de entender esses fatos que nos parecem tão absurdos. Indaga-se: o que temos de científico para nos ajudar a compreender as curas espirituais?

No Hospital Espírita de Porto Alegre, dotado de 436 leitos, especialistas em saúde mental atuam inclusive nessas pesquisas. O doutor Victor Ronaldo Costa fez ali inúmeros estudos e editou livros mostrando os resultados. Outros ainda estão fazendo o mesmo, em locais diferentes. O doutor Ricardo di Bernardi, em Florianópolis, está fazendo um trabalho similar, estudando os implantes de aparelhos parasitas, supostamente de origem espiritual; mas parece não ter achado tais implantes em nível físico, para atuar de modo totalmente científico a exemplo do médico norte-americano, doutor Roger Leir.

Leir, por sua vez, completou recentemente 20 cirurgias para retirada de implante alienígena nos pacientes. Estudou o material em laboratórios de reconhecido valor. Os elementos recolhidos, sob detida análise biológica e metalográfica foram classificados como de provável origem extraterrestre. Nas investigações, o médico foi acompanhado por vários pesquisadores científicos, tendo registrado as suas descobertas no livro *Implantes alienígenas*[42] e em filmes lançados em DVD.

Por sua vez, o médico psiquiatra doutor Frederico Camelo Leão também conseguiu feitos substanciais em seu trabalho. Quando diretor da equipe médica da Fundação Espírita André Luiz, em Guarulhos, estado de São Paulo, e responsável pelo serviço de saúde de portadores de deficiência mental grave, o médico fez um estudo primoroso, mostrando cientificamente os benefícios auferidos ao associar procedimentos médicos convencionais com atividades de cura espiritual. Embora o médico já tenha testemunhado atividades de espíritos de outros orbes em sessões mediúnicas, as chamadas "curas por ETs" ainda não foram seu objetivo de estudo. Mas quem conhece o Fenômeno UFO e a questão extraterrestre não pode descartá-las.

De fato, nos congressos realizados no IBAM, em Botafogo, estado do Rio de Janeiro, foram relatadas duas modalidades de curas, tanto por espíritos quanto por ETs, inclusive

42. LEIR, Roger K. *Implantes alienígenas*, Cf. Bibliografia (N.A.).

dentro de Centros Espíritas. Nos Estados Unidos, essas curas se mostram mais frequentes, sendo relatadas por Virginia Aronson, em seu livro, *Curas médicas por ETs*[43], lançado no Brasil.

Os trabalhos científicos mencionados são dignos de exemplo para todo profissional da área médica que queira realmente pesquisar espiritualidade e vida extraterrestre. Cada qual deve tirar as suas conclusões. Os trabalhos foram publicados e estão à disposição do público. Não obstante os esforços para entendimento das curas extraordinárias, muito ainda terá de ser feito, porque o enigma continua.

---

43. ARONSON, Virginia. *Curas médicas por ETs*, Cf. Bibliografia (N.A.).

37

Cirurgia espiritual – investigação científica

O texto a seguir é o resumo de uma pesquisa feita no Instituto de Psiquiatria do Hospital das Clínicas da Faculdade de Medicina da Universidade de São Paulo, com a participação de profissionais do Departamento de Patologia da Faculdade de Medicina da Universidade Federal de Juiz de Fora (MG). Foi publicado na Revista da Associação Médica Brasileira, volume 46, número 3, em julho de 2000. Seus autores são: A. M. de Almeida, T. M. de Almeida, A. M. Gollner.

Objetivo

Uma modalidade de tratamento que capta muito a atenção da mídia é a *cirurgia espiritual*, que, entretanto, tem sido pouco estudada cientificamente. Uma questão que se impõe é sobre a veracidade ou não de tais fenômenos, porém pesquisas nesse sentido são escassas.

Método

Apresentamos o relato de uma investigação sobre um dos mais famosos cirurgiões espirituais do Brasil, o senhor João Teixeira de Farias. Foram acompanhadas por volta de 30 "cirurgias", sendo que em seis dos pacientes foram realizados a anamnese, o exame físico e coletados os tecidos extraídos para exames anatomopatológicos.

Resultados

O cirurgião verdadeiramente incisa a pele ou o epitélio ocular, além de realizar raspados corneanos sem nenhuma técnica anestésica ou antisséptica identificável. Apesar disso, apenas um paciente queixou-se de dor moderada quando teve a mama incisada. Os pacientes foram examinados até três dias depois da cirurgia sem nenhum sinal de infecção, bem como os relatos posteriores dos pacientes não continham informações de infecção. O exame histopatológico evidenciou que os tecidos extraídos eram compatíveis com o local de origem e, com exceção de um lipoma de 210 gramas, eram tecidos normais, sem particularidades patológicas. Foi realizada revisão da literatura e discussão do efeito placebo.

Conclusões

As cirurgias são reais, mas, apesar de não ter sido possível avaliar a eficácia do procedimento, aparentemente não teria efeito específico na cura dos pacientes. Sem dúvida, nossos achados são mais exploratórios que conclusivos. São necessários posteriores estudos para lançar luz sobre esse heterodoxo tratamento.

Pode-se concluir que as cirurgias estudadas e os materiais extraídos são reais, não há utilização de técnica asséptica ou anestésica, mas não foi detectada nenhuma infecção e apenas um paciente referiu à dor. Como não houve identificação de fraudes, o fenômeno necessita de estudos posteriores para a explicação adequada da analgesia, da não infecção, avaliação da eficácia e por quais mecanismos a suposta cura poderia ocorrer, pois as cirurgias em si aparentemente não conduziriam a esse resultado, já que usualmente não extraem tecidos patológicos.

Como vários autores relatam benefícios com os tratamentos espirituais, é fundamental um melhor conhecimento dos mecanismos e eficácia das curas espirituais. Isso possibilitaria a adaptação das formas úteis como terapias complementares à medicina ocidental, bem como desencorajaria os procedimentos danosos ou inúteis. A discussão séria de um tema não requer que compartilhemos as crenças envolvidas, mas que tomemos suas implicações seriamente e não subestimemos as razões pelas quais tantas pessoas se envolvem. Nem a crença entusiasmada ou a descrença renitente ajudarão os pacientes ou o desenvolvimento da medicina.

Nota do autor deste livro

Em Abadiânia (GO), atualmente, as curas espirituais são feitas a centenas de pessoas por dia, tendo chegado a quatro mil pacientes num só dia. Essa pesquisa publicada pela Associação Médica Brasileira refere-se à avaliação de pouquíssimos pacientes. Convém recordar que em 1968, a equipe médica norte-americana que esteve com Arigó, em Congonhas do Campo (MG), pesquisou 300 pessoas, num total de 10 mil pacientes atendidos. E prosseguiu. Montou ali um minilaboratório, filmou os procedimentos, colheu depoimentos de pacientes e de médicos que acompanharam os casos. Contudo, assim como os pesquisadores de agora, os norte-americanos comprovaram a veracidade dos fatos, mas não souberam explicá-los de modo cientificamente satisfatório.

Agora, 35 anos depois, a equipe médica brasileira foi a campo para investigar as mesmas coisas. E, da mesma maneira, embora os pesquisadores nacionais sejam dignos dos melhores elogios pela iniciativa e pelo trabalho realizado, também, a exemplo dos norte-americanos, não conseguiram explicar de modo cientificamente válido as tais curas. Embora verdadeiras, o mistério ainda continua.

38

O Caso Icaraí – uma revoada de UFOs em Niterói

O Caso Icaraí fora tão surpreendente para um dia de Natal que seria preciso examiná-lo melhor. De início, em razão dessa importante data, parecia um alarme falso, dado por alguém querendo insinuar por crença ou escárnio uma suposta "volta de Jesus". Mas bastou averiguar um pouco para concluir-se que não era uma fraude nem tampouco uma insinuação religiosa. Os UFOs realmente tinham feito uma revoada.

A praia de Icaraí fica dentro da Baía de Guanabara e costuma ser palco das maiores festividades da cidade de Niterói. De lá se avista as mais famosas praias do Rio de Janeiro, vislumbra-se também as magníficas elevações da Pedra do Índio, Pão de Açúcar e Corcovado, onde está o Cristo Redentor. Seu movimentado calçadão é local de passeio obrigatório para turistas, moradores e jovens em busca de outros olhares.

Logo entramos em contato com a testemunha principal, Luiz Ricardo Mello, procurando saber dele se alguém havia tirado fotos ou filmado os UFOs e se poderia descrever-nos os acontecimentos. As informações iniciais davam conta de uma verdadeira revoada na noite de 25 de dezembro de 2006. E poucas horas depois, exatamente às 00h36 da manhã, Ricardo deu o alarme na internet, contando um pouco os acontecimentos:

> "Dezenas de objetos sobre o céu de Niterói, agora à noite, cerca de 21 horas. Estou na praia de Icaraí, com a minha família. Todos nós presenciamos impressionados, algo jamais visto. É difícil até começar a descrever. Havia no céu objetos de cor vermelha, emitindo luzes brancas, como *flashes*, e fazendo movimentos circulares. Ao final, uma espécie de sonda ficou quase 10 minutos parada em frente à praia de Icaraí, não muito alta, emitindo uma luz branca e piscando intermitente. Foi fantástico! Se isso não foi o primeiro grande contato, então não sei o que poderia ser... Fico no aguardo de outros relatos".

É importante lembrar que a primeira coisa que veio à cabeça da testemunha, numa noite de Natal passada com a família, foi compartilhar o avistamento com pessoas da lista de Ufologia da qual ele participa. Não teve dúvida, veiculou a notícia apenas três horas após o ocorrido, na esperança de que alguém, assim como ele e a família, pudesse também ter visto o insólito. Naturalmente que um relato assim gera muitos comentários e enseja múltiplas consultas. A conversa correu solta durante as primeiras horas da manhã e o dia seguinte inteiro. As primeiras informações não demoraram a chegar. De modo geral, os consultados declaravam não terem visto nada. Contudo, a falta de corroboração visual num evento UFO não é fato incomum. Afinal, não são as multidões que relatam os avistamentos, mas apenas algumas pessoas, aquelas que estavam no local e de olho no lugar certo do céu quando o insólito sobreveio. Os UFOs de Icaraí davam indícios de algo semelhante.

O moderador do grupo de discussões da Revista UFO pela *internet*, Paulo Poian, tentou obter mais informações, algum detalhe que pudesse esclarecer melhor os fatos. Ao mesmo tempo, solicitou ao pessoal do Rio de Janeiro alguma notícia veiculada nos meios de comunicação como rádio, televisão etc., que pudesse corroborar o avistamento. Considerou que um evento de tal proporção, no horário informado, deveria ter sido observado por mais testemunhas. Sendo assim, por prudência, preferiu aguardar outras informações.

Ainda em 26 de dezembro, Jacques Arongaus, de New Brunswick, Canadá, por e-mail pedia a Ricardo mais detalhes do avistamento, ao que foi atendido:

> "Jacques, o avistamento foi feito da janela do apartamento, com vista para a Baía de Guanabara. Toda a minha família (esposa, filho, mãe, irmã, sobrinho, cunhado) viu o objeto sobre o mar, a tal sonda... E os demais objetos sobre um morro nas proximidades. A sensação geral foi de que algo fora do normal estava acontecendo, devido à quantidade e a pequena distância dos objetos. Tinham cor vermelha, semelhantes a uma estrela, porém com movimentos circulares e horizontais, emitindo *flashes* de luz branca. O mais impressionante foi o último, sobre o mar, cerca de uns 300 m de altitude. Emitia uma luz vermelha, com *flashes* em luz branca, piscando muito rápido. Tivemos a sensação de que todos os moradores da praia de Icaraí ou mesmo quem estivesse no calçadão naquele momento poderiam ver tudo, devido à proximidade. Infelizmente, a posição do apartamento não nos permite ver o calçadão. Liguei a tevê na mesma hora, procurando algum tipo de noticiário, mas nada... Usando um binóculo, meu filho chegou a comentar que parecia uma nave do tipo '*Star Wars*'. Não a vi saindo de alguma nave-mãe. Quando

percebi, ela já estava no céu, piscando forte, estacionária. Asseguro que não era qualquer tipo de aeronave terrestre. Continuamos superintrigados com o que aconteceu..."

Foi em meio a esse clima que Ricardo entrou em contato e contou-nos:

"Pedro, desculpe a demora. Eu estava retornando a Brasília, onde resido. Passei o Natal com a minha família, em Niterói. Para minha grata surpresa, meu filho filmou o objeto que emitia flashes, parado acima do mar. O vídeo não está com resolução boa, foi feito com a câmera do celular. Mas dá para ter uma ideia do que relatei. O arquivo de vídeo está em outro computador, em minha residência. Mais tarde vou te encaminhar." E encaminhou mesmo!

Em razão dos ufólogos do Canadá também terem interesse no filme, encaminhamos as imagens para apreciação da Equipe UFO, para perícia e considerações, dispondo as imagens para conhecimento público. A comunidade ufológica aguardava isso com muito interesse. O filme de 2m31seg foi disponibilizado no site da *Revista UFO*.

Em 3 de janeiro de 2007, após receber o relato da ufologista Elaine Villela, consultora da *Revista UFO*, dando conta de um avistamento a partir de seu apartamento na praia de Icaraí, remeti essa informação ao Ricardo, dizendo-lhe que o evento se passara em 4 dezembro de 2006, 20 dias antes de seu avistamento. No comunicado, Elaine contava:

"O céu está claro, com lua e tudo mais... Antes do problema atual com os radares e controladores de voo, eu já tinha notado que os aviões estavam com suas rotas um tanto 'descontroladas'. Apesar de leiga no assunto, 'conheço' o tráfego aéreo daqui, dos aviões do aeroporto de Santos Dumont e alguns provenientes do Galeão cortando a Baía de Guanabara. Tenho um 'posto' de observação privilegiado na minha janela.

"Hoje, ao chegar à janela, levei um susto! Um avião se aproximava quando uma luz emitiu dois *flashes* próximos a ele. Pensei que fosse outro avião na mesma rota. No entanto, a luz desapareceu. Com certeza, o piloto também deve ter levado um grande susto. Logo em seguida, vi um objeto em alta velocidade, com uma luz não tão intensa, percorrendo o traçado do Gigante de Pedra à baixa altitude, e passando pelo aeroporto S. Dumont, onde, na hora, uma aeronave levantava voo, quase junto com o objeto.

"Ele tinha um voo ondulatório, tipo carrossel. Passou pelo Corcovado, pelo Pão de Açúcar e desapareceu. Mais tarde, entre o Pão de Açúcar e a Fortaleza de Santa Cruz, surgiu uma luz branca, lenta, que mudou para vermelho e emitiu algo parecido a um foco de luz, muito tênue, projetado ao mar. Chamei meu marido, ele ainda viu quando o objeto mudou de cor novamente, agora para verde, e em altíssima velocidade seguiu um trajeto retilíneo, fugindo do nosso foco. Creio que não poderia ser helicóptero, pois a velocidade que tomou depois seria a de um jatinho. Mas, como o jato não fica parado sobre o mar, descarto essa possibilidade. Depois disso, alguns helicópteros foram em direção à Fortaleza, algo também que não é muito frequente à noite, por essas horas. E mais luzes em flashes espocaram no céu, em intervalos e locais diferentes, não eram fogos de artifício, nem tinha no céu qualquer balão. Depois, a mesma luz passou em voo, mas numa questão de segundos apagou-se por completo. Esse fenômeno de *flashes* está muito frequente por aqui. Hoje, sem dúvida, o céu tem algo mais que aviões, satélites e helicópteros.

"Olhei novamente pela janela. E como o céu está claro, deu para ver o surgimento de uma nuvem, uma névoa, tipo aquela deixada pelos jatos... Só que, novamente, estava entre o Pão de Açúcar e a Fortaleza, onde aparecera o objeto que mudava de cor, fazendo *flashes* esporádicos. Agora parecia um foco de holofote, de tão branquinho e reto que era passando por cima do meu edifício. Tirei fotos, mas como a câmera é digital, não deu para ver nada.

"Uns quatro meses atrás, eu estava vendo um filme na sala e olhei para o Cristo, onde havia uma luz intensa e brilhante sobre ele. Ela permaneceu assim durante algum tempo, uns cinco minutos e foi descendo, mais ou menos até o meio do morro, quando depois começou a 'pipocar' de um lado para outro, numa velocidade grande. Não poderia ser helicóptero. Eu tinha uma testemunha comigo. Enfim, aquela noite foi de avistamento.

"Agora é 1h54. Há pouco fui chamada pelo meu marido, que foi fechar a janela e mostrou-me um 'objeto' diferente, tinha forma de dois círculos laranja, um embaixo e outro em cima. A coisa estava parada e tirei fotos, mas a máquina não pôde captar. Se for balão, é diferente de todos os que eu já vi..."

Esses avistamentos ocorreram quase no mesmo local em que a família Ricardo Mello registraria, 20 dias depois, o Caso Icaraí.

Em 4 de janeiro, depois de Ricardo ter conhecimento dos avistamentos de Elaine, o qual fora remetido por mim querendo saber de suas impressões, ele falou:

> "Fiquei até arrepiado quando li os relatos da Elaine. Tem bastante semelhança com o que vimos! E lá mesmo em Icaraí: objetos emitindo *flashes*, luzes coloridas, movimentos etc. Outro detalhe, o filmezinho que enviei tem pouco mais de dois minutos; porém, aquele objeto ficou se exibindo por uns sete ou 8 minutos, os *flashes* que emitia eram muito mais intensos do que se vê no vídeo. Por vezes, descia ou caía desse objeto, na vertical, uma luz menor em direção ao mar. No momento da queda, o objeto maior apagava e depois os *flashes* voltavam novamente."

Ricardo é um homem no esplendor de sua idade adulta, seus 43 anos estão impregnados de experiência e muita disposição. Formado em Análise de Sistemas e trabalhando numa grande empresa estatal, seu raciocínio lógico é capaz de distinguir com nitidez o científico do místico. Ele sabia perfeitamente que mesmo em solicitando à Equipe UFO uma análise do vídeo e de seus relatos, não pretendia com isso receber um "certificado" de ter visto um disco voador. Seu objetivo era de compartilhar a insólita experiência que tivera. Dotado de forte senso investigativo, tratou ele mesmo de extrair do vídeo 200 quadros de imagens congeladas, para melhor apreciação das cenas. Mas fez isso sem alterar o formato, cor ou qualquer outro aspecto da imagem.

"O resultado foi simplesmente estarrecedor!", disse ele. E completou: "Nitidamente se vê o objeto, por vezes

> em formato de esfera ou talvez módulo de nave, com as luzes laterais acendendo alternadamente. Mas não sou especialista no assunto, é apenas uma opinião. Aguardo suas considerações."

E de fato, examinando detidamente as 200 chapas, descarta-se como fato gerador qualquer fenômeno atmosférico. A tecnologia empregada é de alta sofisticação.

Num comunicado anterior, eu havia dito à testemunha para não esperar da Equipe UFO um parecer oficial certificando o avistamento como evento ET. Os membros da Equipe têm tendências científicas, geralmente não são místicos, não aceitam nem acreditam em casos sem fundamento lógico. Em casos como o de Icaraí, a prova cabal não existe. A Equipe procura ler os relatos para saber se não há exagero, excesso de cientificismo ou fatores religiosos que possam alterar os fatos; procura saber se há outras testemunhas etc. Todos preferem ver o filme e entender primeiro se não se trata de algo forjado, de uma montagem eletrônica, uma sobreposição ou coisa do gênero. Os fatores atmosféricos, animais e engenhos de voo terrestre também são considerados. Depois, quando tudo vai bem, concorda-se que não se trata de um fenômeno natural e que a tecnologia usada possui sofisticação, ou seja, trata-se de objeto voador não identificado: UFO. Em suma, é um estudo calcado em fatos reais.

Ricardo entendeu perfeitamente e externou seu modo de pensar, dizendo:

> "Eu respeito o posicionamento de cada um, seja científico ou místico. Pessoalmente, me posiciono nem tanto ao céu, nem tanto à terra. Com certeza, não sou um louco, um desequilibrado ou um fanático à procura

de ETs. Divulguei o que vi na lista da UFO por achar que pessoas preparadas estão interessadas em analisar os fatos junto comigo. Tenho em mim uma natureza investigativa, sempre tive interesse pelo assunto extraterrestre. Graças a Deus (olha aqui o misticismo..., consciente), meu filho filmou o que todos nós vimos. E eu nem sabia que ele tinha filmado, fui saber quando cheguei a Brasília, até lamentando não ter uma prova em mãos. Foi quando ele me contou que tinha filmado no celular! Então, surpreso, fiquei contentíssimo! Não estou querendo convencer quem quer que seja. Não tenho tempo, vontade nem disposição para esse tipo de bobagem. Pode ser qualquer coisa, mas fraude eu te asseguro que não é. Sou um homem sério! Gostaria que a Equipe UFO formulasse uma tese para esse objeto voador. A coisa paira no ar, não emite som, faz *flashes* de luz, muda de formato, some, aparece... Coisa mais estranha!"

Ricardo encerrou seu comunicado fazendo uma indagação: "Mas me diga: pessoalmente, o que você achou das fotos?".

Em particular, não poderíamos nos furtar de uma resposta objetiva. Quando lemos os relatos de Elaine, feitos no início de dezembro de 2006, depois os relatos da testemunha três semanas após os dela e sem conhecê-los, quando juntamos a esses relatos as 200 "fotos" e o filmezinho feito por seu filho, não tivemos dúvida de que o avistamento no Icaraí fora de vários UFOs. O filme realizado fora apenas um detalhe dos avistamentos, mostra uma suposta "sonda" operando no local. A natureza terrestre e a nossa tecnologia não fazem aquilo nos céus. Ricardo sabe o que viu. E quem viu foi ele e sua família, não aqueles que porventura contestem o seu avistamento e as suas evidências, que na verdade são boas.

Corroborando as nossas conclusões, recebemos do engenheiro Claudeir Covo, co-editor da *Revista UFO* e investigador científico dos mais rigorosos e conceituados do Brasil, o seu laudo sobre o Caso Icaraí, redigido em 5 de janeiro de 2007:

> "Pedro, vi o vídeo diversas vezes. Congelei alguns quadros. Os dois minutos e meio de vídeo mostram uma luz parada e piscando o tempo todo. Em certos quadros, a luz se expande, formando uma luminosidade diferente, com vários pontos luminosos ao redor do que está piscando. Também analisei os 200 quadros que o Ricardo congelou. Vários deles eu havia visto antes *[congelando o filme]*. Pela observação feita com binóculo e pelo tipo de iluminação fica descartada a hipótese de avião, helicóptero ou dirigível. Também fica descartada a hipótese de balão, por estar parado. Pena que foi filmado com celular, que tem a resolução baixa. Até o presente, trata-se de algo não identificado."

O ufólogo e escritor Roberto Beck, conselheiro especial da *Revista UFO*, fez o seguinte comentário:

> "Recebi a matéria encaminhada. Simplesmente impressionante, apesar de ter sido filmado com o celular. Se ele tivesse também batido umas fotos, talvez pudesse melhorar a definição das imagens. Salvo melhor juízo, parece que existe algo mais além da bola de luz, que se destaca..."

Cláudio Brasil, conceituado físico de universidade e consultor da *Revista UFO*, considerou que a melhor pessoa para descrever o tipo de nave em operação era o filho de Ricardo, que do posto de observação e de binóculo em punho, comentou: "Parece uma nave do tipo '*Star Wars*'". Essa definição da testemunha, que estava em condição favorável de fazê-la, é surpreendente! A visão ao binóculo era o que se tinha de melhor para definir o objeto.

Depois de ter vivido um episódio assim, é comum o observador perguntar a si mesmo: De onde eles vieram? O que estavam fazendo aqui? Por que não fazem contato direto?

Essas perguntas, talvez um ufólogo espiritualista pudesse responder. Mas a Equipe UFO, que procura fazer um exame apenas científico, na falta de provas conclusivas considera que tais questões não podem ser respondidas. Ninguém teria legitimidade para fazê-lo, senão o próprio alienígena.

Hoje, as canalizações não são reconhecidas como provas científicas, mas apenas como uma evidência muito discutível. Embora a lógica nos diga que "eles" possam ser evoluídos no aspecto moral, se considerarmos os relatos de pessoas abduzidas (algumas sob regressão hipnótica), evidência científica mais aceita, podemos dizer que "eles" estavam fazendo observações importantes aos seus propósitos, os quais podem não ser os nossos nem benéficos a nós.

Várias testemunhas deram os seus relatos, cada qual à sua maneira de ver os fatos. Alexandre Berwanger é bancário e mora em Niterói. É ele que conta:

> "Quem viu o objeto pela primeira vez foi o meu filho, Matheus, de oito anos, chamando logo a família que estava reunida no apartamento de sua avó, mãe de Ricardo e de minha esposa, Luiza Cristina. Após o alerta, fui o último a chegar. E só vi luzes alaranjadas

e vermelhas ao longe, sem chegar a uma conclusão do que via. Meus parentes já estavam havia alguns minutos admirando os objetos e dizem ter visto muito mais do que eu.

"Quando fomos embora, passeamos pela praia de Icaraí. Ela estava cheia. E vimos ainda os objetos, mas em direção contrária à da Baía de Guanabara. E é justamente para a Baía que as pessoas olham, e não para o lado contrário, onde estavam os objetos agora. Vendo aquilo no ar, comecei a dar crédito na versão de meus parentes. Apesar de os objetos estarem distantes agora, eles faziam evoluções estranhas, além de que apagavam e se iluminavam constantemente. Mas até aí, nada..., pois poderiam estar entrando atrás das nuvens e desaparecendo. Então um deles permaneceu em sua posição no alto, e o segundo se alinhou com o terceiro, que ia mais alto. A partir deste momento, comecei a achar que aquilo poderia ser um UFO, pois a trajetória do segundo, no instante anterior, não permitia alinhamento sem mudança de direção. Portanto, fazendo esse alinhamento no ar, aquilo não deveria ser um balão. Também não parecia ser um movimento de avião, porque os dois outros continuaram subindo até sumirem, enquanto o terceiro permaneceu como quê parado em sua posição. O movimento no alto tinha um comando inteligente, porque o tal objeto ficou 'parado' enquanto os outros dois se alinharam sobre ele, de forma improvável para mim se não houvesse intenção. Penso que foi um caso de UFO."

Vanda, mulher de Ricardo, ficou feliz em contribuir para esclarecer tudo:

"A impressão inicial que tive foi de estar vendo uma estrela gigante. Se estivesse na minha mão, ela teria o tamanho de uma bola de tênis. Primeiro, surgiu essa estrela que ficou parada no alto uns cinco minutos. Depois se moveu rápido em movimentos horizontais, para em seguida parar longe e ficar do tamanho de uma bolinha de gude.

"Em seguida, surgiram ao longe três estrelas menores, vermelhas. Ficaram paradas, como as 'Três Marias', de forma equidistante. Mas não permaneceram assim, se movimentaram entre elas, fazendo um triângulo equilátero. A da direita, desceu, fez um meio círculo e subiu para se posicionar no ângulo acima da base do triângulo. A que estava no meio, fez um semicírculo passou e se posicionou no topo, formando mais à direita novamente um novo triângulo equilátero. Foi um malabarismo no céu. Ficaram alguns minutos assim e sumiram na imensidão. Nesse tempo, surgiu para além da mata algo como três estrelas, do tamanho de uma 'bola de tênis'. Acendiam e apagavam na escuridão, fazendo movimentos horizontais. Depois sumiram e não voltaram mais.

"Quando tudo se acalmou, recolhemo-nos para os quartos. Esses objetos tinham surgido atrás do apartamento, na área de serviço, que dá vista para a mata. Quando estávamos no sofá, falando sobre tudo, meu marido alertou sobre um objeto que estava se movimentando e piscando luzes, mais à direita do prédio da reitoria da Universidade Federal – UFF. Ele se posicionou sobre o mar, entre as praias de Icaraí, Charitas e São Francisco. Ficou parado ali, piscando intensamente as luzes: branca, azul, amarela; e, como se estivesse jogando para fora, as luzes caíam em forma de *flash*, desaparecendo no ar.

"Nesse momento" – continuou Vanda –, "entre um pulsar e outro, consegui ver que ao fundo, como se estivesse encoberto, uma forma avermelhada de algo como um foguete que se estendia à direita e à esquerda, mais precisamente na forma de um triângulo, e ficou ali parado por tempo significativo. Eu estava ao lado de meu filho, quando ele se lembrou que tinha uma câmera no celular. Mas lamentou dizendo que 'a bateria estava fraca'. Mesmo assim, conseguimos filmar. Só temos esse filme. Além disso, não temos mais nada. Não tínhamos no momento uma câmera de mais precisão. Mas o vídeo está aí. Não há como duvidar de que vimos isso.

"Para mim, o movimento deles era inteligente. Eu não tenho como precisar isso. Ao passarem, a altura e a distância deles eram como quando passa um avião e você consegue identificar que é mesmo um avião e 'não outra coisa'. Na hora, não sentimos medo, ficamos apenas alegres, felizes e de boca-aberta com tudo o que estávamos vendo. Também não sentimos nenhuma reação corporal, nem percebemos mensagem telepática. No fim, aquilo desapareceu, não mais emitiu luzes. Assim como surgiu do nada, também sumiu no nada...

"O objeto me pareceu estar blindado na sua aparência, como envolvido em uma espécie de manto, justamente para que não fosse reconhecida a sua forma. No entanto, como eu já mencionei, entre um *flash* e outro identifiquei a forma de um triângulo. Depois disso, ficamos falando de tudo o que aconteceu. Fora algo jamais visto! Acredito que o nosso planeta é visitado por objetos que 'ainda' não querem ser identificados. Mas algum dia, não

> muito distante, eu creio que teremos surpresas, agradáveis ou não."

Allan, o jovem de 17 anos, filho do casal Ricardo e Vanda, concordou em dar o seu depoimento, falando da nave que vira nos céus:

> "Quando focalizei com o binóculo os pontos vermelhos que pareciam brincar no céu, lembrei-me na hora de uma nave que havia visto no filme *Star Wars*, pois o formato era muito semelhante, algo como um Y invertido. Pesquisei na *internet* e achei a imagem da tal nave do filme, depois te mando o desenho. Não cheguei a ponto de ver se havia algo dentro. Também não fiquei impressionado, nem cheguei a sonhar com os UFOs. Apesar de se tratar de algo realmente marcante, não me assustei e não fiquei chocado com o que vi. De há muito acredito em vida fora da Terra e sempre tive a convicção de que esses fatos se tornarão cada vez mais comuns daqui por diante. Mas, claro, fiquei muito feliz por ter presenciado um verdadeiro *show* no céu carioca e por ter a confirmação de minhas convicções."

Caro leitor, eram três famílias a passar o dia de Natal juntas: duas de Niterói e uma de Brasília. As três viram os mesmos acontecimentos. E cada qual relatou à sua maneira o que vira. Naturalmente, não fora uma ilusão, mas um fato real. O fenômeno atmosférico está totalmente descartado, como mostram os relatos e o vídeo apresentado. Também não foi uma projeção de luzes da terra aos céus, como mostra bem o vídeo. Quanto à possibilidade de ser algo produzido pelas mãos do homem, os movimentos no ar descartam qualquer tipo de balão, dirigível, helicóptero, planador ou avião. Nenhum engenho humano fica tanto tempo parado no ar, completamente silencioso, para em seguida fazer evoluções rápidas e trocar facilmente de posição no alto.

O vídeo e as imagens congeladas mostram sugestivamente a atuação de uma suposta sonda do tamanho de uma motocicleta, que na Ufologia costuma anteceder a operação de uma nave maior. Os relatos deram conta de que os objetos em evolução modificavam a luminosidade e faziam as bolas de luz se transformar em um tipo enigmático de "foguete". De modo curioso, sua forma avermelhada se estendia de um lado para outro, formando sugestivamente uma enigmática blindagem sobre um conteúdo que, ao binóculo, sugeria uma nave camuflada em forma de Y invertido, mas que, a olho nu, dava a impressão de ser um engenho triangular. Essa suposta camuflagem, por assim dizer, parecia esconder dentro de si uma presença de maior vigor.

Para definir isso tudo, não há termo melhor do que "objeto voador não identificado" – UFO. E a hipótese da pluralidade dos mundos habitados avulta aqui como a melhor das possibilidades. Por questões de segurança, temos de ressaltar que se as autoridades responsáveis pelo controle do espaço aéreo não consideram isso importante para tomar providências e investigar os UFOs, então só nos resta dizer que elas podem estar incorrendo num grave erro, pois as revoadas se deram na borda do aeroporto do Rio de Janeiro, um dos mais movimentados do mundo, dentro de zona densamente povoada.

39

Palavras da Testemunha

O Caso Icaraí ensejava alguns esclarecimentos finais para concluírmos. Sugerimos ao Ricardo Mello uma entrevista e ele prontamente concordou:

Campos – *Ricardo, vamos recapitular um pouco. Quem viu o objeto pela primeira vez e como isso aconteceu?*

Ricardo Mello – Naquela noite, entre 20 horas e 21h30, além desse objeto que filmamos foram vistos vários objetos nos céus. No local, além de mim estavam também minha mulher e meu filho, minha mãe, irmã, seu marido e filho. A primeira pessoa a ver algo estranho no céu foi meu sobrinho, de 8 anos. Ele estava na área de serviço do apartamento, que dá frente para um morro, distante uns 50 m do edifício. Estávamos todos na copa-cozinha, afinal de contas, no dia de Natal o divertimento é comer, comer, comer... Ele chamou a avó para saber o que eram aquelas luzes coloridas em cima do morro. Esse morro é coberto de vegetação, com muitas árvores altas, antigas, e do outro lado tem um hospital. Claro que o alerta dele soou para todos. Então corremos para a área de serviço, numa janela grande que facilitava a visão. O apartamento fica acima do 10º andar. Então vimos pontos luminosos no céu, acima do morro, fazendo deslocamentos na direção horizontal.

Como eram esses pontos luminosos?

Eles tinham o formato de um círculo de luz, pequeno, na cor vermelha, outro era verde, como se fosse uma lanterna. Passavam lentamente sobre o morro. A copa das árvores dificultava um pouco a identificação. Às vezes, é comum passarem helicópteros por ali, para pouso no heliporto do hospital. Mas posso afirmar que não eram helicópteros, não havia som. Pelo contrário, era tudo silêncio. Além disso, essas luzes coloridas não emitiam piscas, comuns em aeronaves. Descartei a hipótese avião ou helicóptero. Fiquei na dúvida se era um festival de balões (mas no dia de Natal?!). Não sei..., os cariocas continuam com esse mau costume de balões.

O correu algum fato curioso, fora do comum durante o avistamento?

Lembro-me que de repente surgiu um clarão atrás do morro, parecia relâmpago, mas a noite estava estrelada e não ouvíamos trovão nenhum. Outra coisa muito esquisita que se repetiu umas quatro ou 5 vezes, inclusive no momento em que víamos a "sonda" mostrada no filme, foi que passou voando em frente à janela um grupo de aves brancas, com asas enormes! Não estavam planando como as gaivotas, comuns na região, mas batiam as asas, lentamente. Seriam garças? Caramba, devo estar viajando na maionese...

Mas o que houve em seguida?

Ficamos olhando o céu, ainda na área de serviço. E vimos, em outro ponto distante, três luzes vermelhas, semelhantes a estrelas, fazendo movimentos lentos. Minha mulher chegou a comentar que em determinado momento elas formaram um triângulo, com os vértices alternando. Eu achei que eram três objetos distintos, fazendo mudanças de posição. Não vi um quarto objeto. Também notamos, apenas no objeto do vídeo, que descia da "sonda" um ponto luminoso fraco, na cor branca, como se estivesse caindo, provavelmente no mar. Talvez tenha dado para ver isso porque ele ficou praticamente parado, num ponto bem próximo.

E como a luz foi embora? Aconteceu algo mais depois?

Depois de alguns minutos, parou tudo. Então minha irmã, meu cunhado e meu sobrinho se despediram, eles moram perto, nas redondezas. Enquanto conversávamos, tentando achar uma explicação para as luzes, tocou o telefone. Era minha irmã no celular, avisando que eles estavam no calçadão da praia de Icaraí e continuavam a ver os objetos, luzes brancas acima do nosso edifício. Então corri para a área de serviço, mas não vi nada!

Talvez a sua posição dentro do edifício não fosse tão boa quanto à dela, lá fora no calçadão. E a sonda agora estava sobre o seu prédio, talvez difícil de ver pela área de serviço. A coincidência aqui é grande, justamente sobre quem a observava! O que te sugere isso? De observadores, passaram a ser os observados? A "luz" agora estaria querendo estudar vocês?

Esse raciocínio faz sentido.

Seu filho filmou uma parte do evento e você não sabia disso, foi assim mesmo?

Foi! Alguns minutos depois, sentado no quarto que dá frente para a praia, conversando com minha mulher e meu filho, de repente um *flash* piscando no céu me chamou a atenção. Então, novamente, soou o alerta geral na casa! Eu corri para o outro quarto, também de frente para a praia, procurando melhor visão. Então ficaram minha mulher e meu filho num quarto, e eu e minha mãe no outro, por esse motivo eu não sabia que ele tinha feito aquela curta filmagem. Com relação a isso, quero registrar aqui a minha impressão no momento. Por que não pensei em filmar, fotografar? Pode parecer idiotice minha, mas a sensação era de que tinha tanta gente vendo esse objeto, os moradores dos edifícios da praia e as pessoas da rua, que com certeza alguém já tinha filmado isso para o Jornal Nacional. Se bem que a minha câmera fotográfica tinha ficado esquecida em Brasília, e para mim nada adiantaria... Por sorte, os nossos filhos são exigentes em tecnologia de ponta e mais espertos que nós. Bem, o filminho foi feito pelo Allan! E vocês podem agora apreciá-lo, ao que pese a baixa resolução do celular.

Olhando aquilo no céu, o que você achou que era? Teve ideia de tamanho e distância?

Sinceramente, desde o primeiro momento tive a certeza de que eram UFOs, nada que conheço é como aquilo. Além disso, acredito em vida extraterrestre, já vi outros UFOs anteriormente. Meu palpite é que o objeto do vídeo tinha o tamanho de uma motocicleta, por esse motivo o chamei de sonda. Para mim, não era uma nave tripulada, devido ao tamanho. Pode ser uma bobagem esta conclusão, pois não se sabe o tamanho que tem um alienígena. Quanto à distância, no prédio nós estávamos a uns 35m de altura, calculo que a distância do objeto era de uns 4 km e sua altitude de uns 350m.

Se o morro fica uns 50m do prédio e se o objeto estava por sobre o morro, essa estimativa de uns 4 km de distância não seria excessiva?

Referi-me ao objeto do vídeo, visto a partir das janelas dos cômodos do apartamento que tem frente para o mar. Os demais foram vistos na área de serviço, na parte detrás do apartamento, que tem o morro próximo. De qualquer modo, é muito difícil precisar a distância e altitude, pois no céu não temos um ponto referencial para comparação, ainda mais quando não se sabe o que é o objeto, qual o seu tamanho real. Como a praia de Icaraí tem cerca de 2 km, fiz uma estimativa da distância em linha reta.

Houve alguma reação no corpo de alguém, tipo ardência na pele ou nos olhos, alguma sensibilidade telepática ou vontade súbita de ir a algum lugar?

Não, nada mais! Apenas o áudio do vídeo, que retirei para manter a nossa privacidade, captou um som, como de um grito. Achei bastante estranho este fato, pois não me lembro de ter alguém gritando. Mas meu filho disse que havia crianças brincando no edifício. Fora isso, nada mais... Então escutei novamente o vídeo. Parece mesmo grito de criança jogando bola. Tem uma quadra no edifício ao lado, mas não me lembro de ter visto alguém jogando bola ali.

Quero confirmar com você se a nave foi embora ou desapareceu? E para finalizar, o que você imagina disso tudo?

A nave desapareceu! Presenciamos algo fora do comum. Pessoalmente, acho que fui agraciado com esse avistamento, foi um espetáculo bonito de se ver. Sem dúvida, estamos sendo visitados por alguma inteligência externa, que possui tecnologia superior à nossa. Significa simplesmente o início de uma quebra de paradigma para a sociedade atual: existe vida extraterrestre! As consequências dessa nova realidade e o como isso irá modificar a nossa vida, ainda não sabemos.

40

Icaraí — o incidente não acabou

O que aconteceu nos dias seguintes ao Caso Icaraí foi algo inesperado. Com surpresa, constatamos que muitos já tinham visto o Fenômeno UFO em Niterói. De modo semelhante a quando ocorre um "apagão" no bairro, quando todos ficam à espera da energia voltar naturalmente, sem ligar para a operadora, assim também aconteceu com os UFOs: ninguém deu o alarme, ninguém avisou as autoridades. Foi o que aconteceu em Icaraí.

De início, uns ficaram em dúvida; outros acharam que a tevê daria em seus jornais e nada precisava ser feito; cada qual guardou para si o avistamento. Quando muito, falou a alguém mais próximo, sem alardear o caso. Mas a coisa mudou quando resolvemos pesquisar e tirar tudo a limpo. Para isso, contamos com a ajuda de várias testemunhas. Vamos mostrar aqui como foi esse "dia seguinte".

Quando a *Revista UFO* colocou em seu *site* o filminho do UFO piscando no alto, então começou a chover novos relatos. Foi incrível como aquele filminho curto ajudou o público a entender o insólito. Ele estimulou as pessoas do Rio de Janeiro a olharem os céus e a falarem do assunto.

De fato, as aparições em Niterói precisavam ser discutidas. E o debate foi estimulado ainda mais com os eventos ufológicos realizados no Rio. Neles, o assunto voltou à baila na tentativa de entender-se o que são essas luzes que trafegam em silêncio nos céus, aparentando um comando inteligente, sem que delas saibamos quase nada.

Em 5 de fevereiro de 2007, recebemos um comunicado de Marcelo, morador de Itaipuaçu-Maricá, na divisa do município de Niterói. A testemunha informava que em frente à sua casa está a Serra da Tiririca, e que naquela direção ocorreu o avistamento. "Não sei precisar as datas, mas o que vou relatar ocorreu no espaço de 20 dias, entre 25/12/06 e 15/01/07", contou. Foram duas aparições de um sugestivo UFO.

Na primeira vez, a testemunha estava na varanda de sua casa e viu um ponto luminoso forte, próximo à Serra da Tiririca. De início, pensou que fosse um balão, mas reparou que a luz ficava parada no ar e sua luminosidade alterava. Não lhe parecia ser uma estrela, porque a altitude não era tão grande. Então resolveu ir ao gramado, para ver melhor. Foi quando saiu da luz algo parecido a "pingos de luz". Diferente de tudo, os "pingos" ficaram flutuando, abaixo da luz maior, mas próximos a ela. E aquelas luminescências continuaram a pairar no alto, por certo tempo, espalhando-se depois em velocidade, até sumirem.

> "A luz maior oscilava no alto e começou a mover-se em lances curtos, horizontais, balançando à direita e à esquerda. Então parou novamente e ficou quieta. Foi quando resolvi acordar um amigo para também ver aquilo. Mas quando voltei, já não estava mais ali: tinha sumido!", contou Marcelo.

O segundo avistamento de Marcelo foi em janeiro de 2007, no mesmo espaço aéreo já descrito. Quando avistou a luz estava dentro do carro, viajando, distante de sua casa uns três quilômetros. O amigo, que na vez anterior dormia, agora estava dirigindo, vendo tudo.

> "Cheguei a dizer para encostar o carro e filmarmos com o celular, mas ele não acreditou que fosse um UFO e, como estava dirigindo, foi em frente zombando, mas considerou que íamos chegar logo e daria para filmar".

Os dois seguiram viagem e foram observando a luz que parecia parada no céu. Às vezes trocava de cor, nitidamente para vermelho, alterava também o brilho e fazia *flashes*. Então o amigo, muito cético, começou a perceber que Marcelo tinha razão, considerando que poderia ser um UFO. Quando o carro entrou na rua de casa, eles viram várias pessoas conversando na calçada e pensaram que todos estavam vendo a exibição do UFO. Mas quando olharam de novo para o céu, a luz tinha sumido.

As duas aparições ocorreram entre 19h30 e 21h30, o que pode haver alguma conexão com o Caso Icaraí, já que o horário era o mesmo, as condições ocorrentes eram semelhantes e esse bairro fica apenas uns 20 a 25 minutos de carro (considerando o trânsito), distante uns 16 quilômetros do local. Embora Marcelo tenha ficado atento nas noites seguintes, nada mais aconteceu ali. "O que me impressiona é que havia pessoas na rua e ninguém reparou no que acontecia lá em cima", finalizou a testemunha.

O Fenômeno UFO já vem ocorrendo em Icaraí há muito. Os alienígenas já estiveram ali antes. As testemunhas do Caso Trindade, registrado por Almiro Baraúna, eram todas participantes do Clube de Caça Submarina de Icaraí. Mas foi o Caso Feteira que nos despertou maior atenção, em razão da semelhança. O doutor Olavo Fontes se encarregou de pesquisar a ocorrência e de mandá-la aos Estados Unidos, para análise. O doutor Fontes relatou que o industrial Raul Feteira com a esposa, as filhas e o futuro genro, Homero Moreira de Freitas, funcionário público federal, testemunharam um caso intrigante em Icaraí.

Feteira contou que em 21 de março de 1966, às 20h35, da janela de seu apartamento na Praia de Icaraí, nº 177, Niterói, ele e sua família avistaram o voo de um estranho objeto luminoso, por sobre o morro da Boa Viagem. O objeto de brilho incandescente era iluminado por várias luzes brancas. Sua forma oval parecia estar dentro de um círculo. Entretanto, a olho nu, eles não podiam ver detalhes de um estranho corpo que estava no centro do círculo.

> "Mas o Homero e o motorista da caminhonete de minha filha, usando binóculos, podiam ver uma forma cônica, aplainada no alto, dentro do círculo", contou o industrial.

Eles pensaram que fosse um balão, incomum. Mas a total imobilidade do objeto era estranha, diante do vento forte que soprava do mar. Então, de súbito, todas as luzes brancas mudaram instantaneamente para vermelho-sangue. E o objeto começou a mover-se para a esquerda, subindo na direção das torres de tevê, no alto do morro Sumaré, Rio de Janeiro, no outro lado da Baía de Guanabara.

Foi então que o UFO parou no alto subitamente e inverteu todo o curso, vindo para trás, em velocidade, até parar sobre o morro, na sua posição inicial de partida. Por alguns segundos, as luzes brancas giraram em torno de si mesmas, mudaram de cor para vermelho e finalmente ficaram sem aquele brilho intenso. Minutos depois, o UFO começou a mover-se para a direita, em alta velocidade no sentido horizontal. Então acelerou e subiu, desaparecendo em segundos.

> "Era silencioso, diferente dos aviões que logo foram ouvidos por nós, os quais vieram à nossa vista com suas luzes peculiares, voando em direção ao UFO, que nessa hora já estava sumindo de vista", contou Feteira.

O industrial e sua família consideraram que aquilo não podia ser um balão, por causa da mudança repentina na cor das luzes e pelos movimentos repentinos em alta velocidade, à esquerda e à direita. Um avião ou uma formação não voa silenciosamente e não pode pairar imóvel no alto, por vários minutos.

> "Além disso, as luzes do avião nunca estão posicionadas em um círculo perfeito, como aquelas. Todas essas coisas indicam que o objeto que vimos, por 15 minutos, era algum tipo muito intrigante de objeto voador", finalizou.

Cerca de 40 anos depois, os UFOs voltaram a revoar o local. E por certo, o mais importante para os moradores são os fenômenos vividos hoje, "dentro de casa", por assim dizer. O que se passa nos países lá fora deve ser conhecido, mas as ocorrências internas, além das notícias nos meios de comunicação, devem ser investigadas a fundo.

Corroborando isso, o doutor Celso Ferrarezi Júnior, da Universidade Federal de Rondônia, após conhecer o Caso Icaraí interessou-se pelas imagens e disse que olhando rapidamente o material, chamou-lhe a atenção a foto 40. "Achei que não se tratava de um único objeto, mas de três", considerou.

Então submeteu a foto a exame: primeiro fez um recorte da parte central em que o(s) objeto(s) aparece(m); segundo, uma inversão para duas cores, reforçando os contornos; terceiro, uma regularização de *pixels* e; quarto, um pequeno aumento de nitidez.

O resultado foi interessante.

> "Aparentemente, temos três objetos de mesmo formato, delineei isso na foto 40a. Um deles, com *flash* abaixo e à frente, outro, sem *flash*, acima e à frente – e por essa razão, menos nítido – e um terceiro, que aparece parcialmente atrás dos dois primeiros, não dando aí para ver se com *flash* ou sem ele".

Levando-se em conta que o tratamento fora apenas de cor e nitidez, o resultado fora relevante.

> "Um equipamento especial poderia mostrar mais detalhes da exposição. Realmente, o material é bem interessante", finalizou.

Ferrarezi ilustrou o seu parecer com as fotos examinadas. Particularmente, precisávamos saber das impressões da testemunha principal do Caso Icaraí, Luiz Ricardo Mello, responsável pelo filme e pelo congelamento das imagens. Então mandamos o trabalho de Ferrarezi para Brasília, onde moram algumas das testemunhas.

A análise de Rondônia era exclusivamente da sonda filmada com o celular; Ferrarezi não vira o UFO como a família Mello.

> "Em minha opinião – disse Ricardo – foi apenas uma nave. As imagens 181 e 184 mostram bem um objeto

> visto por baixo, em formato de hexágono, circundado por seis luzes. Essas luzes alternavam a intensidade, ocasionando o efeito *flash*, piscando".

E ele mostrou as imagens para ilustrar sua opinião.

Por certo, não se deve esperar algo mais conclusivo das imagens de Icaraí. A nitidez do filme, com câmera de celular, não permitia algo melhor. E o exame especializado só aprofunda quando geralmente há outros fatores envolvidos, como, por exemplo, contato de 3º grau, evento de abdução etc. Nesses casos, o impacto é maior. Por força de lei, o sequestro é crime grave, devendo ser investigado. Hoje, ninguém vai à delegacia dizer que viu um UFO. Isso é coisa do passado e só traz dor de cabeça à testemunha. Os ufólogos, por sua vez, procuram ajudar. E não são poucas as pessoas que já tiveram um avistamento contundente, sem que as autoridades movessem uma palha. Aos ufólogos, resta investigar os fatos, divulgar as ocorrências, cobrar ações do governo e denunciar irregularidades. Por trás da fachada pública dos órgãos oficiais, esconde-se nos arquivos algo deveras preocupante. O esforço dos ufólogos é dar ao público a verdade dos fatos.

A 8 de fevereiro de 2007, recebemos do ufólogo Fernando de Aragão Ramalho, de Brasília, um comunicado que mostra a investigação realizada por um oficial especialista do governo, denotando possível ambiguidade das autoridades:

> "Amigos da Equipe UFO e da Comissão Brasileira de Ufólogos (CBU) – dizia ele –, eis aqui mais uma história mostrando que os militares da Força Aérea Brasileira (FAB) poderiam estar escondendo a verdade quando nos disseram em Brasília que não investigavam a fundo os UFOs, pois esse tipo de investigação deve ocorrer ainda hoje."

Conforme Ramalho, o caso dava conta de que a testemunha fora visitada por um autêntico "Homem de Preto" (MIB). E o ufólogo diz ser curioso que quando a Comissão esteve no Comdabra, em 20 de maio de 2005, os oficiais da FAB, antes de mostrarem alguns arquivos, disseram não ter ninguém trabalhando na investigação dos UFOs. Ramalho mandou-nos o relato original da testemunha, mostrando que os atos diferem das palavras.

Laerte Aguiar, hoje morador de Niterói, interessado no Caso Icaraí, testemunhou tempos atrás um caso intrigante. Numa triangulação, nós também conversamos com Aguiar, o qual fez questão de contar detalhes do caso e pediu que fosse publicado:

> "Quando eu morava em Brasília – Guará I, QE 7, Bloco K, apto. 202 – tive um avistamento privilegiado, porque o local de observação era excelente e o céu estava todo azul, sem nenhum tipo de nuvem. Também não havia poluição nem qualquer ruído ambiente".

Laerte contou-nos que era então junho de 1982, às 5h30 da manhã, quando avistara um objeto como se fosse de alumínio fosco, no formato de um ovo grande, mas com a parte traseira aberta e mostrando uma boca enorme. Dessa abertura, saíam dois tubos iguais a foguetes embutidos dentro da nave. O objeto não fazia nenhum barulho nem deixava rastros de fumaça. Sua rota era totalmente diversa da dos aviões para o aeroporto de Brasília. Tinha uma velocidade muito superior à de avião a jato. O ponto de observação fora a janela de seu quarto, que estava completamente aberta. O objeto seguia em linha reta, não nivelando no horizonte como fazem os aviões, mas subindo como se fosse "furando o céu", segundo ele. Sua esposa estava dormindo e não deu para chamá-la. O tempo de observação fora de apenas uns 12 segundos, segundo os seus cálculos. Depois, aquilo foi ficando redondo, do tamanho de uma bola de tênis, e sumiu.

Após esse evento, Laerte ficou com o estado emocional meio abalado. Quando chegou ao serviço, em Brasília, comentou com seu chefe e outros colegas de trabalho. Eles lhe aconselharam a telefonar para o Comando Aéreo de Brasília. Pelo telefone, Laerte foi atendido por uma pessoa muito gentil, que o escutou cuidadosamente. Após algumas semanas, ele recebeu em seu apartamento a visita de um senhor de boa aparência, que se identificou. Laerte convidou o sujeito a entrar, e os dois ficaram na sala conversando. A primeira pergunta veio pouco depois. O indivíduo quis saber de que lugar do apartamento ele houvera visto o objeto.

Laerte mostrou e descreveu, passo a passo, todo o ocorrido. De súbito, o homem abriu uma pasta e retirou papel e caneta, pedindo para a testemunha desenhar o que vira. Depois, ambos ficaram conversando, e o homem repetiu a mesma coisa: abriu a pasta, tirou papel e caneta e pediu-lhe novamente para desenhar o objeto.

> "Finalmente, o investigador tirou do bolso uma placa de acrílico, com vários furos e tamanhos variados, todos em forma de ovo, e me pediu que apontasse qual deles eu tinha visto. Tinha uma escala graduada e, pela minha indicação, tratava-se de uma nave muito grande. Quando o homem se retirou, disse-me: 'Nós ainda vamos nos encontrar'. A partir daí, não avistei mais nada de anormal no céu, nem vi mais o tal homem", finalizou Laerte.

Para Ramalho, esse testemunho, mostrando a atuação investigativa ao estilo Homens de Preto (MIB), deixa claro que o povo conta a verdade, fala o que viu, desenha no papel e relata os fatos presenciados, mesmo que as autoridades insistam na velha ambiguidade de fingir uma coisa e fazer outra. O MIB em questão era um agente do governo brasileiro. E Laerte estava disposto a repetir tudo em qualquer ambiente legal.

Dentre os relatos de Niterói, há os de Ricardo Pereira, que disse ter chamado a sua atenção o texto sobre a revoada de UFOs na Praia de Icaraí. Ele é morador de Niterói e já teve a oportunidade de ver fenômenos semelhantes, embora não em grande profusão. A primeira vez em que viu algo parecido foi em 2005. Estava então com sua filha, que na ocasião tinha uns 10 anos, sentado na beira do calçadão, por volta das 19 horas.

Os dois viram, acima do Forte do Pico e, mais abaixo, sobre a Fortaleza Santa Cruz, uns pontos luminosos que piscavam muito. Essas luzes se moveram lateralmente, sumindo depois, para em seguida reaparecerem mais adiante, fazendo um movimento irregular, que não se assemelhava ao de avião, helicóptero ou balão. Isso ocorreu pelo menos duas vezes.

Em 2006, num domingo, ao entardecer, naquela mesma praia, mas desta vez com a presença também de sua esposa, enquanto caminhavam na areia apreciando o pôr do sol, notaram um estranho objeto, muito brilhante, que parecia refletir luz, pois era de cor laranja, muito viva. O objeto se movimentava em direção às montanhas do Rio de Janeiro, mais para o lado da Pedra da Gávea, numa rota que não tem relação nenhuma com a usual dos aviões do aeroporto Santos Dumont. Além disso, a forma do objeto era esticada, lembrando um charuto. Por uns 10 minutos, eles ficaram apreciando o movimento, muito vagaroso, até que o UFO desapareceu atrás das montanhas.

Em outra ocasião, pelos dias três ou 4 de janeiro de 2007, no bairro do Fonseca, onde mora Pereira, igualmente em Niterói, ele observou da varanda de casa, sobre os morros no fim da rua, um objeto que soltava *flashes* de luz branca, como se fossem estrelas pequenas, acendendo e apagando rapidamente. Não havia deslocamento do objeto. O UFO ficava ali, parado, emitindo flashes para baixo e para os lados.

Pereira imaginou estar vendo um balão, mas além de não ser época de balões, o fenômeno luminoso terminou repentinamente, sem que ele pudesse ver a luz da bucha, comum em todos os balões. As tochas são geralmente bastante visíveis, mesmo quando os balões disparam fogos de artifício. Além disso, os fogos são barulhentos, bem ao contrário daquele objeto avistado, totalmente silencioso.

Em janeiro de 2007, desta vez em São Gonçalo, cidade próxima a Niterói, ele presenciou, do ponto de ônibus, um fenômeno semelhante ao anterior, com a diferença que, ao término dos flashes, apareceu uma luz branca e forte, totalmente parada no céu, por uns cinco minutos; aí o ônibus chegou e ele teve de partir.

> "Tenho certeza de que as outras pessoas no ponto também viram o fenômeno, mas ninguém fez comentário nenhum. Minha intenção, ao relatar isso, é apenas contribuir, confirmando que a casuística ufológica prossegue aqui em Niterói. A impressão que tenho é que estamos cada vez mais próximos de um importante acontecimento em relação aos UFOs. Só espero que isso tenha resultado positivo para a humanidade", finalizou a testemunha.

Alguns dias depois, para sua surpresa, Pereira voltou a ver o UFO e rapidamente contou-nos:

> "Neste domingo, 4 de fevereiro 2007, quando cheguei à minha casa, observei o mesmo fenômeno luminoso que já descrevi. Amigo, a coisa continua em Niterói. Mistério!"

E o mistério parece não ter fim. Enquanto as autoridades investigam às escondidas, insistindo em tratar o Fenômeno UFO como coisa que deve ser encoberta, evento que ninguém viu e ninguém sabe... o povo, por sua vez, que nada investigou, aceita os testemunhos sérios e forma sua opinião.

Depois de reunir as provas testemunhais do Caso Icaraí e de observar a insistência cética de alguns, fiquei convencido de que a testemunha principal, Ricardo Mello, tem razão ao afirmar hoje:

> "Se naquela noite de Natal eu tivesse em mãos uma câmera fotográfica de alta resolução, com certeza o resultado seria considerado por alguns como mais uma 'foto impressionante', das muitas já existentes, sujeita à crítica e à descrença. Tenho a nítida impressão de que os UFOs que vi, queriam ser vistos! E vou mais além: fizeram até certo esforço para chamar a nossa atenção!"

Isso nada tem a ver com crença, ilusão ou impostura. Trata-se de fatos que precisam ser investigados. E não ficar somente naquela justificativa já batida e rebatida de que "não é nada", como se algum figurão do cenário oficial soubesse mesmo do quê está falando.

Conforme apurado, o Fenômeno UFO continua ocorrendo naquela zona densamente povoada do Rio de Janeiro. As testemunhas ouvidas alternam depoimentos que vão desde a frieza racional até a emoção acentuada. Sem a frieza, a lucidez se apaga. E sem a emoção, o entendimento se arrasta, porque tira dele a sensibilidade humana para captar o impalpável. Não fosse essa alternância, Icaraí seria como aqueles casos "cientificamente" estudados, que nem mesmo os militares do acobertamento conseguem ler o que escreveram, para alegria das baratas de arquivo. Não obstante isso, o caso requer investigação especializada de quem detém nas mãos o poder público de segurança.

Não é por acaso que o estudo da teleportação física tem monopolizado a atenção de alguns países para entender o Fenômeno UFO. Em 8 de fevereiro de 2007, o leitor Ricardo Romano fez uma reflexão de suma importância. Ele disse que se os alienígenas são tangíveis, então, além de considerarmos a materialização de formas fugazes oriundas de outra dimensão, poderíamos também considerar que "eles" sejam físicos, vindos de mundos tridimensionais, como o nosso. Afinal, isso estaria em consonância com as novas descobertas científicas, relativas às várias dimensões do espaço-tempo e aos universos paralelos. Porque, para chegarem aqui, os alienígenas atravessariam o universo viajando através dos Buracos de Minhoca *[Wormholes]*. E pergunta: "É possível está hipótese?"

O raciocínio de Romano tem uma linha moderna de interpretação do Fenômeno UFO. Não somente é possível, como também é muito promissora. De modo apenas científico, essa hipótese é a "menos medíocre" para explicar a vinda à Terra de criaturas sólidas, como as capturadas em Roswell e Varginha, as quais estariam vivendo em outros sistemas estelares, distantes miríades de anos-luz. Esse tema foi desenvolvido em dois dos nossos livros, *Um vermelho encarnado no céu* e *Os escolhidos*. O "como eles chegam aqui" é um mistério de estudo fascinante, e a teleportação surge como possibilidade plausível.

De fato, o Laboratório da Força Aérea dos Estados Unidos (USAF) veio a público, em agosto de 2004, dando conta de seus experimentos. Para demonstrar isso, colocou na internet um relatório de 88 páginas, mostrando que a teleportação não somente é possível, mas pode ser controlada em laboratório. Investimentos de milhões de dólares estão em andamento para desvendar os segredos dessa viagem insólita.

O tema "teletransporte" não é bom só porque os artistas fazem desenhos muito bonitos, mostrando as várias dimensões apregoadas pela Teoria das Supercordas; nem porque os escritores conseguem grandes tiradas de pensamento, fazendo os leitores viajarem para outras dimensões do espaço-tempo; – mas porque a teleportação é corroborada com experiências de laboratório, notadamente nos Estados Unidos, embora a China e a Rússia também as façam de modo velado.

Até agora, a divulgação da USAF não caiu no domínio público, porque a teoria é científica demais, cheia de termos técnicos e de fórmulas matemáticas. Mas quando alguém tirar um "extrato" daquele material, coisa que dê para o público ler e entender, então a importância do teletransporte pode mudar. O que hoje não se entende, a teleportação pelos Buracos de Minhoca talvez possa resolver. O saber decorrente daquele estudo pode ser água fresca que brota da fonte, com o propósito sutil de saciar a sede de quem navega nas águas agitadas da Ufologia.

Outros leitores nos pediram um entendimento do moderno espiritualismo para tais fenômenos no céu. Não nos furtamos a isso. Ao redor da Terra há muitas colônias espirituais, onde vivem os espíritos desencarnados. São esses espíritos de homens e mulheres do além-vida que contatamos nos

Centros Espíritas. Tais contatos foram alvos da Doutrina Espírita, codificada por Allan Kardec. Mas, além dessa vivência nas colônias espirituais, os espíritos registraram também que há no cosmos uma pluralidade de mundos habitados. E de fato, as ocorrências do Fenômeno UFO nos dão mostras de que ele é verdadeiro.

Ao redor dos orbes aparentemente sem vida do nosso sistema solar e nas profundezas etéreas do cosmos postula-se haver uma quantidade enorme de vida, em estado encarnado, vivendo num regime de pluralidade das existências. Conforme registra a Doutrina Espírita, a vida ali se desenrola em corpos de massa rarefeita, numa composição corpórea diferente da nossa, sutil e imperceptível aos nossos olhos. Kardec falou disso em sua obra, mas não desenvolveu o tema de modo amplo, porque em sua época os tempos científicos eram outros.

A Era Moderna da Ufologia viria surgir 90 anos depois do Espiritismo, confirmando os registros doutrinários. Os detalhes práticos desse tipo de vida, obtidos por meio de contatos que vão desde o grau mais simples até o mais complexo, vieram com o advento da Ufologia. Mas, de modo geral, os divulgadores espíritas não se prenderam a esses desenvolvimentos, preferindo ficar retidos à parte religiosa da Doutrina, sem darem muita importância ao aspecto científico inerente aos contatos. Os místicos subestimaram os científicos, considerando-os como uma espécie de "mal necessário", fato que desequilibrou o entendimento da vida em outros mundos, com dados relativamente positivos.

Hoje, não são poucos dentro do meio espírita que resistem aceitar o Fenômeno UFO como verídico, de provável procedência ET. Há grande dificuldade, também, para entender e aceitar a encarnação menos material em outras esferas do cosmos, atribuindo tudo a um subproduto da esfera espiritual.

E isso não ocorre sem razão. Os nossos órgãos sensoriais não estão equipados para captarem vibrações em estado "menos material", não estão suficientemente desenvolvidos para isso. A mediunidade, por sua vez, capta muito pouco desses seres; e não é incomum vermos médiuns caírem em desgraça, após o cometimento de erros interpretativos.

A fascinação pelo desconhecido e a obsessão desenfreada colocam alguns sensitivos à mercê de uma suposta entidade "elevada e amorosa", que os aniquila contrariando essa qualificação dada *a priori*, apenas pelo sentimento íntimo, porque suas previsões de contato efetivo não redundam em fatos. Considerando-se o Fenômeno UFO como evento de natureza inteligente, produzido por seres incomuns, por certo "eles" devem estar lá em cima rindo ou chorando com tais interpretações equivocadas de nossa parte.

Ao varrerem os céus a todo instante com naves que não podemos ver, talvez estejam nos observando de lá como se fôssemos aqui um admirável zoológico. Nesses passeios celestes, ao captarem os nossos pensamentos, talvez acenem aos nossos olhos com o espocar de luzes, "confirmando", assim, apenas aos que a "eles" estejam ligados, as suas misteriosas existências.

Não se descarta, também, a hipótese de estarem fazendo uma legítima "atividade de bastidor", ajudando-nos de modo oculto a resolver os males gerados pelo próprio homem, que tem comprometido a vida no planeta com guerras, experiências nocivas à vida e destruição da natureza. Dentre as hipóteses, a interpretação correta do que sejam "eles" só o tempo dirá, quando a criatura disser por si só a que veio, então haverá certeza e legitimidade. Até lá, é preciso esperar.

41

UFO no Forte Itaipu – a verdade histórica

Conheci o Forte Itaipu quando era criança, lembro-me pouco da ocasião. Fui levado ao Forte por meu pai, Arcílio de Campos, que era da classe de 1922 e durante os anos da Segunda Grande Guerra servira em Itu, interior de São Paulo. Ele, como nadador do Clube Esportivo da Penha (época em que a piscina era no rio Tietê), tinha um físico adequado e foi posto no regimento de cavalaria do Exército, tornando-se exímio cavaleiro. Nos anos de 1940-45, a artilharia pesada do Exército (principalmente canhões) era puxada a cavalo; Arcílio fazia parte desse serviço, mas na hora do treinamento era artilheiro apontador. Fez ali muitas amizades, que continuaram após a guerra.

Lembro-me de que por volta de 1955 fomos ao litoral paulista e ficamos hospedados na Pensão Santos, entre as praias do José Menino e Gonzaga, na cidade de Santos. Depois, atravessamos a ponte Pênsil (então de madeira e mão única) e chegamos ao nosso destino. O hoje moderno Boqueirão da Praia Grande era então um local vazio: apenas muito mato e umas barraquinhas de madeira na praia, onde tomei uma "raspadinha" (groselha com gelo raspado).

Meu pai mostrou-me, cheio de orgulho, uma sequência de canhões do Forte. Mas ele não podia imaginar (e eu menos ainda) que ocorreria ali um fato intrigante, dois anos depois: o Forte seria sobrevoado por um Disco Voador! Foi essa a razão do meu interesse pelo Caso Forte Itaipu. Vou mostrá-lo aqui, de modo resumido, como cientificamente é apresentado para estudos e interpretações.

Local da ocorrência: Fortaleza Itaipu – 6º Grupo de Artilharia de Costa Motorizado (6º CACosM) José Bonifácio. – Endereço: Av. Marechal Mallet, 01 – Bairro: Canto Forte – Cidade: Praia Grande (SP) – CEP 11700-900 – Tel.: (13) 473-2511.

Data: 4 de novembro de 1957, às 2h da manhã.

Informante: Major Donald E. Keyhoe, da U. S. Marine Corps, Estados Unidos; diretor do Comitê Nacional de Investigação sobre Fenômenos Aéreos (NICAP), o qual fala de prova existente no Department of the Air Force – USAF [PDF Mufon – p. 459 da Academia e 8/99 do Pdf] – 10 dec 1970, além de divulgar o fato em seu livro, citado a seguir.

Divulgação: Livro: *Alines From Space*, Doubleday & Company, USA, 1973 (ed. no Brasil: *A verdade sobre os discos voadores*, São Paulo, Global, 1977, p. 29-32, 296), de autoria do major Keyhoe, e suas conferências pessoais nos Estados Unidos e outros países.

Corroboração: Professor Flávio A. Pereira, em *O livro vermelho dos discos voadores*, São Paulo, Florença, 1966, p.394-396, que traz a teoria de Olavo Fontes, *UFO Weapons – Comments on Technocal Aspects Involved* – APRO Bulletin, e aplicação de Coral Lorenzen, publicada em seu Catálogo, *The Great Flying Saucers Hoax*, 1962 (bom relato sobre a hipótese de qual teria sido a arma usada no Forte Itaipu contra as sentinelas, não tratada na descrição a seguir).

Descrição testemunhal: Parecia uma estrela bem alta; aumentou de tamanho e de brilho; desceu velozmente; reduziu a velocidade à altura de 300 metros; tinha forma circular e brilho alaranjado; objeto com 30 metros de diâmetro; estava sob controle preciso de manobra; desceu e parou silencioso a 15 metros acima do Forte; as duas sentinelas, iluminadas pela luz amarela, ficaram paralisadas de medo; cada um dos dois soldados tinha uma submetralhadora, mas nenhum deles pensou em atirar nem em soar o alarme; fez-se um forte zumbido no local, como de um gerador de força saindo do disco parado sobre o Forte; uma onda de calor repentina, sem chama e sem nenhum raio visível [calor de micro-ondas?], atingiu os dois soldados por cerca de um minuto; um deles desmaiou, o outro se manteve consciente, jogando-se debaixo do canhão; as duas fardas ficaram queimadas; apenas um calor moderado penetrou no Forte; a escuridão era total; alguns soldados, correndo para os seus postos de combate, viram um UFO brilhante afastar-se nos céus; as sentinelas foram levadas para o interior do Forte; tiveram atendimento médico de urgência; o comandante enviou uma mensagem urgente ao quartel-general do Exército Brasileiro; pilotos da Força Aérea Brasileira foram colocados em patrulhas especiais [major Keyhoe informa em seu livro que há registro e detalhes no comunicado da Academia da Força Aérea, p. 459, conforme prova o PDF indicado]; o caso foi mantido em segredo [secreto]; autoridades da Embaixada Brasileira pediram auxílio expresso à Embaixada Americana (conforme pesquisa de Olavo Fontes); oficiais do Exército e da U.S. Air Force (USAF) estiveram no Forte [o major Keyhoe era da U. S. Marine Corps e fazia investigação paralela para sua Arma]; os oficiais pesquisaram e sobrevoaram o local com as autoridades brasileiras; conversaram com as duas sentinelas que se encontravam queimadas, em estado grave; as vítimas conseguiam falar de vez em quando; elas contaram detalhes do ocorrido, da aproximação do UFO e do calor exalado pelo objeto; oficiais brasileiros e norte-americanos ventilaram algumas hipóteses sobre o interesse alienígena no Forte; não se encontrou nenhum armamento ou atividade no Forte que pudesse oferecer ameaça ou motivo de monitoramento alienígena; a melhor sugestão ventilada foi: "Demonstração 'inofensiva' de poder", mas se considerou que isso não explicaria o porquê de ser escolhida uma fortaleza isolada [teria o UFO (ou OSNI) uma base submarinha por perto?] e não uma moderna base de lançamento de mísseis (como as norte-americanas) [seria, talvez, para ver a reação humana ao perigo e qual a capacidade de mobilização aliada?];

Conclusão: Origem do objeto: alienígena – conclusivo; motivo do incidente: sem decifração; investigação militar oficial (segundo o major Keyhoe); portanto, houve documento arquivado no Exército Brasileiro. Hoje, há grande interesse do público em conhecer os documentos oficiais e visitar o Forte Itaipu, local de ida obrigatória ao turista que visita o Boqueirão da Praia Grande.

42

O general Uchôa e os discos voadores

Alfredo Moacyr de Mendonça Uchôa, filho de Idalina e Alfredo, nasceu no engenho Bititinga, no município de Murici, estado de Alagoas, em 21 de abril de 1906, e desencarnou no Distrito Federal, em 5 de março de 1996, no Hospital das Forças Armadas, em Brasília. Formou-se engenheiro civil e cursou a Escola Superior de Guerra. Foi professor da Escola Militar de Realengo, da Academia Militar das Agulhas Negras e um dos fundadores da União Pioneira de Integração Social – UPIS, centro de ensino superior do qual foi diretor presidente e reitor de duas faculdades, além de conceituado parapsicólogo, médium de faculdade curadora e ufólogo de critério holístico. Em 1933, casou-se com Ena, a sua querida "Enita", que lhe deu quatro filhos: Luiz Carlos Krish de Miranda Uchôa, Anna Maria Christina, Paulo Roberto Yog e Ângela Maria Cristina. Em 1963, reformou-se no posto de "general de divisão" do Exército brasileiro.

Desde cedo se dedicou ao estudo do Espiritismo Científico e leu os melhores livros, mas não se restringindo à teoria, indo à prática. Em sua própria residência, pesquisou as impressionantes materializações do padre Zabeu. Fundou depois a Associação Universalista Morya, para difundir a Teosofia, conseguindo realizar inúmeras emancipações da alma para outras estratificações da realidade espaço-tempo. Desde os 17 anos ele se dedicou a curas supranormais, obtendo resultados positivos. Com tais vivências, pôde escrever o livro *Além da parapsicologia – 5ª e 6ª dimensões da realidade,*[44] no qual relata as suas experiências com materialização.

De início, Uchôa não pensava investigar os chamados "Discos Voadores", pois considerava que os fenômenos espirituais eram suficientemente complexos para absorvê-lo a vida inteira. Mas quando, por curiosidade, começou a frequentar um grupo ufológico e teve seu primeiro avistamento, convenceu-se de que a vida se espraia pelo universo inteiro. Nos anos seguintes, utilizando métodos científicos, foi a campo investigar detidamente o Fenômeno UFO.

Ao longo de seus estudos, procurou conhecer o trabalho do capitão Edward J. Ruppelt, autor do importante livro, *Relatório sobre objetos voadores não identificados*[45], militar chefe do Projeto Blue Book, implantado pela Força Aérea dos Estados Unidos (USAF) para estudar os UFOs naquele país. Conheceu importantes investigadores militares da Ufologia Mundial. Leu o major Donald E. Keyhoe, autor de *A verdade sobre os discos voadores*[46], militar graduado como aviador pela Academia Naval de Annapolis e fundador do NICAP, entidade particular que congregou brilhantes cientistas na investigação ufológica. Juntando suas experiências pessoais às melhores leituras, assim como contatos com ufologistas de todo o mundo, o general conseguiu elevar-se no cenário ufológico nacional

---

44. UCHÔA, A. Moacyr. *Além da parapsicologia – 5ª e 6ª dimensões da realidade*, Cf. Bibliografia (N.A.).

45. RUPPELT, E. J. *Relatório sobre objetos voadores não identificados*, Cf. Bibliografia (N.A.).

46. KEYHOE, Donald E. *A verdade sobre os discos voadores.* , Cf. Bibliografia (N.A.).

e internacional. Superou os melhores, pois vivenciou intensamente a casuística brasileira e acompanhou a dos principais países do globo, inclusive dos da chamada Cortina de Ferro, cuja questão pôde debater pessoalmente com J. Allen Hynek, o investigador de UFOs mais importante da USAF. Estudou a casuística sob diferentes ângulos, inclusive o parapsicológico, podendo ser considerado no Brasil o fundador da chamada Ufologia Integral.

Fundou e foi presidente do Centro Nacional de Estudos Ufológicos – CENEU, e durante cinco anos, entre 1968-72, coordenou os trabalhos do Caso Alexânia, na fazenda Vale do Rio do Ouro, em Alexânia, estado de Goiás, evento dos mais impressionantes da Ufologia Brasileira. Dessa experiência escreveu o livro, *A parapsicologia e os discos voadores – O caso Alexânia*[47], no qual mostra, com método científico, os fenômenos ufológicos ali observados.

Em março de 1979, presidiu o 1º Congresso Brasileiro de Ufologia realizado em São Paulo. Escreveu depois o livro *Mergulho no hiperespaço*[48], no qual complementa sua obra anterior com experiências imponderáveis, pois estava convicto de que certas facetas do Fenômeno UFO excedem os limites do ceticismo cartesiano.

Nessa obra, algumas de suas conclusões foram contestadas por ufólogos da chamada ala "científica", em razão de terem sido obtidas por "emancipação da alma", sem que parapsicólogos não dotados de faculdades extrassensoriais pudessem vivenciá-las.

---

47. UCHÔA, A. Moacyr. *A parapsicologia e os discos voadores – o caso Alexânia*, Cf. Bibliografia (N.A.).

48. UCHÔA, A. Moacyr. *Mergulho no hiperespaço*, Cf. Bibliografia (N.A.).

Alguns céticos da Ufologia lhe fizeram oposição, inclusive colegas de sua própria Arma, creditando seus contatos paranormais à sua imaginação, como, por exemplo, o coronel Erasmo Dias, que num debate na tevê declarou: "Não li o seu livro nem acredito em nada disso que o senhor fala".

Ocorre que o general Uchôa falava do Caso Alexânia, relatado em *A parapsicologia*, obra não suportada em crenças, mas em fatos positivamente constatados. Uchôa ofereceu inúmeras fotografias autênticas, tiradas por fotógrafo profissional, empregado do governo, e apresentou várias testemunhas de valor, entre as quais militares e funcionários civis de escalões variados do governo, gente que tinha presenciado pessoalmente os fenômenos em Alexânia. E estes, não tiveram dúvida: saíram em defesa do general e testemunharam por si mesmos as ocorrências. Assim, os relatos de Uchôa e seus livros detalhando os fatos, passaram relativamente incólumes pela crítica. Hoje, são de grande valor para a Ufologia Mundial.

Homem sensível às coisas do bem, Uchôa escreveu *Cristo para a humanidade de hoje*[49]; seguido depois por, *Muito além do espaço e do tempo*[50]. Com sua experiência de médium curador, escreveu *Curas transcendentais*. Aos 82 anos, no auge de sua sensibilidade, grafou belíssimos poemas, intitulados *Oásis de Luz*. Finalizou sua obra com *Uma busca da verdade – Autobiografia*[51].

Uchôa foi promotor do 1º Congresso Internacional de Ufologia, realizado em Brasília, e conferencista com presença

---

49. UCHÔA, A. Moacyr. *Cristo para a humanidade de hoje*, Cf. Bibliografia (N.A.).

50. UCHÔA, A. Moacyr. *Muito além do espaço e do tempo*, Cf. Bibliografia (N.A.).

51. UCHÔA, A. Moacyr. *Uma busca da verdade – autobiografia*, Cf. Bibliografia (N.A.).

exigida nos principais congressos. Concedeu belíssima entrevista publicada na *Revista UFO*, número 140. Sem dúvida, os arquivos ufológicos do Exército brasileiro estão recheados de investigações feitas pelo general e sua equipe. Fica aqui a nossa homenagem.

43

Fantástico! Suspeita essa atitude, não?!

Uma escritora amiga, autora de vários livros, após ver o programa Fantástico, exibido[52] em 15 de agosto de 2010 pela Rede Globo de Televisão, de imediato nos enviou um *e-mail* a título de desabafo. Nele, ela dizia que a matéria exibida era revoltante, justamente quando a Força Aérea Brasileira (FAB), por meio da Portaria 551/GC3 (de 9 de agosto de 2010), regulamentava o registro de ocorrências ufológicas e seu envio ao Arquivo Nacional para consulta pública. Para ela, o que passou na tevê parecia uma represália.

Após a louvável iniciativa da FAB, a Globo levou ao ar matéria colocando em xeque o organismo militar e os civis investigadores do Fenômeno UFO, como se eles fossem ingênuos a ponto de não saberem que as fraudes campeiam em quase todas as atividades humanas e na Ufologia, em particular. A escritora, perplexa, dizia: "O que a matéria do Fantástico acrescentou de útil ao conhecimento já sofrível do povo sobre esse tema?!". E prosseguiu indignada: "Vendo a reportagem, nota-se clara intenção de, ao contrário, sedimentar nos leigos ou incautos a convicção de que, ante as tais fraudes ali denunciadas, ufos e assemelhados não passam mesmo de nonsenses [coisa desprovida de lógica e alheia ao cartesianismo que formou

---

52.www.youtube.com/watch?v=N9IyE-k4pbg acesso em ago./2010 (N.A.).

a cultura ocidental]. Até onde vai isso? Se por um lado eles fazem isso num momento importante para a ufologia brasileira, de outro ignoram, clamorosamente, e de caso pensado (não se sabe até que ponto), os fenômenos que surgem sem cessar em todo o mundo, a revelia de descrenças e acobertamentos!". E concluiu: "Suspeita essa atitude, não?!".

Não há dúvida, a atitude parece suspeita. E de fato as atividades de contra-informação, realizadas por ideólogos céticos e por opositores da Ufologia, de há muito visam confundir e ofuscar a verdade sobre os UFOs. Então surge a pergunta, em quem confiar? E a indagação é procedente, pois a verdade não pode estar nos dois lados divergentes. Contudo, esse dilema talvez possa ser minimizado com outra indagação: Quem seria mais confiável: aqueles que nada viram e dizem que não é..., ou os que viram o fenômeno e afirmam que é...?

No Caso Barra da Tijuca [1952, sequência de fotos de Ed Keffel e jornalista João Martins] e no Caso Trindade [1958, sequência de 6 fotos, fotógrafo Almiro Baraúna e 48 testemunhas militares interrogadas pela Marinha Brasileira], não sabemos se ainda haveria alguém vivo e disposto a falar o que viu. O programa se ateve a mostrar o jornalismo do passado, fabricante de notícia, feito supostamente sem ética nem responsabilidade. Mostrou supostos delitos à luz da perícia fotográfica e o testemunho de quem teria ouvido uma suposta fraude.

No Caso Barra da Tijuca estranha-se não ter sido dado a autoria da "descoberta" ao professor Flávio A. Pereira, que em sua obra, *O livro vermelho dos discos voadores*[53], dá esse fato como "inverossímil"e diz ter sido refutado pela Comissão Brasileira de Pesquisa Confidencial dos Objetos Aéreos Não

---

53. PEREIRA, Flávio A. *O livro vermelho dos discos voadores*, p.175, Cf. Bibliografia (N.A.).

Identificados – CBPCOANI, da qual ele era o presidente. Hoje, documentos liberados recentemente pelo governo mostram 9 fotos e 7 desenhos bem estudados do caso, mas não mencionam impropriedade.

No Caso Trindade sabe-se que um tenente da tripulação do navio-escola Almirante Saldanha, da Marinha Brasileira, teria alertado Baraúna sobre o UFO. Resta saber se Emília Bittencourt, apresentada no Fantástico como testemunha, falava especificamente do Caso Trindade e não de outro em que Baraúna tivesse feito alguma brincadeira, pois o caso mostrado foi alvo de sérios e demorados estudos especializados da Marinha.

Para saber a verdade, por que o programa não cobrou os documentos oficiais ainda de posse da Marinha? Contudo, salvo novos argumentos e vestígios periciais em contrário, os dois casos foram desqualificados e os supostos fraudadores tiveram os seus nomes jogados na lama.

Uma semana depois, desmentindo o programa, o ufólogo Antonio Huneeus, consultor da *Revista UFO*, encontrou um documento antigo, no qual Braúna dá o seu depoimento escrito sobre e caso. Também achou o vídeo de uma entrevista, antes de sua morte, na qual Baraúna conta a ocorrência dando detalhes, sem demonstrar nenhuma fraude. Em suma, mostrou que o Fantástico prestou um desserviço ao dar entendimento inverosímil do caso.

O programa mostrou também o Caso Varginha, colocando-o em xeque. Apresentou a opinião do principal investigador, o qual, após 14 anos, diz não ter encontrado prova para dá-lo como de procedência extraterrestre. Até aí, tudo bem! Mas ficar apenas com esse depoimento é insuficiente. Surge a indagação: será que vale mais a opinião de quem não viu... do que o depoimento das três meninas que viram a criatura? Afinal, foram elas que viram, não ele! Por que o Fantástico não entrevistou as "meninas"? Além disso, o soldado Marco Eli Chereze, que disse ter capturado a criatura de Varginha, foi a óbito. Por que o Fantástico não ouviu os testemunhos da mãe, da irmã e da viúva do soldado morto? Por que não ouviu o escritor e importante investigador do Caso Varginha, senhor Vitório Pacaccini? Afinal, esses testemunhos seriam importantes ao esclarecimento. Se a Globo quer a verdade, por que não cobrou também os documentos oficiais do Exército (o qual registra tê-los encaminhado para arquivo na 4ª Circunscrição Judiciária Militar – Juiz de Fora – MG), da Polícia Militar (regimento de Bombeiros) e da Unicamp, órgãos que teriam participado diretamente das ações de captura, transporte e autópsia da criatura? Tendo em vista essas omissões, a escritora, em seu *e-mail*, diz: "Suspeita essa atitude, não?!".

O Caso Operação Prato, investigado pela Força Aérea Brasileira, na Amazônia, foi apresentado de modo ainda mais insuficiente. A falta de bom-senso deu mais destaque àquele que diz ter adulterado fotos do que ao capitão Uyrangê Hollanda, comandante da missão que envolvia cerca de 60 homens. O capitão Hollanda, já falecido, era um militar sério, responsável e capaz, planejara as operações, ficara de tocaia por noites a fio, avistara os UFOs, tirara centenas de fotos, filmara os objetos, coletara depoimentos do prefeito, do padre, da médica, das vítimas e de seus próprios comandados. Depois disso, mandou todo o material a seus superiores, comprovando a intensa atividade ufológica no local. Por que o Fantástico não entrevistou o alegado fraudador, Fernando Costa, e preferiu exibir o chamado "disse-que-disse"? Seria importante saber se ele praticou a fraude ou se estava querendo ter um ilusório cinco minutos de fama na mídia. Se realmente houve fraude, até que ponto ela impacta a Operação Prato? Por certo, a Globo ficou devendo ao público essas explicações.

Além disso, todo ufólogo sabe que o Fenômeno UFO tem uma característica dual: às vezes é físico, outras vezes é luzente e ultrafísico. Parece que os operadores de UFOs usam de tecnologia capaz de converter massa em energia e vice-versa, sem que saibamos como. E talvez disso provenha a dificuldade de obter-se prova concreta e irrefutável. Mas fotos, filmes, desenhos, testemunhos civis e militares, pessoas feridas e laudos médicos fazem parte das provas reunidas por Hollanda e seus soldados. Contudo, o que é prova para uns, pode não ser para outros. E daí nasce o engano, o ceticismo e, por outras razões, a fraude interesseira, mostrada pelo Fantástico. Mas isso não significa que todas as testemunhas usem dessas práticas, porque elas, na maioria, são sérias, honestas, gozam de perfeita saúde e são dignas do nosso mais profundo respeito e consideração.

Hollanda concedeu longa entrevista na *Revista UFO* (número 101), contando os fatos na Amazônia. E outros importantes testemunhos também vieram à tona, como, por exemplo, o da médica psiquiatra, chefe da Unidade Sanitária da Ilha de Colares, doutora Wellaide Cecim Carvalho, profissional ainda em atividade, que atendeu cerca de 80 vítimas e deu também sua entrevista à *UFO 116*, contando coisas intrigantes. Se esses vestígios e testemunhos nada valem para a Rede Globo e ela prefere deixar em xeque a Operação Prato, ocorrência ufológica mais bem investigada no Brasil pela FAB, então só nos resta dizer: "Suspeita essa atitude, não?!"

A chamada Noite Oficial dos UFOs no Brasil, mostrada na televisão, em maio de 1986, foi ratificada agora com os documentos liberados pelo governo brasileiro. Naquela noite, os UFOs sobrevoaram São José dos Campos e região. E o que foi dado a público nos faz confiar na atuação da FAB, na sua organização e nos militares envolvidos na defesa do espaço aéreo nacional. Bem como na iniciativa oficial da FAB de divulgar todas as ocorrências ufológicas, o que é altamente esclarecedor.

Quanto a este Fantástico de 15 de agosto, apenas restou saudade dos programas de outrora, em que podíamos assistir com satisfação a documentários consistentes, profundos e imparciais, sem o ranço de superfície que coloca em dúvida a atuação dos militares da FAB e dos ufólogos civis brasileiros. Nitidamente, deu-se preferência à desqualificação, como se os UFOs fossem apenas fraudes, enganos ou coisas da imaginação. “Suspeita essa atitude, não?!”

Caro leitor, não se deixe enganar: leia as matérias sérias dos principais casos, acompanhe as divulgações oficiais e os documentos liberados pelo governo brasileiro, procure os detalhes de cada caso e veja, inclusive, o vídeo “Noite Oficial dos UFOs no Brasil”[54], produzido pela própria Globo nos áureos tempos do Fantástico, e tire as suas conclusões sobre a questão ufológica brasileira.

54.<www.youtube.com/watch?v=cxbDTM3IDEI&feature=player_embedded> acesso em ago./2010 (N.A.).

44

Caso Trindade – afronta à honra ou burla nas fotos?

Como registramos antes, o programa Fantástico da Rede Globo de Televisão, exibido em 15 de agosto de 2010, trouxe matéria colocando em xeque o Caso Trindade, evento ocorrido em 1958, quando a tripulação do navio-escola Almirante Saldanha, da Marinha do Brasil, alertou o fotógrafo civil, Almiro Baraúna, sobre um objeto voador não identificado nas proximidades daquela embarcação. O profissional fez uma sequência de chapas, que depois ficaram mundialmente conhecidas.

No programa, Emília Bittencourt falou sobre a burla que Baraúna teria realizado ao fotografar, em sua casa, duas colheres sobrepostas para simular o UFO da ilha de Trindade e enganar a todos. Contudo, suas explicações foram por demais singelas, até mesmo ingênuas do ponto de vista investigativo, pois o índice de dificuldade era muito grande para sobrepor fotos arranjadas com duas colheres e simular um disco voador tão perfeito quanto o apresentado por Baraúna. Além disso, era preciso enganar toda a tripulação do navio. A explicação de Emília foi considerada insatisfatória e não pode ser acolhida pelos ufólogos brasileiros mais precavidos. Sobre isso, fizemos em capítulo anterior alguns comentários; agora, o caso poderá ser mais bem observado, em razão do trabalho feito pela Equipe UFO alguns meses após àquele programa.

A hipotética "sobreposição das colheres" não batia com a qualidade das chapas em sequência. Causava estranheza também o fato de haver a bordo 48 testemunhas entre militares e civis, que viram a presença do estranho objeto. Em declaração oficial, após o incidente, o próprio Gabinete do Ministério da Marinha do Brasil admitiu o insólito. Cerca de 40 dias após o episódio, o deputado Sérgio Magalhães cobrou as autoridades para darem a público o resultado das investigações. A Marinha instaurou inquérito e apurou os fatos. Os militares confirmaram o avistamento e o Caso Trindade ficou conhecido mundialmente. Agora, as declarações de Emília soavam como "brincadeira de Baraúna", a qual ela teria aceitado sem questionar, diferente do que requer uma investigação séria.

O colaborador da Revista UFO, Antonio Huneeus, buscando evidências da época, encontrou em seu arquivo pessoal um documento datilografado com assinatura de Almiro Baraúna, datado cerca de nove anos após o incidente. Ele dá conta de que teria recebido o tal documento do coronel húngaro-americano, Colman von Keviczy, diretor da Rede Intercontinental UFO (ICUFON), em Nova York, que se correspondia com Baraúna e recebera dele cópia de boa qualidade das fotos. O *site* da UFO estampou o documento. Apenas temos a lamentar que a excelente edição do *site* tenha sido prejudicada pela retirada do vídeo, no qual Baraúna explica a ocorrência e não cita qualquer embuste. Desconhecemos o motivo pelo qual o "usuário do *Youtube*" removeu o vídeo. Face à importância do relato, vamos reproduzir aqui o documento, conservando a mesma redação do Baraúna:

> "Como se deu a aparição do disco voador da ilha da Trindade:
>
> "No dia 16 de janeiro de 1958, o Navio Escola Almirante Saldanha, da Marinha de Guerra do Brasil, se

encontrava fundeado na enseada da Ilha da Trindade, a cerca de 800 milhas da costa do Espírito Santo. Eram mais ou menos 11 horas da manhã, o dia estava claro, a tripulação preparava-se para retornar ao Rio de Janeiro quando de repente um grupo de pessoas que se encontrava na popa do navio, entre eles o Capitão Aviador da reserva da Força Aérea Brasileira, José Viegas, deu o alarme. Num instante, todos os que estavam na coberta do navio, cerca de 50 pessoas, passaram a observar um estranho objeto prateado em forma de prato, que se deslocava do mar em direção à ilha. O objeto em questão não fazia o menor ruído, era luminoso e se deslocava ora rápido, ora lentamente, subia, descia, ondulava suavemente e quando aumentava a velocidade, deixava atrás de si um rasto branco fosforescente que logo se desfazia. Na sua trajetória, o objeto desapareceu por detrás do morro Pico Desejado, e quando todos esperavam que ele surgisse do lado oposto, ele retornou na mesma direção, parou alguns segundos e em seguida disparou em incrível velocidade desaparecendo no horizonte.

"Durante a aparição, consegui tirar 6 fotos, sendo que 2 delas, devido ao pandemônio que se formou no convés, não foram aproveitadas, as outras 4, numa sequência razoável, [mostram] o objeto no horizonte, aproximando-se da Ilha, parado ao lado do morro (a melhor) e finalmente desaparecendo ao longe. O filme foi revelado cerca de 20 minutos após, a pedido do comandante que desejava saber se as fotos estavam boas. Os negativos foram vistos por quase toda a tripulação, e todos foram unânimes em identificar posteriormente as ampliações no Serviço Secreto da Armada. Convém esclarecer que o grupo de civis se encontrava a bordo a convite da Marinha para fazer pesquisas submarinas e tirar fotografias da fauna submarina da Ilha.

"O grupo era composto dos seguintes elementos:

"Chefe: Amilar Vieira Filho, bancário, mergulhador e desportista.

"Sub-Chefe: Cap. Aviador da FAB, José Viegas.

"Mergulhadores: Aluízio e Mauro.

"Fotógrafo: Almiro Baraúna

"Todos os componentes faziam parte, na época dos acontecimentos, do Grupo de Caça Submarina Icaraí.

"Dentre os cinco, somente Mauro e Aluízio não viram o objeto, uma vez que se encontravam no refeitório do navio, e, quando subiram, atraídos pela gritaria, o objeto já havia desaparecido.

"Segundo rumores ouvidos a bordo, a aparelhagem elétrica do navio deixou de funcionar durante a aparição do objeto, o que posso afirmar é que logo depois da largada, o navio parou por 3 vezes, tendo os oficiais dado as mais estranhas versões sobre as paradas. Quando o navio parava, a luz ia aos poucos se apagando até sumir de vez. Nessa ocasião, vários oficiais se dirigiram para o convés munidos de binóculos, entretanto o céu estava já encoberto por nuvens e nada foi possível observar.

"Devo acrescentar que se não fosse a indiscrição de um repórter do Correio da Manhã, que se apoderou das cópias fotográficas oferecidas ao então Presidente Juscelino Kubitschek, talvez ninguém viesse saber deste fato, uma vez que a Marinha já me havia "sondado" para saber quanto eu queria para não dar publicidade às fotos. Convém deixar claro que todos os oficiais com quem tive contato durante todo o tempo do inquérito foram gentilíssimos comigo, deixaram-me inteiramente à vontade, não puseram nenhuma objeção à divulgação do caso, apenas insinuaram que sensacionalismo no caso poderia causar pânico na população, daí o interesse das Forças Armadas em não dar publicidade a casos dessa natureza.

"30/1/67

"Almiro Baraúna [Assinado]

"Oficiais/Marinheiros [Desenho do navio]"

Além desse comunicado, o ufólogo Marco Antonio Petit, co-editor da *Revista UFO*, entrevistando Baraúna, em 1997, antes da morte do fotógrafo, num trecho do vídeo mostra Baraúna comentando um embuste que promovera envolvendo história e fotos de um suposto tesouro no Espírito Santo [Conforme nota escrita no *Youtube*], nada tendo com o Caso Trindade, embora alguns tenham misturado as declarações. O trabalho escrito de Petit fora publicado na UFO 54. Quanto a nós, conseguimos achar no *site ufoportugal* o vídeo em que Baraúna fala especificamente do Caso Trindade; nele, o fotógrafo esclarece as condições ocorrentes na tomada das fotos e como as revelou a bordo do Almirante Saldanha.

Recentemente, outro membro da Equipe UFO, o ufólogo Alexandre Carvalho Borges, da cidade de Salvador, resolveu tirar tudo a limpo. Fez um bom retrospecto do Caso Trindade e entrevistou um sobrinho de Baraúna, também fotógrafo, Marcelo Ribeiro, 69 anos. Este, numa entrevista bem conduzida por Borges, falou de coisas que impactam sobremaneira o acontecimento. O autor da matéria e a *Revista UFO* mostram isso de modo detalhado no *site* da UFO, dando ampla divulgação em língua portuguesa, com tradução para o inglês feita pelos membros da UFO, Eduardo Rado e Thiago Ticchetti.

Apenas devemos lembrar que diante de testemunhos tão contraditórios entre si, como pode ser notado confrontando a entrevista Ribeiro e os vídeos Emília e Baraúna, somente o exame pericial dos negativos poderia mostrar a verdade. As seis chapas batidas, duas das quais "queimadas" e quatro bem nítidas, mostram o UFO, as paisagens da ilha e alguns detalhes do navio-escola. As fotos reveladas dentro do Almirante Saldanha, conforme declarações de Baraúna no vídeo do *site ufo-portugal*, não teriam qualquer artifício fraudulento.

Nota-se que entre os depoimentos de Almiro Baraúna, Marcelo Ribeiro e Emília Bittencourt há grandes discordâncias. O primeiro desencarnou em 29 de julho de 2000, mas sempre declarou que tudo que fizera fora lícito; os dois outros, não. Ribeiro e Emília apontam burlas contundentes de Baraúna. Por certo, sendo pessoas próximas ao fotógrafo, devem ter sérios motivos para contradizê-lo. Diante de tais discordâncias, devemos enaltecer a "apuração Carvalho Borges" [Fotos supostamente fraudadas, mas UFO verídico na Ilha de Trindade], na qual o autor tenta desenrolar o novelo em busca da verdade. A importância de sua matéria é capital. Por ora, trata-se da hipótese cujo conteúdo é digno de novos estudos.

No Caso Trindade, as fotos sempre se revelaram mais importantes que o relato: a nitidez das chapas impressionou os especialistas e patenteou a ocorrência como das melhores da Ufologia Mundial. De duas uma: ou estamos diante de "infrações contra a honra" do fotógrafo ou de "burla efetiva nas fotos"; com as alegações, não há certeza de uma ou de outra. Mas, diante das evidências, fica a impressão de mais um caso detonado na Ufologia Brasileira. Apenas a perícia dos negativos, realizada em laboratório de reconhecida capacidade, poderia resolver a pendência. A esperança é que esse trabalho ainda possa ser feito, para esclarecimento da comunidade ufológica nacional e internacional: falta o exame definitivo dos negativos!

45

CRIMES CONTRA A HONRA NA *INTERNET*

Vamos aqui comentar assunto de real interesse sobre o título em destaque, trazido a nós por dois leitores da *Revista UFO*. O tema foi motivado pela recente edição da UFO 173, que trouxe matéria sobre Chico Xavier, em textos produzidos por Fernando Ramalho, co-editor da UFO no Distrito Federal, e por Paulo Poian, consultor da revista na cidade de Araras. As matérias, em nível de excelência, com posições jornalísticas imparciais e especializadas, mostraram o pensamento de cada autor, sempre com prudência e uso da razão, sabendo que na Ufologia e no Espiritismo as incógnitas são ainda muitas para a nossa ciência atual.

O fundamento científico para introduzir o tema de Ramalho foi notável, e sua base espiritista de argumentação ET-UT não deixou por menos. Naturalmente que a maioria dos ETs da Ufologia, para os espíritas seriam UTs, entidades dotadas de corpos "menos materiais", mas sobra uma minoria de casos cuja melhor hipótese é a extraterrestre, na qual ETs de mundos tridimensionais chegariam à Terra por caminhos desconhecidos. Ramalho mostra sua teoria fundamentando seus argumentos em *O Livro dos Espíritos*. No âmbito espiritista, salvo pequenas exceções, irrelevantes para quem argumenta de modo jornalístico como ele, seu desempenho foi perfeito. Ambas as matérias foram muito apreciadas pelo público, conforme os *e-mails* e as cartas recebidas. Seus autores são dignos dos nossos melhores elogios.

Dentre os leitores que aplaudiram, encontram-se dois, em particular, que serão chamados aqui de "Confrades". Eles teceram comentário sobre os graves acontecimentos na *internet*. A excelente matéria deu aos confrades o impulso que faltava. Eles abriram o coração para contestar os céticos de *sites* especializados. Ambos alegaram, constrangidos, que o ceticismo veiculando na *internet* coloca a Ufologia no "patamar do ridículo" e o Espiritismo como algo "imaginado por Chico Xavier". Indignados com o que qualificaram de "calúnias, injúrias e difamações a Chico Xavier", faltas que caracterizariam "crimes na *internet*", reuniram farto material que nos foi encaminhado, cujo teor será aqui examinado. Para os Confrades, os "agressores" devem ser alvo de ação judicial.

Particularmente, no que tange à chamada *Epístola Lentuli*, escrita por Públio Lentulus, (senador da Roma Antiga encarnado pelo espírito Emmanuel, mentor de Chico Xavier), devemos dizer que a tal carta foi alvo de nossos estudos anos atrás, quando esboçamos o livro lançado pela Lúmen Editorial apenas no ano passado, em 2010. Os nossos comentários sobre a famosa carta foram feitos dentro de um contexto maior, em meio aos argumentos de uma *inquirição histórica* elaborada para produzir o livro *Lentulus – Encarnações de Emmanuel*. Curiosamente, a famosa carta adquiriu uma importância especial no Brasil, em meados do século passado, porque os céticos e os adversários do Espiritismo a tomaram como signo a ser combatido, instrumento de contestação e ataque à Doutrina Espírita. O livro está à disposição nas livrarias e, também, incentivou os dois confrades a escrever-nos.

Eles argumentam que intelectuais de segmentos religiosos, incluindo aficionados por história, teologia e parapsicologia, contrários aos movimentos da chamada "Nova Era" e buscando conter a revirada de intelecto em suas fileiras religiosas, adotaram a estratégia de criticar os principais do Espiritismo. Falam que os opositores da Doutrina, vendo o movimento espiritista avolumar a cada dia, durante as comemorações do centenário de Chico Xavier tentaram desgastar a imagem do médium e a do espírito Emmanuel. Contudo, encontrando dificuldade para atingir a moral de Chico, a qual fora impecável durante toda sua vida, os "agressores" concentraram esforços para mostrar que, embora o médium estivesse bem intencionado, o que escrevera fora obra de sua imaginação.

Argumentam os confrades que para tais ofensores, os demais médiuns também não passariam incólumes, porque estariam alinhados com Chico, urdindo mistificações numa tentativa de "perpetuar o engano"; e acentuam: "Como se fosse mesmo possível orquestrar uma impostura tão grande, com milhares de obras mediúnicas e milhões de assistências fraternas, totalmente gratuitas, nos centros verdadeiramente espíritas do Brasil e do mundo".

Reiteram ainda que, numa "dissimulação atrevida", os ofensores chegam a se autodenominar espíritas, infiltram-se nos *sites* de debates como "cordeiros", mas no decorrer dos diálogos se transformam em verdadeiros "lobos". Afrontando a honra de Chico, divulgam na *internet* um trabalho cuidadoso de desqualificação, que teria por objetivo influenciar o público com almejada sagacidade, procurando causar dúvida à obra do valoroso médium.

Asseveram que "a prática rasteira", feita para encobrir a verdade e difamar o médium, fora planejada com astúcia, feita calculadamente de modo rebuscado para sugerir farta "erudição" do acusador, quando não passaria ele de "pseudo-sábio". Seu texto, extenso em conteúdo, teria a intenção de "desestimular uma leitura completa"; pois o leitor usual, ao não terminá-la, deixaria de fazer a réplica, retendo apenas, em seu íntimo, de modo subliminar, a impressão de ter lido um trabalho de "sabedoria", que lhe causara dúvida atroz, uma espécie de "algo errado" que estaria presente no trabalho do admirável médium.

Os confrades ventilam como hipótese que para os divulgadores do Espiritismo com pouco tempo de explorar a *internet*, a tal desonra teria sido realizada para desestimular uma leitura integral; aos radialistas espíritas, cujo tempo é escasso, para fazê-los calar, sem comentários; aos articulistas, cujo espaço na mídia impressa é limitado, para dificultar a contestação; ao público, em geral, por meio de uma pseudoerudição, para causar dúvida e desgastar a Doutrina. Um sistema de cansaço teria sido empregado, fazendo o leitor "não terminar a leitura até o final do ano", destacam, por ser enfadonha.

Contudo, os confrades dizem que os ofensores, em razão de suas próprias fraquezas, teriam feito os intelectuais espíritas formarem consenso, concluindo que a tal difusão, injuriosa por excelência, "impacta disposições da Carta Magna e outras normas legais vigentes".

Quanto a nós, devemos lembrar a todos que neste início de 2011 tramita no Congresso Nacional um projeto lei, visando a regulamentar legislação sobre crimes na *internet*, cuja tramitação deve ser acompanhada.

A missiva dos confrades suspeita que "parte das afrontas" poderia ter saído dos computadores de instituições públicas. "Cujos HDs poderiam comprovar o delito, assim como os Servidores", asseveram.

Quanto a nós, devemos ressaltar que a comprovação nos HDs parece difícil, pois setores da organização bancária aventada os apagam em rotinas periódicas, alegando "medida de proteção contra *hackers*", diferente dos Provedores que poderiam ser inspecionados.

Os confrades consideram que tais funcionários estariam afrontando ramos do Direito e Portarias das instituições empregadoras, ensejando, inclusive, "instauração de sindicância interna" e "denúncia para atuação profilática do Ministério Público". Mas se dizem incertos para atuar junto ao MPU [Aqui devemos ressaltar que o órgão aventado é entidade íntegra, independente deste ou daquele servidor ou de eventual pleiteante ao cargo, que pode ter sua posse obstada caso a Certidão de Distribuição Criminal positive o processo].

Quanto a nós, reputamos as alegações como caso grave. Se legalmente confirmadas, haveria sérias consequências aos infratores. Os servidores são contratados para servir; tudo o que sai de órgão público pressupõe-se que seja a mando dele. Contudo, devemos ressaltar aos confrades que as instituições públicas, em particular as duas citadas no comunicado, possuem "Gerência de Inspeção" com propósito de atuar internamente junto aos funcionários, fazer sindicâncias externas e inspecionar dados nos computadores; quanto aos Provedores externos de *internet*, estes devem ser contratados mediante Licitação Pública, sob contrato específico e cláusula que permita inspeção do órgão público para apurar fatos que lhe digam respeito. Também não é incomum no serviço de inspeção, quer das instituições públicas quer das equiparadas, a ocorrência de denúncia anônima, fundamentada com documentação evidenciando a suspeita, para a devida apuração. Contudo, neste caso, mesmo que a infração seja comprovada pelo órgão, o procedimento seria administrativo, de âmbito interno da instituição, não judicial. O caminho judicial é outro.

Apenas a título de comentário, a Constituição Federal dá ao cidadão livre-escolha de crença religiosa. E feitos como calúnia, injúria e difamação não podem ser admitidos, ensejando punição por força de lei. Ninguém está acima das leis. O melhor seria que a ética estabelecesse os limites da razão em todas as atividades, inclusive no serviço público, na crítica literária, na referência a pessoas e na interação comum entre seres humanos, incluindo a *internet*. Contudo, na falta da ética, em meio à paixão cega que leva ao cometimento de crimes, cabe ao lesado, à família ou à instituição lesada adotar as medidas cabíveis para obstar as afrontas. Os crimes contra a honra devem ser evidenciados para apresentação formal, em qualquer delegacia, preferencialmente em delegacia especializada, onde são mais bem compreendidos.

Os fatos podem ser levados à Justiça por meio de Boletim de Ocorrência (BO), incluindo páginas impressas da *internet*, *e-mails* e demais evidências que possam caracterizar os crimes; há casos em que não precisa sequer advogado, após a entrada da ação no Juizado Especial Criminal, e no Cível, o juiz pode determinar a retirada do conteúdo da *internet* e condenar o infrator ao pagamento de danos morais e materiais.

Dentro de certas regras, a Defensoria Pública também pode interferir, instruindo o feito a favor do lesado, podendo ser procurada em sua cidade. Ela está reservada àqueles que não têm condições de pagar advogado. É exercida por profissionais altamente competentes e com desempenho em ganho de causa acima da média.

Em todos os casos, um advogado experiente é sempre recomendável; o valor indenizatório em crimes contra a honra pode, eventualmente, cobrir as custas do processo. Em ação separada, o advogado pode, no caso de funcionário público ou equiparado com evidências do delito, acionar a Fazenda Pública para instruir a demanda judicial e, como decorrência, instaurar procedimento administrativo contra o servidor. Neste caso, recomendamos consultar advogado.

Para finalizar, salientamos aos confrades que a União dos Delegados Espíritas de São Paulo – UDESP, talvez possa ajudar na empreitada, embora sua finalidade seja outra. Talvez a entidade, após examinar o caso detidamente e observar perdas e danos oriundos do cometimento de "crimes contra a honra de Chico Xavier e outros médiuns", possa tomar as rédeas do caso e interpor "ação coletiva" subscrita pelos lesados ou seus parentes, pleiteando a "retirada do conteúdo na *internet*" e o "ressarcimento correspondente". Em caso grave, chega-se inclusive à "pena de reclusão". Recomendamos consultar à entidade.

46

O interesse do Japão no Fenômeno UFO

Recebemos de um membro da Associação de Divulgadores do Espiritismo do Japão (ADE-Japão), informações dando conta de que os japoneses estão começando a questionar sobre a casuística ufológica naquele país. O primeiro ministro japonês, inclusive, tentou abordar publicamente o assunto, mas os jornalistas céticos adotaram uma postura infantil, rindo de suas declarações. Então o partido preferiu deixar esfriar a questão dos UFOs, para o povo não pensar que havia no governo gente desequilibrada, falando de coisa fora do comum.

A nossa correspondente considera que no Brasil há mais receptividade do Fenômeno UFO que no Japão, sobretudo nas comunidades espíritas. Diz que naquele país as informações sobre os aliens deixam muito a desejar, embora se saiba da existência "deles". Uma singela pesquisa revelou que a questão extraterrestre não é falada abertamente; contudo, há rumores de ocorrências no Japão e de que no Brasil os arquivos do governo foram liberados para pesquisa pública.

Fala-se, também, no Japão, que em alguns Centros Espíritas do Brasil é feito contato com entidades alienígenas encarnadas em outros mundos. O interesse no tema tem aumentado dia a dia, inclusive com a nossa entrevista à *Revista UFO*. A leitora gostaria de saber se nos Centros Espíritas, além das manifestações de espíritos, estaria se verificando também contato com entidades alienígenas suprafísicas, os chamados ultraterrestres (UTs).

Informa, inclusive, que tomou conhecimento no Japão de uma experiência incomum. Diz que certa vez uma pessoa avistara dois objetos de cor branca dentro de casa, durante a madrugada; depois, acordara pela manhã com forte dor na narina. Certos fatos ocorreram, e após alguns dias um exame médico de rotina nada achou de mais grave; o facultativo não pediu radiografia da face, pois, segundo é dito, seria um desperdício fazer exame somente porque o paciente pediu... Contudo, mesmo tomando a medicação, a dor, seguida de leve ardência, ainda persiste no mesmo local...

Ao ter conhecimento das abduções e implantes verificados nos Estados Unidos, por meio da imprensa norte-americana, diz que em razão das lembranças e dos sintomas não descarta a chance de a paciente ter vivido uma experiência incomum. Então, indaga: "Além de ir ao médico, o que fazer num país em que ninguém acredita nisso?".

Na verdade, não nos propomos aqui aconselhar e resolver nada, mas apenas refletir sobre tais indagações. Naturalmente que as recomendações, as providências médicas e psicológicas devem ser seguidas. A medicina tem mostrado todo seu valor ao longo do tempo, e não se pode diminuí-la nem desprezá-la, ao contrário, ela deve ser prestigiada e desenvolvida. No Brasil, contudo, não é incomum a vermos complementada com assistências alternativas. E isso poderia ser feito também no Japão.

Vários especialistas se detiveram a estudar as abduções e os implantes. Nos Estados Unidos, citamos o ex-professor de psiquiatria de Harvard, doutor John Mack, hoje falecido; o conceituado psiquiatra e também psicólogo interessado em fenômenos paranormais, doutor Berthold Eric Schwarz, médico do Essex Country Hospital Center, de Nova Jersey; e o não menos conceituado doutor Roger Leir, autor do prestigioso livro *Implantes alienígenas*, com sua experiência em mais de 20 cirurgias de retirada de implantes e análise dos espécimes em laboratório. Esses especialistas são categóricos ao afirmar que os fenômenos são reais e sugestivamente alienígenas.

A exemplo dos médicos norte-americanos, os japoneses poderiam chegar à mesma conclusão. Mas para isso é preciso que os casos cheguem a eles, bem como que a hipótese alienígena seja estudada por eles na literatura deixada pelos antecessores. O nosso comentário é no sentido de estimular a leitura de livros especializados e que tais pesquisas sejam facilitadas aos médicos, pois assim se poderia chegar a bom termo.

Quanto ao evento no Centro Espírita, podemos dar o nosso testemunho particular. Descrevemos o episódio em detalhes no livro *Um vermelho encarnado no céu*. Na ocasião, cerca de duas dezenas de pessoas testemunharam como nós o contato mediúnico de entidades alienígenas, numa assistência espiritual ao abduzido. O fato ocorreu no Grupo Espírita João Rocha, com a presença, inclusive, dos proprietários da Lúmen Editorial, que publicam os nossos livros. De fato, entidades encarnadas em outras dimensões estão se manifestando nos Centros Espíritas e nas práticas de Transcomunicação Instrumental, trata-se dos chamados ultraterrestres – UTs.

No Japão, os episódios de UFOs mais conhecidos estão no “Triângulo das Bermudas do Pacífico”, um local de águas perigosas ao largo da costa japonesa, conhecido também como “Triângulo do Dragão”. Enquanto o Triângulo das Bermudas do Atlântico é uma região conhecida por estranhos fenômenos, o do Pacífico, por sua vez, é um triângulo ainda mais traiçoeiro, ao longo da extensa costa nipônica. Essa faixa oceânica perigosa teria sido palco de centenas, talvez milhares de desaparecimentos de navios, submarinos e aviões, desde os primeiros relatos, no século XIII. Os pesquisadores indagam: "Essas inúmeras perdas seriam pelo resultado das más condições climáticas e oceânicas ou por algo mais misterioso?".

Para responder a essa pergunta, sérias investigações foram realizadas por eméritos pesquisadores, como: os norte-americanos Bill Birnes, editor da UFO Magazine, os autores Loren Coleman e Steven M. Greer, o pesquisador russo Vladimir Ajaja; além dos ufólogos japoneses Junichi Yaoi, Ryutaro Minikami e Junichiro Nirasawa; como também o diretor de tevê Kenichi Tsusaka, o professor universitário doutor Kazuo Tanaka, o professor Joyo Osaka, do Instituto de Tecnologia de Tóquio, o presidente do grupo de pesquisa ufológica do Japão, senhor Junichiro Kato, o jornalista Masanobu Miyoshi, além de outros nomes conceituados na Ufologia japonesa. Após o exame detalhado das principais hipóteses, o mistério não foi desvendado.

47

Conversação dos ETs por aparelhos de cabeça

O Caso Hermínio e Bianca (nome das testemunhas do contato alienígena), conhecido também como Caso Karran (nome do alienígena), ocorreu nas proximidades de Matias Barbosa, estado de Minas Gerais, em 12 de janeiro de 1976, por volta das 23h30, quando o casal foi abduzido. O episódio foi registrado por Bianca, em seu livro *As possibilidades do infinito*[55]. Hermínio, por sua vez, contou a experiência em palestras, entrevistas, artigos de revista e outras publicações nas várias formas de mídia.

Maria Aparecida de Oliveira, conhecida como Bianca, conta que o casal era totalmente cético, não tinha ciência do assunto nem acreditava que houvesse vida em qualquer outro planeta, senão na Terra. Bianca fora criada na Assembleia de Deus, "cuja doutrina nem sequer cogita essa possibilidade", segundo as suas palavras. Contava 21 anos quando conhecera também as Testemunhas de Jeová, mas não chegara a ser uma adepta convicta, embora tivesse admiração e respeito por seus participantes. Aos 28 anos, quando fora abduzida, era descrente da existência de vida fora da Terra.

---

55. BIANCA, M.A.O. *As possibilidades do infinito*, Cf. Bibliografia (N.A.).

Hermínio Reis, por sua vez, quando se deu conta de estar a bordo de um disco voador, um engenho que ele "não tinha conhecimento nem vontade de ver", somente pôde associar o fato à sua crença religiosa. Afinal, segundo as suas palavras, ele "era um líder religioso e não acreditava na possibilidade de vida em outros planetas". Para ele, "a vida começava na Terra, se desenvolvia na Terra e ficava na Terra". Após o contato, sua visão alterou-se radicalmente, fazendo-nos refletir.

Podemos considerar que todos os chamados "fenômenos" são regidos por leis muito precisas, mas como essas leis muitas vezes não podem ser determinadas, em razão da capacidade limitada da nossa ciência, a interpretação dos fenômenos acaba ficando por conta da crença. Nesse campo, entram em cena a filosofia e a religião, ambas subjetivas, com explicações apenas transitórias até a ciência positiva cumprir o seu papel, certificando os fenômenos com métodos controlados de experimentação. Antes disso, valem as filosofias e as religiões erguidas por homens de raciocínio e conhecimento invulgar, mas tendo a oposição dos céticos.

Excetuando-se os céticos especialistas em enganar o público com ideias falsas, cuja motivação de suas façanhas costuma ser o dinheiro e a evidência pública com características outras além destes comentários, os "céticos científicos", por seu turno, querendo saber tudo materialmente, não raro se fazem símbolos da ignorância; suas explicações não convencem "ninguém", nem tampouco eles se convencem da de outros: vivem num "perene" desconhecimento. Mas quando vivenciam o insólito em primeira pessoa, mudam de ideia, pois o extraordinário vivido por si mesmo é capaz de redimi-los.

Hermínio e Bianca, criados cada qual em seu sistema de crenças, tiveram dificuldade para aceitar a vida extraterrestre que insolitamente se apresentara a eles. Contudo, suas crenças, contrariadas pelo contato dos ETs numa experiência tida por real, tiveram de ceder aos fatos e terminaram por render-se ao conhecimento adquirido.

De maneira geral, enquanto uma crença é aceita de modo inconsciente, o conhecimento, ao contrário, é uma aquisição consciente da alma; e sendo adquirido de modo racional, tem a força de modificar profundamente o indivíduo. Hermínio e Bianca tiveram de render-se aos fatos, modificaram-se. Conheceram parte importante de uma verdade absolutamente incomum.

Os ETs que fizeram contato com o casal denotavam espiritualidade elevada, maior que a dos homens. No aspecto físico, embora fossem semelhantes aos humanos, tinham estatura maior, a qual o homem não possui, e traços fisionômicos distintos. Apresentaram-se densos, dizendo-se oriundos de planeta tridimensional. Seus conhecimentos científicos eram superiores. Dominavam totalmente a luz, usavam a energia do vácuo e possuíam tecnologia para viagens interestelares, além de aparelhos de comunicação inexistentes na Terra.

De fato, com os seus "aparelhos de cabeça", os aliens podiam capturar o pensamento humano, transformá-lo em seu idioma e vice-versa, colocando, em seguida, a resposta no cérebro dos interlocutores, para entendimento mútuo, em tempo real.

Hermínio relatou que dentro da nave surgiu um alien que lhes pôs um capacete na cabeça e, também, na dos dois alienígenas que iriam interagir com ele e Bianca. "Esses capacetes continham vários cabos, que foram ligados a uma máquina e a partir daí um dos seres começou a falar conosco em seu idioma próprio, sempre olhando para nós", explicou Hermínio.

No início, ele escutou Bianca fazer alguns agradecimentos e responder algumas perguntas. Em seguida, o alien apontou para ele e iniciou a conversa. "Sua voz começou a ressoar dentro da minha cabeça, não era no sistema auditivo", avaliou Hermínio. E a criatura disse: "Seja bem-vindo". Ele ficou surpreso, sem palavras.

O alien informou seu nome: "Karran". Disse que vinha "de um ponto distante, ainda desconhecido dos seres da Terra". Hermínio tomou um susto, não podia aceitar aquilo: contrariava sua fé. A crença que ele aprendera estava agora em jogo. Entendia que estava diante de Satanás; e achou que tudo aquilo era obra do diabo. Então, tentou esboçar um exorcismo. Levantou-se, fez gestos, clamou por Jesus e Jeová na esperança de aquilo desaparecer. Ficou nessa prática por longo tempo, mas nada... Quando acabou, "nada desaparecera, 'eles' continuavam ali, e nós também", contou desolado. Tudo fora inútil, nada mudara: o casal continuava dentro do disco voador, falando com seres de outra Terra.

Após observar atentamente a prática, Karran quis saber o porquê de ele falar tanto em Deus. Hermínio explicou que se tratava de ensinamentos da Bíblia, um livro que era a "palavra de Deus". O alien, por sua vez, observou: "O Criador supremo do universo não se conhece verdadeiramente por livros ou coisas semelhantes, mas sim pela terra que se pisa, pelo ar que se respira, pelo alimento, pela visão, pelos sentidos e pelas coisas criadas, não por aquilo que está num livro".

De modo notório, o alien tinha um Deus; e o conceito que fazia do Criador era algo diferente do de Hermínio. O diálogo fez com que a interpretação inicial fosse modificando aos poucos, pois Hermínio notara, claramente, que Karran não era deste planeta nem, tampouco, a criatura diabólica que sua crença lhe fazia imaginar.

Quanto à tecnologia de comunicação dos aliens, Hermínio observou: "Não falávamos por telepatia, aquele aparelho que estava na minha cabeça fazia as traduções do meu idioma para o dele, e vice-versa". Além disso, o casal testemunhou que havia um intérprete na nave, que estava infiltrado na Terra há dois anos e, também, podia fazer a tradução.

Bianca, por sua vez, descreveu em seu livro alguns detalhes dos "capacetes de tradução". Falou que eram da cor de alumínio fosco e moldavam-se bem em suas cabeças, cobrindo-as totalmente, incluindo "a testa, até a altura das sobrancelhas, as têmporas e os ouvidos, tendo, nesta parte, saliências como se fossem dois fones".

Na parte da testa havia uma lâmpada, e outras lâmpadas menores espalhadas pelo capacete. Ao lado de cada uma, saíam fios cor de prata, com pinos nas pontas. Havia também uma caixinha com pulseira, parecida com relógio de pulso, tendo lâmpada e fio como os do capacete.

Apenas concluída a preparação, entrou na sala um ser, pegou fio por fio dos capacetes e ligou cada um numa tomada do aparelho. Os dois alien com capacete sentaram-se nas poltronas, em frente ao aparelho. "Vi duas enormes lâmpadas se acenderam no painel, uma em cima e outra embaixo", explicou Bianca.

Então os capacetes e as pulseiras se iluminaram, estabelecendo-se a conversação com perfeito entendimento entre as partes. O casal se deu conta de que estava diante de seres de um planeta que eles não sabiam qual, embora lhes fosse dado o nome, Klermer. "Muito longínquo e desconhecido dos terrenos", segundo Karran.

O casal somente foi devolvido dois dias depois. Passava alguns minutos da meia-noite, madrugada de 15 de janeiro, quando Hermínio parou o carro num posto de gasolina, próximo a Conselheiro Lafaiete, cerca de 200 quilômetros do local da captura.

A partir daí, ambos experimentaram mudanças em sua vida. Na nave, Karran lhes falara dos primórdios da Terra, das coisas do espaço e ensinara-lhes a aprimorar o espírito. Mostrou-lhes que é possível fazer uma prática de exteriorização da alma, observar a vida e o mundo com outros olhos e interagir com entidades de outra vibração.

Conforme postula a Doutrina Espírita, o espírito encarnado vive imerso na matéria, mas durante o sono reparador ou após um desdobramento consciente, pode soltar-se da matéria corpórea e transportar-se a pontos distantes do espaço. Então, como um pássaro fora da gaiola, a alma emancipada interage no mundo dos espíritos, e quando auxiliada por entidades mais evoluídas, pode interagir também na esfera dos encarnados em corpos sutis, menos materiais que o nosso, seres de outros orbes.

Nas paragens dimensionais, cada qual gravita conforme seu peso específico. Hermínio e Bianca puderam aprender a técnica de emancipação da alma, ensinando essa prática a outros. Trabalho semelhante é realizado hoje pelo médico, odontólogo e cientista da consciência, doutor Waldo Vieira, e também pelo conceituado radialista, autor e professor Wagner Borges, nosso colega de Equipe UFO, presidente do Instituto de Pesquisas Projeciológicas e Bioenergéticas – IPPB.

Os contatos do ET não pararam aí, houve novos encontros com Karran. Num deles, após Bianca escutar de um grupo amigo que Karran podia ser uma entidade dimensional e não física, ela quis saber a verdade dele mesmo. Então Karran explicou que “as dimensões existem, são frequências vibratórias do universo”. Falou que os humanos, incluindo ele, pertencem a duas delas: a física, em que estamos; e a outra, em que fomos criados, ou seja, a esfera espiritual. E o ET asseverou: “Não vê que tenho matéria? Portanto, pertenço a esta dimensão do universo, a física”.

Também disse que, embora pudesse sair do corpo em espírito, num efeito que particularmente chamamos "emancipação da alma", não podia de modo natural incorporar médium na Terra, pois a nossa matéria não suportaria a sua energia. Acentuou que por pertencer a outro sistema solar, sua energia difere muito da terrestre.

O ET falou ao casal de coisas incríveis que teriam acontecido na Terra durante o desenvolvimento do homem, mas em tudo que disse não ofereceu prova. Deu apenas sua palavra, mostrou sua nave e sua tecnologia. Marcou profundamente as testemunhas e deixou a elas a decisão de contar ou não o acontecimento.

No fim de um dos encontros, quando a nave alçou no céu, Hermínio, tendo obtido consentimento prévio de Karran, tirou várias fotos, as quais ele explica e coloca para conhecimento público.

Quanto a nós, tivemos a satisfação de assistir pela antiga TV Tupy ao programa Flávio Cavalcanti, em 1978, no qual esteve presente o casal contando sua experiência em detalhes. Hoje, 35 anos após a abdução, é possível observar experimentos com ratos, macacos e seres humanos, nos quais vemos feitos fantásticos serem produzidos com a mente e a alta tecnologia. Temos hoje engenhos semelhantes àqueles "aparelhos de cabeça" alienígena, tidos, na época, como objetos de ficção.

Naquela época, embora tais engenhos fossem desconhecidos da nossa ciência, não o eram da dos alienígenas. A tecnologia usada lhes permitia captar e decodificar impulsos cerebrais e sonoros, para conversação direta entre seres de civilizações distintas, numa demonstração de que não estamos sozinhos no universo e de que nele há seres mais avançados que nós em todos os sentidos.

48

Caso Chico Xavier – alien esquelético de 3 metros

Geraldo Lemos Neto, carinhosamente chamado de Geraldinho por Francisco Cândido Xavier, após a desencarnação do conhecido médium fundou na cidade de Pedro Leopoldo, no estado de Minas Gerais, um museu com as coisas do Chico. A Casa de Chico Xavier é hoje uma referência turística obrigatória para quem vai àquela região de Minas.

Geraldinho se lembrou de uma frase dos tempos de Cristo: *"Se vos falo das coisas terrestres e não me credes, como crereis se vos falar das coisas dos céus?"* (Jo 3,12). A frase parecia se encaixar aos dias atuais, porque quando Chico lhe contou sobre a questão alienígena também foi difícil acreditar – se engana quem pensa que o médium não teve contato com os UFOs.

Quanto a nós, quando pedimos permissão a Geraldinho para publicar o seu importante testemunho, ele nos disse com tranquilidade:

> "Fique totalmente à vontade Pedro, caso queira divulgar essa experiência, porque creio que os tempos são chegados e precisamos amadurecer mais com as informações de Chico Xavier".

Contou-nos que há muito desejava relatar este caso. Ficara sabendo da ocorrência quando de suas conversas com o prestigioso médium e não vira ninguém contá-la até então. Aproveitou para fazer isso em 2 de abril de 2012, data em que o médium, caso estivesse entre nós, estaria completando mais um aniversário.

Na casa de Chico, em Uberaba, por ocasião de suas conversas com o médium, as quais se prolongavam às vezes até a madrugada, Geraldinho gostava de perguntar sobre as coisas do universo, das galáxias e suas nebulosas, das estrelas e dos planetas que se movimentam ao derredor.

Chico, sempre solícito, falava-lhe com muita vivacidade sobre esses assuntos, inclusive sobre a existência de humanidades muito mais avançadas que a nossa, espalhadas por esses multiversos sem fim. Certa feita, de modo surpreendente, Chico contou a ele que já havia estado com visitantes de outros orbes, mas quando Geraldinho disse que sua vontade era um dia também conhecê-los, o médium ficou preocupado e contou-lhe uma ocorrência pessoal.

> "Você deve ter muito cuidado, Geraldinho – disse Chico preocupado –, porque embora a maioria das civilizações que já desvendaram os segredos das viagens interplanetárias seja de grande evolução espiritual, voltadas ao bem e à fraternidade, há também aquelas que somente se desenvolveram no campo da técnica, enregelando os sentimentos mais nobres do coração.
>
> "Representantes dessa outra turma também têm nos visitado, mas com objetivos escusos... Para eles, nós somos tão atrasados que não prestam nenhuma atenção às nossas necessidades e aos nossos sentimentos. São eles que raptam pessoas e animais para experiências horrorosas em suas naves. Quanto a esta turma, devemos ter muito cuidado."

De fato, o médium mostrava-se preocupado, então parou, pensou, e em seguida prosseguiu contando sua experiência intrigante.

"Uma vez eu estava indo de Uberaba a Franca e, depois, a Ribeirão Preto para visitar a irmã do Vivaldo [Vivaldo da Cunha Borges, cunhado de Geraldinho], Eliana, que havia passado por uma cirurgia no coração nesta última cidade. O doutor Elias Barbosa foi dirigindo o automóvel na companhia de Vivaldo e eu fiquei no banco de trás.

"Pois bem, íamos viajando lá pelas 3 horas da manhã para evitar o trânsito, e a meio caminho uma luz meio baça, na cor alaranjada, envolveu o automóvel e passou a segui-lo. O doutor Elias achou por bem encostar o carro e esperamos os três para ver o que ia acontecer. Intuitivamente comecei a orar, pedindo aos amigos que me acompanhassem na prece.

"O espírito Emmanuel se fez presente e nos solicitou redobrada vigilância. A nave apareceu então no pasto ao lado, iluminando toda a natureza em torno com sua luz alaranjada e baça. Ela pairou no ar sem tocar o solo, e do meio dela saiu uma luz mais clara ainda, de onde desceu uma entidade alienígena. Tinha uma aparência humanoide, mas muito mais alta que nós, com cerca de três metros de altura, quase esquelética.

"Senti um medo instintivo e roguei ao Senhor que nos afastasse daquele cálice de amarguras, que pressentia com o auxílio de Emmanuel. Então, subitamente, a entidade parou e desistiu de nós, retornando para a sua nave. Depois, o veículo interplanetário se elevou do solo e eu vi perfeitamente uma vaca sendo levada até o seu interior, como se levitasse até lá. Em seguida, a nave desapareceu de nossas vistas com velocidade espantosa.

"O espírito Emmanuel me revelou, então, que estes irmãos infelizmente não eram vinculados ao bem e ao amor, eram sociedades que pilhavam planetas em busca de experiências genéticas estranhas. De vez em quando, abduzem homens e animais para suas aventuras laboratoriais.

"Segundo Emmanuel, eles somente não fazem mais porque Nosso Senhor Jesus estabeleceu normas e guardiães para proteger a humanidade terrestre, ainda tão ignorante quanto às realidades siderais em sua infância planetária.

"Então, meu filho – asseverou Chico –, se você avistar alguma entidade com as características que eu lhe dei – três metros de altura e corpo humanoide esquelético, corra, Geraldinho... Pernas pra que te quero!!!"

Ao finalizar, Chico desatou seu riso tão característico. Embora na ocasião do contato estivesse ele preocupado, estava agora feliz por ter vivido essa e outras experiências. Geraldinho, por sua vez, não conteve a pergunta, quis saber se havia também os aliens bonzinhos, ao que Chico comentou outra experiência.

"Ah! São magníficos! Os que eu conheci são criaturas de muito baixa estatura, cerca de um metro apenas. São grandes inteligências e por isso mesmo têm uma cabeça de tamanho avantajado em relação à nossa, com grandes olhos amendoados e meigos, capazes de divisar todas as faixas de vida nos diversos planos de matéria física e espiritual. Não possuem nariz, orelhas e sua boca é apenas um pequeno orifício. Seus sistemas fisiológicos são muito diferentes dos nossos e já não possuem intestinos. Toda a sua alimentação é apenas líquida. São de uma bondade extraordinária e protegem a civilização terrena assumindo um compromisso com Jesus de nos guiar para o bem. Um dia, Geraldinho, que não vai longe, eles terão permissão do Cristo para se apresentarem a nós à luz do dia, trazendo-nos avanços tecnológicos, médicos e científicos nunca dantes imaginados."

Com essas palavras, Geraldinho ficou imaginando como o universo deve ser vasto, e quanto o Chico sabia sobre ele e ficava calado.

Certa feita, Chico falou que Plutão era uma espécie de prisão espiritual, um isolamento milenar de espíritos endividados por crimes contra a humanidade, para eles mesmos se protegem das multidões de hordas vingativas e repensarem os seus atos criminosos do passado.

Semelhante a Plutão, Mercúrio e Lua também são esferas em que vibram espíritos com grandes débitos, cada qual com seu grau evolutivo e vivendo experiências reparadoras. Mas nesses isolamentos não estão eles sem o amparo da Providência Divina, que se faz presente ali por meio de espíritos de elevada expressão, verdadeiros mestres da paz em missão do bem. Chico era capaz de falar sobre os mistérios da vida no mais além. "E com que simplicidade e naturalidade ele nos falava dessas coisas dos céus", finalizou saudoso o administrador da Casa de Chico Xavier.

Os ufólogos como nós, que há anos estão envolvidos no estudo e na pesquisa da casuística, sabem que há mais de meia centena de raças alienígenas chegando à Terra para experiências favoráveis a elas. Sabe-se hoje, pelos contatos testemunhados e cientificamente estudados, que o tamanho e a aparência contam pouco no caráter e na sensibilidade alienígena para com as coisas do homem. Tais características podem ser tomadas apenas como pequenas experiências em meio a muitas outras testemunhadas por seres humanos.

Os espíritos encarnados em corpos densos de outros orbes ou em bioformas ultrafísicas de outras dimensões possuem livre-arbítrio, assim como nós, realizam incursões conforme sua capacidade técnica e estão ávidos por conhecimento; vez ou outra deixam mensagem nos alertando sobre as ações incorretas do homem, mas tal iniciativa não significa que vieram nos ajudar. Para ter certeza de suas reais intenções, seria preciso haver contato formal. Considerando Chico Xavier, "*não vai longe o dia em eles terão permissão do Cristo para se apresentarem a nós à luz do dia, trazendo-nos avanços tecnológicos, médicos e científicos nunca dantes imaginados*". Antes disso, a prudência nos recomenda pesquisar de modo científico e criterioso todos os relatos ufológicos.

49

Chico Xavier falava sobre Discos Voadores aos mais íntimos

Após repercutirmos o Caso Chico Xavier, contato de terceiro grau que tivera o famoso médium espírita durante uma viagem de Uberaba a Franca, recebemos do querido amigo Geraldo Lemos Neto outro importante comunicado. Nele, Geraldinho dava conta de que havia recebido um "interessante testemunho a respeito do tema". Informava-nos que o doutor Weimar Muniz de Oliveira – presidente da Associação Brasileira dos Magistrados Espíritas (ABRAME), ex-presidente da Federação Espírita do Estado de Goiás (FEEGO) e membro do Conselho Superior da Federação Espírita Brasileira (FEB) –, publicara o Caso Chico no prestigioso *Diário da Manhã*, de Goiânia, edição de 8 de abril de 2012, no caderno Opinião Pública. Ocorre que a publicação não se restringia a certificar o relato de Geraldinho, mas adicionava um caso intrigante; ou seja, uma narrativa que o articulista também ouvira do próprio Chico, sobre outra experiência ufológica daquele mesmo grupo.

Assim que recebemos o comunicado de Geraldinho, entramos em contato com Weimar Muniz, para termos mais detalhes e solicitar a ele permissão para darmos aqui o seu relato. "É com muito prazer que lhe autorizo divulgar o artigo", disse-nos solícito o autor, espírita dos mais notáveis no movimento brasileiro. "Trata-se de uma síntese da história que ouvi pessoalmente de Chico Xavier", acrescentou ele. De fato, ele estava disposto a contar o caso porque, dias antes, ao abrir seu computador, tivera agradável surpresa – vira ali o relato de Geraldinho sobre a experiência que Chico tivera com seres alienígenas de 3 metros.

Afinal, Geraldinho é seu amigo, além de presidente-fundador da Casa de Chico Xavier, jovem que fez parte do grupo mais íntimo do saudoso médium e hoje desponta como um dos principais membros da nova geração de dirigentes espíritas. Então o experiente magistrado resolveu dar a Geraldinho todo seu apoio, mas não sem motivo – é que ele também entrevistara Chico sobre a intrigante questão extraterrestre e ficara sabendo sobre os objetos voadores que surgiram na cidade de Pedro Leopoldo. Ele conta:

> "Esse fato me trouxe à memória uma narrativa que Chico nos fez em Uberaba, há uns vinte anos, mais ou menos. Estavam presentes à mesa do médium, em sua casa, Cleuza, duas outras pessoas e eu; foi quando ele, Chico, começou a falar sobre o disco voador que uma vez por ano descia sobre um platô elevado de Pedro Leopoldo. Assim que Chico começou a discorrer, imbuí-me de coragem e perguntei se poderia anotar. Eu nunca pude me esquecer de suas palavras textuais, sem faltar uma letra sequer: 'Você tem direito, meu filho!'. Então, não perdi tempo e anotei o que pude. Lembro-me de que, entre outras coisas, ele informou que a única pessoa que tivera acesso ao interior da nave fora o seu sobrinho, de que não anotei o nome."

Nas conversas que tivemos, Weimar Muniz expressou estar certo de que ao longo de toda a vida de Chico, esse sobrinho do médium, testemunha da ocorrência, jamais lhe dera motivo de desconfiança ou descrédito, sendo considerado por Chico um homem sério, equilibrado e saudável. E Muniz, com sua experiência de anos e anos em processos e depoimentos, prosseguiu:

> "Chico informou, também, que a única pessoa que contatou o 'comandante' da nave era uma humilde costureira, declinando o seu nome. Tempos depois, tentei localizá-la na cidade de Uberlândia, em Minas Gerais, para onde se mudou, mas não consegui. Tenho o nome dessa costureira nos meus guardados. Chico contou também que o 'comandante' sempre ia à residência dessa costureira para buscar água da cisterna e que ficara muito impressionado com a nossa cana-de-açúcar, a ponto de pedir à costureira uma amostra, levando-a consigo para a nave. Chico informou, ainda, que nem todos os discos voadores que visitam o nosso planeta são do bem, e que devemos ter muito cuidado."

Ao finalizar seu relato, o magistrado lamentou nos dizer que não podia detalhar o caso como gostaria, pelo menos no momento, pois as suas anotações da época ainda não foram localizadas. Este seu depoimento é fruto exclusivo de suas lembranças, lances principais que indelevelmente ficaram gravados em sua memória. O seu testemunho tem por objetivo apenas corroborar o de Geraldinho, mostrando que a lavadeira de Pedro Leopoldo e o sobrinho de Chico tiveram contatos de terceiro grau; e que o médium sabia desses contatos e falava deles com os seus mais próximos, com aqueles que tinham o "direito" de saber detalhes e poderiam assimilar experiências tão extraordinárias com discos voadores.

É preciso notar que, em seu relato, Chico Xavier não se referiu às experiências do chamado "contatismo", prática comum na Ufologia Mística, no qual ocorreria a subjetiva transmissão de pensamento entre o homem e o alienígena, mas sim à casuística concreta; e, neste caso, a alçada é da Ufologia Científica, estudo realizado por meio de observações, pesquisas e registros por tecnologia. Em outras palavras, é preciso ter efetivamente o UFO nos céus (visível a todos e detectável por aparelhos) ou o alienígena (fazendo contato de proximidade, ainda que apenas visual), para que haja a "logia", o estudo rigoroso do fenômeno.

Portanto, os contatos de terceiro grau com o "sobrinho de Chico" (que entrou na nave) e com a costureira (com quem o suposto comandante coletou amostras de água e cana-de-açúcar), são eventos sugestivos de seres densos, criaturas concretas como nós. Por certo, tais criaturas deveriam vir de distritos extrassolares distantes e aqui, na Terra, de modo mais ou menos velado, fariam contatos, estudos e experiências para o próprio conhecimento. Quanto a nós, cabe-nos acurado estudo da questão extraterrestre, em todas as suas nuances, para decifração inequívoca.

50

CHICO XAVIER: "OS DVS SÃO NAVES INTERPLANETÁRIAS DE OUTRAS REGIÕES DA NOSSA GALÁXIA"

Numa época em que sigilosamente as grandes potências, especialmente os Estados Unidos e a antiga União Soviética, viviam a chamada Guerra Fria, na qual uma nação tentava sobrepujar outra em termos de tecnologia bélica, o médium Chico Xavier apontou precauções relativas aos discos voadores. Essas grandes potências chegaram a construir secretamente naves em formato discoide, simulando os discos relatados por testemunhas em várias partes do mundo. Para isso, os Estados Unidos estreitaram os laços de amizade com o Canadá e empresas de ambos os países juntaram forças para trabalharem em regime de parceria no desenvolvimento de engenhos aéreos em formato discoide.

A grande fábrica de aviões Canadian Avro Aircraft passou a trabalhar para a Força Aérea dos Estados Unidos (USAF), desenvolvendo um engenho do tipo disco. Sua engenharia de projetos acreditava que a melhor maneira de entender os objetos discoides seria tentando produzi-los. Por conseguinte, o bom trânsito de informações secretas deveria ser crucial. E o fluxo delas ocorreu não só entre os governos, mas, saindo deles, chegou à cúpula das grandes empresas.

Foi assim que na investigação dos UFOs apareceram equipes altamente capacitadas, oriundas de empresas renomadas, tais como a IBM, a Hughes Aircraft, a Bell Labs, a Dow Corning e outras. Em razão da Guerra Fria e do ganho em negócios com tecnologia de ponta, essas empresas colocaram a campo o seu pessoal altamente especializado para obter informações, investigar tudo o que estava ligado aos UFOs e desenvolver tecnologia militar avançada.

O estudo dos fragmentos da nave alienígena acidentada em Roswell, em 1947, proporcionara aprofundados estudos de engenharia reversa. E em meados de 1959, um protótipo de disco-voador com cerca de sete metros de diâmetro foi apresentado ao público norte-americano pela empresa canadense Avro. Embora essa tentativa de construção tivesse malogrado, ainda assim o projeto seguiu, sugerindo para o futuro lançamentos de aeronaves com formato mais ou menos discoide.

Foi nesse tempo que o médium espírita Chico Xavier começou a participar de inúmeras entrevistas em rádio, televisão e jornal, nunca se recusando a responder nenhuma pergunta que lhe era endereçada. O assunto "discos voadores", tidos como engenhos de outras civilizações do universo, embora não fosse sua especialidade nem sua preocupação costumava vir à baila nas entrevistas. E recebia de Chico e de seu mentor espiritual, Emmanuel, sempre a devida apreciação, com o médium se posicionando com a necessária prudência e equilíbrio ao examinar os casos. Certa feita, perguntaram ao Chico:

> Atualmente, fala-se muito em contatos de seres extraterrenos. O senhor acredita na existência de discos voadores?
>
> – "Eu acredito que existem naves interplanetárias – *respondeu Chico.* – Mas o assunto é um tanto quanto difícil, porque pertence ao campo da ciência. Nós não podemos

ignorar que, depois da Segunda Guerra Mundial, as superpotências experimentaram determinadas máquinas, mormente máquinas voadoras, naturalmente com segredos de Estado que são compreensíveis. Possivelmente teremos máquinas de formas esféricas para voar e concorrer com nossos aviões, com nossos 'Concordes' e, talvez, estejam esperando a hora certa para surgir. Se entrarmos aí numa contenta sobre discos voadores, que dependem de outros mundos, 'de outras regiões da nossa galáxia', e se as sedes desses engenhos não permitir que eles venham visitar a Terra durante muito tempo e *[nesse ínterim]* aparecerem as máquinas esféricas das superpotências, então com que rosto iríamos aparecer? Vamos deixar que a ciência resolva este problema".[56]

Observa-se hoje que Chico Xavier fora perfeito em sua resposta. Em seu tempo, ele acreditava em "naves interplanetárias" e a hipótese extraterrestre lhe parecia correta. Mas o tema era difícil de ser abordado, porque os Estados Unidos e a antiga União Soviética estavam projetando, em regime secreto, aeronaves inspiradas em discos voadores. A forma discoide, quando realizada, seria confundida com os engenhos alienígenas. E se os aliens parassem de vir à Terra por algum tempo, a casuística verificada após a guerra seria tomada como teste de engenhos terrestres. Por conseguinte, quem se posicionasse certificando os discos voadores como de "outras regiões de nossa galáxia", sem fazer as ressalvas necessárias, mais tarde, quando os novos engenhos fossem apresentados, seria tido como ingênuo e ficaria em má situação perante o público. Para

56. XAVIER, Francisco Cândido. *Mandato de amor*, Cf. Bibliografia (N.A.).

Chico, a comprovação dos fatos era da alçada científica, somente ela poderia resolver a questão, e ele deixou isso bem claro em sua resposta.

De fato, alguns anos depois foram dados a público os discos fabricados pelo homem, levando muito divulgador ao descrédito. Mas os pesquisadores do fenômeno UFO apresentaram uma quantidade enorme de novas evidências para mostrar que a crença popular nos discos voadores não era infundada. Ao mesmo tempo, a casuística teve prosseguimento e apresentou significativa quantidade de casos registrados com filmes, fotos e relatos de pilotos experimentados. Também veio à tona um número expressivo de abduções, as quais foram examinadas sob olhar aguçado de médicos e especialistas. Implantes alienígenas retirados de corpos humanos por intervenções cirúrgicas foram estudados com modernos recursos de laboratório. Sequestros e mutilações de animais observados em vários países receberam o detido estudo científico. Marcas intrigantes, cientificamente elaboradas e surgidas da noite para o dia, desde a década de 80, formaram agroglifos enigmáticos nas plantações e exigiram acurado estudo para decifração. O programa SETI, ao procurar sinais inteligentes de rádio no espaço, obteve ao menos uma incidência intrigante, sugerindo-nos a existência de vida tecnologicamente avançada em outro distrito da nossa galáxia. Isso tudo mostrou que há razões de sobra para a ciência continuar tomando a sério a questão ufológica, mesmo que a maior parte dos fenômenos seja sugestiva de atividade paranormal e exija dos cientistas investigações avançadas. Para além da realidade concreta dos UFOs, entra-se hoje no imponderável mundo das subpartículas que formam outras dimensões, no não menos imponderável multiverso e seus canais de ligação (Teoria dos Buracos de Vermes) e nas captações subjetivas da mente.

O fato é que a antiga crença na Pluralidade dos Mundos Habitados recebeu nas últimas décadas uma contribuição de peso: o Fenômeno UFO! Quem acreditava na vida em outros mundos, ao ver o homem lançar espaçonaves e laboratórios orbitais indagou: Por que uma civilização mais avançada não faria o mesmo? Por que não lançaria os seus engenhos para outros distritos da galáxia? E se o fizesse, sendo mais avançada que nós, tal civilização não teria já descoberto o segredo das viagens interestelares e os UFOs não seriam fenômenos extraordinários de contato?

Hoje, as respostas para estas indagações são buscadas cientificamente pela Ufologia, cujo objetivo é estudar as eventuais manifestações de outras civilizações do cosmos, de seres vivos que chegariam à Terra por um caminho espacial que hoje nos é desconhecido. Quanto à Doutrina Espírita que Chico professava, ela foi definida por Allan Kardec como *"uma ciência que trata da natureza, origem e destino dos Espíritos, bem como de suas relações com o mundo corporal"*[57]. Portanto, o Espiritismo estuda o mundo dos mortos e suas manifestações no mundo dos vivos, considera que a evolução do espírito é feita no curso das vidas sucessivas, em mundos de todas as instâncias espaciais, quer numa gradação material quer numa menos material. Naqueles mundos, o espírito encarna num corpo situado dentro da escala matéria-energia, cumpre nessa gradação um ciclo vital, produz tecnologia em conformidade com o seu avanço e vive experiências que englobam conhecimento de outras humanidades do cosmos. Essa é a razão de Chico Xavier ter acreditado em discos voadores, além da experiência que ele próprio tivera como já relatamos em outro capítulo.

---

57. Allan Kardec, *O que é o Espiritismo*, Prólogo.

51

Os Filhos de Deus e outras Terras e seus contatos com João XXIII na ótica espírita

Indaga-se com frequência: Segundo a Doutrina Espírita, como interpretar a presciência de João XXIII sobre os UFOs? E seu contato com um ser alienígena, confirmado agora por seu antigo secretário particular? Como entender que uma civilização de outro sistema solar, gente física como nós, tendo que viajar a uma velocidade tão alta, incompatível com a manutenção da vida, e por milhares de anos além de seu ciclo vital, possa vir à Terra, fazer contato pessoal e voltar incólume ao seu sistema de origem? Como interpretar a entidade ET de forma racional? Acaso seria um desequilíbrio da pessoa? Como interpretar os relatos de George Adamski sobre seus encontros com seres sólidos de planetas do nosso sistema solar? Caro leitor, na condição de ufólogo e espírita, estas questões foram alvos de nossa profunda reflexão. Vamos dar aqui alguns eventos ufológicos fantásticos e sua interpretação segundo os postulados espíritas.

Pelo interesse despertado em religiosos de várias vertentes cristãs, vamos reabrir um caso intrigante, que teria ocorrido com o papa João XXIII Não há dúvida, segundo o testemunho de um de seus assistentes, de que esse pontífice fizera contato com entidade de outra civilização do cosmos.

O Santo Padre, um espírito elevado, figura humana cheia de bondade fraterna para com todos, religioso simpático que exibia sempre um sorriso franco no rosto e um comportamento simples e contagiante, foi aclamado pela cristandade como o "Bom Papa"; e de modo intrigante, conforme se observa nos relatos sobre a sua vida, Ângelo Roncalli recebera mensagens dos "Filhos de Deus" de outras Terras; tivera ele, segundo testemunho abalizado, um avistamento de naves seguido de contato pessoal com entidade extraterrestre.

O escritor italiano Pier Carpi, em seu livro *Le profezie di papa Giovanni*[58], revela a experiência de Roncalli, escrita por ele enquanto delegado apostólico na Turquia e na Grécia. Corria então o ano de 1935 e o monsenhor Roncalli trabalhava intensamente, destacando-se por sua habilidade em dialogar com religiosos de outros seguimentos doutrinários. Por ocasião de uma visita sua a um templo Rosacruz, ele começou a verberar locuções interiores de modo espontâneo, e como se estivesse em profunda reflexão, teria profetizado o encontro do homem com outra civilização do cosmos.

"Os sinais serão sempre mais numerosos: luzes no céu vermelhas, azuis, verdes; velozes... E crescerão. Alguém vem de longe e deseja encontrar os homens da Terra. Os encontros já ocorreram, mas quem os viu, verdadeiramente se calou", falou Roncalli. Não há dúvida de que profetizava a casuística ufológica que marcaria a chamada "Era moderna dos UFOs". E, ressalte-se, acertou em cheio, pois as suas palavras foram confirmadas inicialmente em 24 de junho de 1947, por Kenneth Arnold, piloto norte-americano, e, depois, por muitas outras testemunhas.

---

58. CARPI, Pier. *Le profezie di papa Giovanni*, Cf. Bibliografia (N.A.).

Façamos uma pausa aqui para explicar que Arnold, naquele dia, alçou voo do aeroporto de Chehalis, em seu avião particular, rumo a Yakima, em Washington DC, e quando sobrevoava a belíssima paisagem do monte Rainier, avistou nove objetos luzentes que, mais tarde, após as investigações da Força Aérea dos Estados Unidos, seriam classificados de UFOs e registrados no Projeto Blue Book daquele organismo de defesa.

Roncalli fizera sua profecia em 1935, mas, por certo, não esperava que ele mesmo, em 1961, seria protagonista de um encontro com outra civilização do cosmos. Hoje, sua profecia continua sendo ratificada em várias partes do mundo. Mas, curiosamente, de modo incógnito, seu contato acabou ficando em silêncio – o papa se calou do mesmo modo que dissera de outros contatados: “Os encontros já ocorreram, mas quem os viu, verdadeiramente se calou”. Contudo, o silêncio papal seria rompido por uma testemunha ocular do contato alien (ainda vamos falar disso, mais à frente).

Mensagem entregue por Adamski

Pouco antes da morte de João XXIII, ocorrida em 3 de junho de 1963, verificou-se um caso intrigante envolvendo o astrônomo amador George Adamski, o contatista mais importante daqueles tempos. Adamski teria se encontrado com o Santo Padre e levado uma mensagem extraterrestre, talvez oriunda da mesma entidade que o papa fizera contato em 1961 e mantinha-se publicamente em silêncio.

Os testemunhos dão conta de que era 31 de maio de 1963, em Roma. Dias antes, imaginando algumas palestras na Europa, o notável contatista saíra de improviso de sua residência nos Estados Unidos e fora à Itália, levando um embrulho nas mãos e sendo visto entrar no Vaticano alguns dias antes da morte do papa.

Em sucessivas declarações, Adamski dissera aos jornalistas que o objetivo de sua viagem era entregar ao Santo Padre uma mensagem ET. Assim, sua chegada a Roma não passou despercebida. O ufólogo italiano Roberto Pinotti, atento ao acontecimento, registrou que a resposta dada pela Secretaria de Estado de Sua Santidade ao investigador inglês Ronald Caswell fora desconcertante. Caswell solicitara ao Vaticano para "confirmar a visita de Adamski e o teor de sua conversa com o papa".

Na ocasião da visita, Adamski estava em Roma, acompanhado da suíça Louise (Lou) Zinsstag – parente do professor de psicanálise Carl Jung –, de sua amiga May Morlet e do diplomata italiano Alberto Perego, testemunhas que viram o contatista entrar no Vaticano, por uma porta lateral, levando na mão um pacote. Na volta, Adamski mostrou aos amigos uma medalha pontifícia, que somente os visitantes do papa recebiam de presente. Tratava-se da "Medalha Dourada de Honra" ou "Medalha da Paz", segundo outros.

Não obstante o cobiçado presente que patenteava o encontro, o evento se manteve discreto, mas não passou despercebido para Caswell, que interpelou o Vaticano. Após a resposta oficial, o jornalista inglês considerou que mais intrigante do que a medalha papal foram os dizeres do Vaticano: "A Secretaria de Estado de Sua Santidade, em resposta à recente carta enviada por Ronald Caswell à Sua Eminência, o Cardeal Amleto Cicognane, sente comunicar que não é possível conceder-lhe as informações solicitadas" *[Pinotti, Missione uomo, Armênia, 1976]*.

Com tal resposta – sem negar a visita –, não é difícil imaginar que a Santa Sé estava apenas confirmando a visita de Adamski ao Santo Padre, e que os relatos jornalísticos sobre o teor do encontro eram factuais. Afinal, o que um contatista teria a dizer ao papa senão algo sobre ETs?

Dentro do Vaticano, falava-se a boca pequena que no verão de 1961, em pleno dia, o papa fizera contato com uma entidade extraterrestre, nos jardins de sua residência. E que agora, por intermédio de Adamski, os ETs teriam passado a ele uma mensagem, cujo teor, a exemplo da anterior recebida por ele dois anos antes, jamais seria divulgado.

Numa carta datada de 15 de julho de 1964, publicada por Pinotti, Adamski registra: “Creio que a mensagem dos Irmãos ao papa tivesse a ver algo com seu sucessor, porque a maior preocupação de João XXIII era essa” (o sumo pontífice tinha câncer em estágio avançado).

Jamais se soube o verdadeiro teor da mensagem, mas o sucessor de João XXIII seria o papa Paulo VI, que este autor teve oportunidade de fotografar no Vaticano a quatro ou cinco metros de distância, no domingo de Páscoa, em 1972, religioso que se revelou de notável comunicação ecumênica.

Investigação de Leslie

Por sua vez, lorde Desmond Leslie, parente do famoso primeiro-ministro inglês Winston Churchill e amigo de George, num documentário para a televisão declarou que existem elementos substanciais sobre a visita de Adamski ao papa, e que as evidências sustentam os fatos. Leslie conta que certo dia eles alugaram um barco para passear ao longo do Tâmisa, foi quando Adamski colocou a mão no bolso, como se fosse pagar a conta, e tirou dele, tal como uma moeda de ouro, um pequeno tesouro para ele, dizendo, contente, que ninguém jamais lhe separaria daquilo. Tratava-se de uma medalha com a efígie impressa de João XXIII. Disse que quando a ganhara, o papa já estava moribundo, e mencionou tê-la recebido das mãos do próprio papa, na ocasião de seu encontro com ele no Vaticano.

Em tom amistoso, Leslie escarneceu: "Acreditaria mais se me tivesse falado de um passeio seu de bicicleta nos anéis de Saturno". Tal observação deixou Adamski contrariado, e ele respondeu sério: "Encontrei o papa, e naquela ocasião entreguei-lhe uma embalagem lacrada, recebida por mim dos homens do espaço". Acrescentou que esperava ser o tal pacote em benefício da vida do papa, e que orou muito para que isso acontecesse. Então Leslie perguntou o que havia na embalagem. Respondeu que não sabia. Mas disse ter encontrado o papa em bom estado de saúde.

Conta Leslie que, dias depois, num domingo, quando os jornais deram a notícia da morte do papa, George, profundamente consternado, exclamou de improviso, num repente: "Aqueles degenerados, mataram-no!". Mais para a frente, o médico pessoal do Santo Padre referiu-se a esse episódio; disse que o pontífice sofria de câncer no estômago, em estágio terminal, e que nessa condição não é incomum o paciente apresentar um surto de melhora aparente, tanto física quanto psicológica, tratando-se apenas de um prelúdio do colapso final. Em suma, o quadro clínico do papa estava em consonância com o que Adamski observara quando de sua visita.

Tempos depois, Leslie telefonou a quem acompanhara Adamski naquela viagem, para saber mais do encontro com o papa, e escutou: "Estávamos passeando na cidade do Vaticano. E na Praça São Pedro, Adamski apontou para um religioso e disse: 'Eis ali o nosso homem'. Tratava-se, provavelmente, de um bispo ou de um monsenhor. George se dirigiu a ele e ambos se abraçaram como velhos amigos. Em seguida, entraram na Basílica pela porta privativa e, cerca de uma hora depois, nós o vimos radiante de alegria: 'fantástico' – gritava –, 'encontrei o papa e entreguei-lhe a mensagem'".

Lou Zinsstag, correspondente suíça de Adamski, pessoa que organizava quase todas as suas conferências na Europa, confirmou que ele tinha sido recebido pelo Santo Padre. Disse que naquele dia ela estava presente na Praça São Pedro, vira Adamski entrar e sair do Vaticano, escutando dele o seguinte relato: "'Eu estava esperando por você', disse-lhe o papa [segundo George], e Adamski entregou a ele uma mensagem lacrada que havia recebido anteriormente de um Irmão do Espaço, em Copenhague. Em retribuição, o papa lhe ofereceu um novo medalhão do Conselho Ecumênico".

Interpretações de Adamski

Adamski foi católico praticante, mas em sua vida religiosa procurou sintetizar cristianismo e esoterismo oriental, vivendo um clima evangélico com reencarnação, filosofia concebida por ele na juventude, quando estagiara na Ordem Real do Tibet e fizera tal associação. Depois, começou a contatar entidades alienígenas, tidas por ele como criaturas sólidas, oriundas de planetas do nosso sistema solar. Fez uma mistura que se revelaria ilógica e publicou dois livros, nos quais contou suas experiências e mostrou sua filosofia sincrética, explicando em pormenores os seres extraterrestres e suas naves.

Disse que os ETs de Vênus, Marte e Saturno se apresentavam a ele sólidos, e que, naqueles mundos, os seres também eram sólidos. Nunca admitiu que tais entidades pudessem ser ultrafísicas, seres de uma dimensão rarefeita, criaturas materializadas na nossa atmosfera, ou que tais contatos se fizessem em estado de alma emancipada, como postulam outras doutrinas.

Nos últimos anos, Adamski denotou estar dominado por um processo obsessivo e fanatizado, em detrimento dos estudos científicos que fizera no início de suas pesquisas, revelando uma estranha fascinação e um desequilíbrio místico que desarticulavam sua interpretação do Fenômeno UFO, deixando-o distante da realidade factual.

Em 1961, declarou ter sido levado a Vênus e encontrado ali sua falecida esposa, Mary, encarnada numa menina venusiana. Os Irmãos do Espaço, segundo suas declarações, respondiam a todos os seus questionamentos sobre imortalidade da alma e reencarnação, fazendo-se uma espécie de "guia espiritual", diferentes do conceito de vida extraterrestre, na verdadeira acepção científica da palavra, e incompatíveis com as inúmeras evidências em filmes, fotos e depoimentos que ele mesmo dera aos militares em anos anteriores.

E após Vênus (planeta que na época já se sabia sem vida, uma verdadeira fornalha), ele declarou que estivera também em Saturno entre 27 a 30 de março de 1962, participando, como observador, de uma reunião com doze conselheiros do nosso sistema solar; então, chegou a tal ponto que ficou difícil segui-lo – as pessoas equilibradas afastaram-se dele, pois sabiam que vida como aquela não havia naqueles planetas, enquanto Adamski insistia em sua versão desequilibrada. Em franco descrédito, desencarnou em 23 de abril de 1965, levando consigo a medalha pontifícia que ganhara do "Bom Papa".

O contato de João XXIII

Cerca de vinte anos depois, em julho de 1985, o jornal inglês *The Sun* publicou um caso intrigante, dando conta de que o "Bom Papa" tivera um encontro inesperado com entidade extraterrestre. O artigo causaria um verdadeiro alvoroço no meio eclesiástico.

Retrocedendo a história de João XXIII, na década de 1980 os cristãos italianos e outros de várias partes do mundo davam ao espírito do "Bom Papa" a cura de muitos doentes. E o artigo do *The Sun*, ao informar que o sumo pontífice fizera contato com outra civilização do cosmos, obrigou os clérigos do Vaticano, sabendo de antemão da veracidade do caso, a pensar seriamente no desenrolar do tema junto aos católicos de todo o mundo.

No interno da Igreja, dois anos antes da morte do papa, falava-se que o contato tivera lugar em 1961, nos jardins do Palácio Pontifício, residência papal em Castel Gandolfo, província de Roma, região do Lácio, Itália. E o jornal estampou em manchete o testemunho velado do então secretário do papa. Relatava que a nave tinha forma oval e luzes intermitentes, azul e âmbar. "Pareceu sobrevoar a nossa cabeça, depois aterrisou sobre a grama, no lado sul do jardim", disse ao jornal o assistente do papa. E o relato estampado no *The Sun* dava conta de que um estranho ser saíra da nave: "Parecia um humano, a exceção de que estava rodeado de uma luz dourada e tinha orelhas alongadas", explicou o assistente.

Então, diante do inesperado – conforme registra o jornal –, Sua Santidade e o assistente se ajoelharam. Não sabiam ainda o que estavam vendo, mas sentiam que não era deste mundo e, portanto, devia ser um acontecimento celestial. Após um lapso de tempo, o Santo Padre levantou-se e caminhou para o ser. Os dois estiveram juntos de 15 a 20 minutos, parecendo falar intensamente. Não chamaram o assistente, de modo que aquele permaneceu onde estava e não pôde ouvir nada do que falaram. Então, o ser deu meia-volta e caminhou para a nave; em seguida, ela se foi. O sumo pontífice voltou então ao assistente e disse-lhe: "Os filhos de Deus estão em toda a parte, e certas vezes temos dificuldade em reconhecer nossos próprios irmãos".

Pelo testemunho, um tanto velado a transpirar do jornal, e por ser, certamente, uma experiência incomum, o relato passou relativamente desacreditado do público, mas no interior do Vaticano algumas providências seriam notadas – a vida extraterrestre passou a ser estudada cientificamente e verificaram-se alterações substanciais nas atividades do Observatório do Vaticano.

Ressalta-se que esse Observatório antigo, fundado em 1572 pelo papa Gregório XIII, em 1939 foi levado por Pio XI a Castel Gandolfo, residência de verão do sumo pontífice, tendo recebido ali novos instrumentos e criado um departamento de astrofísica para estudo da estrutura e evolução da Via Láctea. Mas a experiência de João XXIII, em 1961, causou uma reviravolta nos estudos: grande quantidade de clérigos ligou-se às ciências astronômicas e passou a estudar a questão alienígena. Em 1985, com o vazamento do contato alien para o jornal inglês e outro norte-americano, o estudo da vida extraterrestre ganhou nova importância nos círculos mais íntimos da Santa Sé. Afinal, a Igreja que no passado catequizara, talvez, agora, estivesse prestes a ser catequizada. O contato do papa fora surpreendente e exigia novos estudos e novas posturas.

Pensou-se seriamente numa segunda frente de investigações, desta vez fora da Itália. O local mais sugestivo era nos Estados Unidos. Em 1981, fundou-se em Tucson o Grupo de Pesquisa do Observatório do Vaticano. E em 1993, com a colaboração da Universidade do Arizona, concluiu-se a construção do Telescópio de Tecnologia Avançada do Vaticano, no Monte Graham, deserto do Arizona. O local fora considerado um dos melhores do mundo para visibilidade astronômica e ponto em que a nação dos Apaches dizia ter feito contato com a Civilização das Estrelas.

A construção em Monte Graham foi uma verdadeira luta para a Igreja. Os Apaches afirmavam que o Observatório era uma afronta aos espíritos da montanha; os ambientalistas, por sua vez, davam-no como séria ameaça a uma subespécie de esquilo-vermelho, própria do local. Superados os protestos e as ameaças de sabotagem, o Telescópio entrou em operação em 1995 e firmou-se como peça mais importante nas investigações científicas da Igreja.

Não foi à toa que o saudoso monsenhor Corrado Balducci, conceituado teólogo italiano e o mais famoso exorcista da Igreja, impressionado com a experiência papal, decidiu entrar a fundo no estudo do Fenômeno UFO. Nos últimos anos de sua vida, Balducci ofertou importantes contribuições de caráter teológico e filosófico para a Igreja interpretar a existência de outras formas de vida no universo. Suas afirmações constituíram ponto fundamental para clérigos de todas as ordens religiosas, inclusive para o jesuíta José Gabriel Funes, atual diretor do Observatório do Vaticano, fazerem ligações das Escrituras com os fenômenos ufológicos.

Funes é hoje um padre jesuíta maduro, beirando a casa dos 50 anos, nascido em Córdoba, Argentina, e há alguns anos diretor daquele Observatório. Licenciado em astronomia, sempre deixou claro ser um estudioso da exobiologia. Numa entrevista dada em 2008, ao *Osservatore Romano*, periódico oficial do Vaticano, ele alertou os católicos sobre a questão alienígena, dizendo: "Deus poderia ter criado vida inteligente em outras partes do universo e, se assim for, 'eles' seriam os nossos irmãos de outras Terras".

Em dias recentes, durante uma semana especial de estudos organizada pela instituição astronômica que dirige, Funes avançou mais em suas ideias e declarou: "Embora a astrobiologia seja campo novo e tema em franco desenvolvimento, as questões relativas à origem da vida e sua existência em outras partes do cosmos são muito interessantes e merecem sérias considerações. São assuntos de implicações filosóficas, associados à teologia. Não reconhecer a existência de outras espécies inteligentes no universo seria menosprezar a capacidade criativa de Deus".

Tais palavras, vindas desse proeminente científico da Igreja, mostram o interesse do Vaticano na questão extraterrestre. Sua posição, altamente considerada por padres de todo o mundo, foi no sentido de não se colocar mais o homem terrestre como centro da criação universal, porque o impacto poderia ser contrário. Pelo posicionamento de vários especialistas do Vaticano, não estaria distante o contato formal dos extraterrestres, quer por astronave, quer à distância, via instrumentos.

Testemunho de monsenhor Capovilla

Justificando as iniciativas astronômicas da Santa Sé, cujo intuito fora entender o universo em suas várias facetas e a sugestiva vida extraterrestre no cosmos, destaca-se a recentíssima declaração de monsenhor Capovilla, ex-secretário pessoal do papa João XXIII, pessoa que testemunhou junto ao pontífice um encontro de terceiro grau com entidade alienígena. Somente agora, exatamente meio século depois, o notável clérigo, já ancião, veio a público, conforme os relatos vindos da Itália, para contar sua história invulgar, repercutida hoje amplamente em várias partes do mundo. Traduzimos aqui sua narrativa:

> "Caminhávamos. Tínhamos o lago a poucos passos de distância e o silêncio de uma das vilas mais bonitas da Itália. Caminhávamos assim como tínhamos feito mil vezes naquelas belas tardes de verão, lado a lado, como dois amigos, como pessoas comuns que querem espairecer e ficar longe da rotina diária. Era julho, uma tarde de julho de 1961, quando aconteceu... Nós as tivemos sobre nossa cabeça: Luzes! Eram luzes coloridas – azul,

laranja, âmbar. E então... e então aconteceu o imponderável, o impossível. É ainda difícil de contar o inconcebível, assim de um só fôlego. As luzes são astronaves! As astronaves são discos espaciais no céu azul de uma tarde comum, em Castel Gandolfo; depois, elas se movem silenciosamente, ficam à frente, de modo inconfundível e por alguns minutos, daquelas duas figuras que caminham lado a lado como pessoas comuns. Após o contato visual, uma astronave se separa do rebanho, paira no alto e, em seguida, aterrissa no lado sul do jardim. A porta traseira da astronave se abre e para fora da cabine sobressai algo – é absolutamente humano! Apenas se destaca uma luz ao seu entorno; uma luz que o envolve por completo. Caímos os dois de joelhos. Depois, o papa se levantou e, sem hesitar, foi em direção ao Homem, rumo àquele ser absolutamente humano, mas envolto em uma luz tênue, delicada, penetrante. Falaram por cerca de 20 minutos, mas não me era possível ouvir as vozes – não ouvi nada, embora eles falassem, gesticulando por 20 minutos, por mil e duzentos intermináveis segundos. Depois, o Homem deu as costas e voltou para o local de onde havia saído. O papa olhou para mim e chorou, numa cena que lembra hoje a fantasia romântica de ficção. No entanto, cerca de vinte anos depois, o *The Sun* estampou o caso em manchete, atribuindo o relato a mim, arcebispo Francesco Loris Capovilla, secretário pessoal de Ângelo Giuseppe Roncalli – papa João XXIII, o 'Bom Papa'. Durante anos, Roncalli guardou para si a memória daquela tarde, e eu respeitei o seu silêncio. Falaram-se, mas não me pediram para me aproximar. Foi só isso. Jamais pude esquecer as palavras de Sua Santidade, quando o Homem afastou-se e desapareceu com sua astronave: 'Os Filhos de Deus estão por toda parte, e algumas vezes temos dificuldade em reconhecer os nossos próprios irmãos'. Hoje, 50 anos depois, a recordação daquela estranha tarde volta com todo seu mistério, trazendo, nestes tempos, dúvidas e perplexidades, mas também a esperança de encontrar aquilo que por anos estive procurando – a prova que possa demonstrar a existência de civilizações alienígenas."

Presciência do papa na ótica espírita

Indaga-se: segundo a Doutrina Espírita, como interpretar a presciência de João XXIII sobre os UFOs e seu acerto de futuros contatos alienígenas? A premonição do papa, então monsenhor Roncalli, efetuada em 1935, nos faz considerar que tal cometimento, segundo a ciência espírita, poderia ter sido "acidental" ou "espirítico". Caso fosse acidental, a locução da presciência teria ocorrido de improviso, com o próprio espírito do papa se emancipando espontaneamente do corpo e, na condição de alma liberta, vislumbrado ocorrências futuras; caso fosse espirítico, haveria atuação de um espírito amigo, o qual, tendo a presciência dos acontecimentos futuros, poderia sensibilizar a mente de Roncalli e ter efetuado as premonições. Na psicobiofísica espirítica, essas duas interpretações são válidas. Mas assoma a indagação capital – como seria possível conhecer o futuro?

A resposta a essa questão foi dada por Allan Kardec, codificador do Espiritismo, em seu livro *A Gênese*[59]. Ele argumenta nessa obra que muitos dizem não existir as coisas futuras,

---

59. KARDEC, Allan. *A Gênese*. Capítulo XVI, "Teoria da Presciência". FEB, 1994 (N.A.).

pois elas ainda não ocorreram, encontrando-se no nada; sendo assim, como saber que haverão de ocorrer? Acontece que os casos proféticos são em grande número, tornando-se forçosa a conclusão de que se verifica neles um tipo de fenômeno cuja explicação falta a chave de entendimento, porque não há efeito sem causa. A ciência espírita dá essa causa, mostrando que as predições não se realizam excluindo as leis naturais. O exemplo dado é o das coisas usuais. Kardec explica:

> "Suponhamos um homem colocado no cume de alta montanha, observando a vasta extensão da planície em seu derredor. Nessa situação, o espaço de alguns quilômetros pouco será para ele, pois poderá facilmente ver de um só golpe todos os acidentes do terreno, de um extremo a outro da estrada que lhe esteja diante dos olhos.
>
> "Um viajor a pé, por seu turno, que pela primeira vez percorra essa estrada, sabe que, caminhando, chegará ao fim dela. Isso constitui uma simples previsão da ocorrência que terá a sua marcha. Entretanto, os acidentes do terreno, as subidas e descidas, os cursos d'água que terá de transpor, os bosques que haja de atravessar, os precipícios em que poderá cair, as casas hospitaleiras onde lhe será possível repousar, os ladrões que o espreitem para roubá-lo, tudo isso independe da sua pessoa, pois para ele é o desconhecido, o futuro, porque sua vista não vai além da pequena área que o cerca. Quanto à duração da viagem, mede-a pelo tempo que gasta para percorrer o caminho. Se acaso lhe for tirado os pontos de referência, a duração desaparecerá.
>
> "Contudo, para o homem que está em cima da montanha e segue o pedestre com seu olhar, tudo aquilo

é presente. Suponhamos que esse homem desce de seu ponto de observação e, indo ao encontro do viajante, lhe diz: 'Em tal momento, encontrarás tal coisa, serás atacado e socorrido'. Assim, o homem de cima da montanha estará predizendo o futuro, mas, futuro para o viajante, não para ele, autor da previsão, pois para quem enxerga do alto, o futuro é o presente."

Comentando essa narrativa que ilustra o fenômeno da presciência, Kardec considera que se sairmos do âmbito das coisas puramente materiais e entrarmos em estado de espírito emancipado, ou, ainda, em estado de contato mediúnico com espírito evoluído, teremos o mesmo fenômeno se produzindo em maior escala. Porque os espíritos desmaterializados são como o homem da montanha; para eles, não existem dificuldades inerentes ao espaço e o tempo – enxergam tudo do alto. Mas a extensão da presciência e a penetração da vista são proporcionais à depuração do espírito motor e à elevação já alcançada por ele na hierarquia espiritual – quanto mais evoluído, mais longa e profunda a visão profética.

Com essas explicações, é possível afirmar, segundo a psicobiofísica espírita, que o papa João XXIII, por ser um espírito elevado, pôde acessar em 1935 as altas esferas da espiritualidade e fazer as profecias que fez, quer em estado de alma emancipada, quer por comunicação de espírito amigo, oriundo da esfera crística.

Mais tarde, em 1961, o encontro do sumo pontífice com a entidade alienígena (confirmado agora, em 2011, por monsenhor Capovilla, seu secretário particular na época), denotaria o motivo pelo qual, nos idos de 1935, o papa profetizara. Aquela locução profética seria um preparativo para o seu encontro com outra civilização do cosmos, como se observou depois em Castel Gandolfo.

Contudo, não obstante sua presciência e o mérito de espírito evoluído, ainda assim o Santo Padre preferiu silenciar o encontro; pois, certamente, considerou que os cristãos precisavam ainda de mais preparação para ter detalhes de tão extraordinário incidente, bem como os clérigos teriam de preparar-se ainda mais para aceitar evento tão incomum. Nota-se que não fora sem motivo, nos últimos anos, o intenso esforço do Vaticano em conhecer a fundo a astronomia, a exobiologia e a casuística ufológica, para vislumbrar a pluralidade dos mundos habitados e adotar novas iniciativas na Igreja.

O desequilíbrio de Adamski

Indaga-se: como interpretar os contatos de George Adamski com seres sólidos de planetas do nosso sistema solar? O que teria acontecido para esse contatista ficar desequilibrado? Tais indagações podem ser respondidas tomando-se como fundamento os postulados da Doutrina Espírita. Segundo dela se depreende o nosso planeta, antes de solidificar-se e reunir condições de vida, passou por uma fase em estado de energia tão demorada quanto à sólida. Assim como a vida pôde eclodir e evolucionar na matéria sólida, não haveria impedimento lógico para que uma vida “menos material” que a nossa, postada no mundo das partículas, pudesse surgir e prosperar enquanto o aglomerado estivesse em estado de energia, firmando-se ali como inteligência dimensional, antes de a vida eclodir na matéria densa. De fato, o Espiritismo postula esse tipo de vida não só nos planetas solares, mas em todos os orbes do universo.

Com tal postulado, considera-se que, após a fase de condensação, as energias emanadas dos orbes sólidos puderam ofertar novas chances de progresso àquela vida dimensional rarefeita, possibilitando a ela maior avanço, a ponto de dominar o processo de materialização e desmaterialização de seus engenhos e de suas bioformas nos mundos tridimensionais.

Com essa transmutação insólita, seria possível àquele tipo de vida fazer experiências e interagir conosco, temporariamente, em estado sólido, postada numa oitava abaixo de sua escala rarefeita. Assim, seres ultrafísicos, naturais do mundo das partículas, cuja bioforma original não pode ser notada pelos olhos da carne, estariam agindo no mundo da matéria e fazendo contato com o homem, a ponto de serem percebidos tais como os seres humanos.

Dir-se-ia que tal como o homem, a entidade ultrafísica em seu mundo natural cumpriria também um ciclo de vida. Embora invisível ao homem, assim como o espírito desencarnado, difere deste porque nasce, cresce, se desenvolve, reproduz, amadurece e morre. Ao longo da vida, em sua esfera de origem, desenvolve tecnologia e faz incursões a mundos tridimensionais, como a Terra, por exemplo, para adquirir novas experiências e evoluir ainda mais na ciência e na moral.

Dir-se-ia que assim como da reunião de átomos nascem na Terra os seres densos, de modo semelhante, da reunião de partículas subatômicas, nasceriam, nas dimensões rarefeitas, outros corpos e outros mundos em que os espíritos se corporificam, cumprindo, numa bioforma menos material, sua escalada de progresso em regime de vidas sucessivas.

Além dos círculos espirituais, naqueles distritos rarefeitos haveria também esferas em que viveriam entidades "encarnadas", por assim dizer, as quais, para nós, seriam tão invisíveis como os espíritos, embora, para elas, a distinção dos espíritos imortais e o propósito da vida numa bioforma passageira fossem distintos e diferenciados, cumprindo cada tipo de vida seu propósito evolutivo.

Nas esferas ultrafísicas, certas bioformas teriam uma silhueta semelhante à nossa e realizariam atividades avançadas de cunho técnico-científico. Se o quisessem, poderiam nos fazer percebê-los de modo raro, dando consistência ao próprio corpo e aos engenhos menos materiais que operam, sem que a nossa ciência, no atual estágio de progresso, pudesse compreender as suas aparições e os seus contatos extraordinários.

Essa seria a razão de os encontros ufológicos perturbarem tanto o raciocínio humano, confundirem o entendimento e desequilibrarem a pessoa tal como se verificou com George Adamski. Por analogia, compreende-se que a mesma instabilidade poderia ter havido com os seguidores de João XXIII, caso o Santo Padre não fizesse silêncio de seu contato em Castel Gandolfo.

Vida menos material postulada pelo Espiritismo

Tais entidades alienígenas seriam semelhantes àquelas que Allan Kardec publicara na *Revista espírita* de março e maio de 1867, com o título *Relato extraterreno de Lúmen*, escrito pelo astrônomo Camille Flammarion. Kardec faria menção desses artigos em "nota de rodapé" de seu livro *A Gênese*[60], no qual o codificador remete o leitor àqueles textos da *Revista*, editada dois anos antes.

Em outro seguimento de *A Gênese*, vem a explicação daquela vida que, segundo os registros de Kardec, estaria "encarnada" em outro orbe. O codificador escreve: "Foi espalhada uma diversidade prodigiosa [de bioformas encarnadas], ini-

60. KARDEC, Allan. *A Gênese*. Capítulo VI, "Uranografia geral – Sucessão eterna dos mundos 51" (N.A.).

maginável, em todas as 'habitações etéreas' que vogam no seio dos espaços"[61].

Alguns anos depois, em 1872, Flammarion publicaria na França os relatos extraterrenos, mas de modo mais detalhado. De fato, no livro *Récits de l'infini,* o renomado astrônomo chama as entidades dimensionais de ultraterrestres (UTs) e insere esse nome na *Primeira narrativa* do livro. Em seguida, publicou-o também na Inglaterra, mas com o título de *Lúmen*; no Brasil, a obra seria editada somente em 1938, pela Federação Espírita Brasileira, sob o título *Narrações do infinito.*

Nessa obra, Lúmen apresenta-se como espírito desencarnado que visita vários orbes do universo e relata o que vê neles. Explica que os seres encarnados em bioformas "menos materiais" teriam um corpo cujo interior seria, para eles, tão visível quanto o exterior. Para o espírito Lúmen, os habitantes de Sírius são mais belos e aperfeiçoados que os homens da Terra. Ele assim descreve as entidades:

> "A beleza da virgem não se quebra pela fecundação, pois o amor e a maternidade não são ali contraditórios. O homem [menos material] se apercebe das operações físico-químicas que se realizam no interior de seu corpo. Enquanto no organismo terrestre não se vê a maneira pela qual os alimentos são assimilados, o modo por que o sangue, os tecidos, os ossos se renovam e como todas as funções se executam automaticamente, sem que o pensamento as perceba, como também não são percebidas as moléstias e suas causas; lá, ao contrário, a criatura sente os movimentos da sua manutenção vital, no

---

61. Ibid, "A vida universal 61" (N.A.).

mesmo grau em que o homem sente um prazer ou um sofrimento – a alma conhece absolutamente o corpo que ela rege de modo soberano. E pode mudar de corpo, sem passar pela circunstância da morte"[62].

"Outra faculdade essencial dos habitantes desses mundos é a de enxergar muito longe; os seres não estão encarnados num envoltório grosseiro como o terrestre, mas são mais livres e dotados de elevada percepção ocular, podendo isolar a fonte iluminadora do objeto iluminado e perceber os detalhes de orbes distantes, que ao homem ficariam encobertos, pois os ultraterrestres possuem outras faculdades"[63].

Kardec, por sua vez, relata esse tipo de vida rarefeita inclusive nos planetas do nosso sistema solar. Fala de espíritos que estariam ali encarnados em corpos "menos materiais" e dá a entender, por conseguinte, que tais entidades seriam tão invisíveis para nós quanto os espíritos. O codificador deixa patente esse tipo de vida em vários de seus livros. Vamos observar apenas mais algumas citações.

Querendo explicar a Doutrina dos Espíritos de modo simples às pessoas com conhecimento apenas superficial da doutrina, Kardec lançou a obra *O que é o Espiritismo*. Nela, ele fala que há no cosmos mundos diferentes da Terra, cujos habitantes possuem um organismo físico menos materializado, não se sujeitando mais às dores e às doenças. E completa seu raciocínio dizendo que há outros mundos ainda mais adianta-

---

62. FLAMMARION, Camille. *Narrações do Infinito*. p.164-67 (fragmentos), Cf. Bibliografia (N.A.).

63. Ibid, p.18-20 (fragmentos) (N.A.).

dos, onde o invólucro corporal é quase fluídico e aproxima-se, cada vez mais, da condição dos anjos[64].

Em *O Livro dos Médiuns*[65], ao comentar sobre os *Médiuns pintores e desenhistas*, Kardec registra que certa feita surgiu grande número de pretensos médiuns desenhistas, que em razão dos feitos mediúnicos de Victorien Sardou se fizeram instrumentos de espíritos zombadores, os quais se divertiam fazendo desenhos ridículos e grotescos. Tais desenhos, não se aproximavam aos notáveis desenhos de Júpiter, feitos mediunicamente por Sardou e publicados na *Revista espírita* por Kardec, em agosto de 1858.

O artigo da *Revista* que Kardec remete o leitor, dá que os habitantes de Júpiter têm tamanho maior que o do homem, mas possuem a forma humana. Entretanto, a bioforma é mais bela e mais pura, lembrando um foco vaporoso e imaterial, todo luminoso, sobretudo os contornos do rosto e da cabeça, de onde a inteligência irradia como foco ardente. Compreende-se que tal esfera de vida seja etérea, e que tudo do que é falado por ele seja etéreo. Não há dificuldade para se entender que tais habitantes sejam ultrafísicos, algo semelhante à entidade enigmática que fez contato com o papa João XXIII, pois a descrição do religioso dava conta de "um ser absolutamente humano, mas envolto em uma luz tênue, delicada e penetrante".

De fato, em *O Evangelho Segundo o Espiritismo*, falando sobre os *Mundos superiores e inferiores – item 9*, Kardec registra que nos orbes adiantados a forma corpórea é sempre humana, embora mais embelezada, perfeita e pura, mas o corpo nada

---

64. KARDEC, Allan. *O que é o Espiritismo*. Capítulo III, 107 (N.A.).
65. KARDEC, Allan. *O Livro dos Médiuns*. Capítulo XVI, 190 (N.A.).

tem ali da materialidade terrestre. Os sentidos são mais apurados, sem o embotamento dado pela grosseria dos órgãos da carne. O peso corporal específico torna a locomoção mais rápida e fácil – desliza na superfície e, na atmosfera, se alça sem esforço, senão o da vontade, à maneira dos anjos. A entidade apresenta-se aos amigos em forma conhecida, mas iluminada por uma luz divina, transfigurada por suas impressões interiores que são sempre elevadas. Traz no rosto o brilho que os pintores traduzem pela auréola dos santos. Durante a vida, o ser "encarnado" em matéria rarefeita goza de uma lucidez que o põe em estado de quase permanente emancipação da alma, podendo interagir, também, em seu estado natural, nas esferas espirituais, contatando entidades desencarnadas. Fala por transmissão de pensamento e o advento da morte não lhe causa horror nenhum.

Em linhas gerais, a descrição do ser ultrafísico, dada por Kardec, expressa os caracteres da entidade alienígena nos contatos ufológicos de alto nível, verificados desde os tempos remotos, presentes inclusive nas Escrituras Sagradas de vários povos, tipo de entidade que, sugestivamente, teria feito contato com o papa João XXIII.

Como seria possível ao ET vir de tão longe

Atualmente, os científicos mais exigentes questionam como entender que uma civilização de outro sistema solar, gente física como nós, tendo que viajar presumidamente a uma velocidade tão alta, incompatível com a manutenção da vida, e por milhares de anos além de seu ciclo vital, possa aqui chegar saudável, fazer contato pessoal, falar a nossa língua e voltar incólume ao seu distrito espacial distante? Na verdade, os científicos não sabem interpretar a questão extraterrestre.

Quanto a nós, tivemos a oportunidade de escrever longamente sobre algumas hipóteses de como os ETs chegariam aqui, no livro *Os escolhidos da ufologia na interpretação espírita*. Mas, para quem não é cientista, assim como nós, tudo fica sempre no campo das hipóteses, as quais precisariam ser testadas para comprovação ou reformuladas para buscar alternativas melhores.

Oficialmente, a resposta da nossa ciência para a questão extraterrestre é apenas uma: cientificamente não é possível chegar aqui! Para ela, espaçonave nenhuma poderia viajar à velocidade da luz, pois todo material conhecido se transformaria em energia, extinguindo todo tipo de vida. Para a ciência, no estagio atual, não se pode viajar sequer próximo da rapidez da luz; e mesmo que, hipoteticamente, uma viagem relativística fosse conseguida, a própria velocidade da luz seria insuficiente para seres densos alcançarem outras galáxias ou pontos distantes da nossa própria galáxia, pois, na melhor das hipóteses, seria preciso viajar milhares de anos que superariam de muito a longevidade vital de qualquer criatura vivente em qualquer parte do universo. Para a ciência, a velocidade da luz não pode ser ultrapassada. Mas, segundo os testemunhos ufológicos, os ETs parecem superá-la de muito, pois chegam aqui sem quase gastar tempo.

Tais objeções pouco significam para pessoas que viveram uma experiência ufológica e ficaram convencidas de que o contato fora realizado; afinal, foram elas que viram o fantástico, não o científico que quer explicar tudo, sem ter visto nada. Para elas, não seria prudente instruir o papa, os oficiais da força aérea e todo tipo de gente séria, altamente qualificada, em pleno estado de saúde física e mental, testemunhas pessoais do Fenômeno UFO, que se houver um contato alien considerem apenas não ser possível; que o avistamento é apenas uma ilusão e digam aos ETs para voltarem a seu orbe, pois a nossa ciência diz que "eles" não podem chegar aqui. Para elas, o absurdo é esse.

Talvez fosse melhor que os nossos cientistas estudassem *a priori* a questão alienígena, procurando vê-la com outros olhos, sem o preconceito imobilizador. Oportuna seria a tentativa de entender o extraordinário, formular outras teorias ou aprofundar as existentes, no intuito de encontrar outras chances e alastrar os limites atuais do conhecimento, visando interpretar a questão ET de modo satisfatório.

Sem dúvida, esta alternativa nos parece a mais sensata, aquela que deveria guiar as ações criativas do homem e seu desenvolvimento científico, pois hoje não há cientista digno de crédito que não considere teoricamente a existência de vida em alguma parte do universo. E se essa vida extraterrestre, na verdadeira acepção da palavra ET, for milhões de anos mais avançada que a nossa, por certo já terá desenvolvido tecnologia que, para nós, humanos, é algo comparável à "magia". Nada do que conhecemos em termos científicos seria parecido.

Portanto, não é porque não sabemos como fazer as tais viagens, que outras civilizações do cosmos não possam fazê-las. E não se descarta que, agora mesmo, os ETs estejam nos observando de algum ponto distante do cosmos ou, veladamente, de algum ponto da Terra, semelhante a nós quando observamos as formigas, que nada sabem da nossa existência. Para as indagações capitais, apenas a nossa ciência poderá respondê-las com propriedade, após estudar detidamente a questão alienígena e aprimorar-se nas teorias e postulados a ela pertinentes.

52

Epístola Lentuli — a verdadeira fisionomia de Cristo

O *OPUS SECTILE* escavado na Porta Marina de Óstia, datado do ano 394, mostra a fisionomia de Cristo com a barba bifurcada, assim como informada na EPÍSTOLA LENTULI, e dá legitimidade ao antigo documento escrito na Judeia pelo senador Públio Lentulus.

As interpolações artificiosas na *Epístola Lentuli*, feitas por copistas da Idade Antiga, entre os anos 275 a 302, pouco antes das perseguições de Diocleciano, não foram percebidas por teólogos imediatamente posteriores; razão pela qual, a partir da Idade Média Tardia, quando os estudos se tornaram mais intensos, os estudiosos foram compelidos a qualificá-la de "falsa", dando-a como oriunda de algum ponto inicial da Baixa Idade Média. Hoje, entretanto, tal qualificação não mais se sustenta. Os recentes achados arqueológicos em Roma, nas escavações do Porto de Óstia Antiga, mostraram um *Opus Sectile* com a figura de Jesus tendo a barba repartida ao meio, exatamente como descrita na *Epístola Lentuli* e, ressalte-se, em nenhum outro apócrifo com tal detalhe da barba, senão na *Lentuli*.

Nas escavações do Porto de Óstia, achou-se num edifício um mosaico de mármore com a fisionomia de Cristo, cuja peça foi datada do ano 394. Após o saque vândalo de Genserico, em

455, Óstia entrou em franca decadência. Sabe-se também que na Alta Idade Média (em 526 e anos posteriores) houve maremotos e abalos sísmicos que destruíram o Porto. Então Óstia entrou em queda vertiginosa até ser saqueada pelos sarracenos e ficar completamente despovoada no século IX, deixando soterrado por séculos essa arte com o rosto de Cristo. A partir da Idade Média Tardia, os teólogos que se detiveram ao estudo da *Epístola Lentuli* desconheciam por completo esse retrato, simplesmente porque aquela parte do Porto estava soterrada desde há muito.

As primeiras escavações em Óstia Antiga foram iniciadas em 1938, mas tiveram de ser interrompidas em 1942, devido à Segunda Grande Guerra. A retomada dos trabalhos verificou-se apenas em 1959, estendendo-se até 1961. Nesta segunda fase, encontrou-se um mosaico artístico contendo a fisionomia de Cristo, mas os detalhes da figura só foram publicados em 1969, por Giovanni Becatti, em sua obra *Scavi di Ostia VI – Edificio com opus sectile fuori Porta Marina*, editado em Roma. A datação do Opus Sectile pôde ser realizada de modo preciso graças ao achado, em meio à argamassa, de 83 moedas cunhadas com a efígie do imperador Magnus Maximus, que governou o Império Romano de 383 a 388. E como as moedas deixaram de circular em 394, tal fato justificou a grande quantidade delas em meio às juntas da construção.

A princípio, em razão das figuras próximas ao *Opus Sectile do Cristo* não sugerirem nada de "arte sacra", pensou-se que o achado fosse apenas a figura de um professor ou filósofo antigo. Contudo, examinando-se os detalhes do *Opus Sectile*, concluiu-se ser de fato uma representação do Cristo. Trata-se de "arte religiosa" não destinada ao culto, mas sim à divulgação da ideia cristã ao público; não tem os requintes que despertam a emoção, apresentando-se breve e sem valor devocional ao ícone. Não se trata de uma "arte sacra", cujo objetivo é despertar no crente um clima religioso, incutindo nele um aspecto alusivo ao sublime para estímulo de sua fé, da concentração e autocatarse mística. A beleza do *Opus Sectile* está na harmonia e suntuosidade do conjunto, que apresenta figuras trabalhadas no mármore com perfeição e arte apurada.

Sem dúvida, trata-se de uma das primeiras imagens do Cristo com a marca inconfundível da Epístola Lentuli – "a barba repartida no meio". É uma figura de homem da cintura para cima, a meio corpo, com idade na casa dos 30 anos; vestido com toga branca que lhe cobre os braços, mas deixando a mão direita erguida e um gesto com três dedos característico da bênção do Cristo; cabelos compridos, ao estilo dos Nazarenos, avermelhados e repartidos no meio; barba não muito longa, pouco mais escura que os cabelos, bifurcada no queixo, como descrito na *Lentuli*; no alto da cabeça, uma inconfundível auréola branca realça sua condição divina que, juntamente com os dedos, não deixa dúvida de ser uma representação do Cristo, abençoando quem parte ou chega a Roma. A fisionomia em mural de mármore encontra-se hoje no *Museo dell'Alto Medioevo*, em Roma.

Quando se junta o precioso *Opus Sectile*, do ano de 394, achado na suntuosa Óstia Antiga, com a pintura do Cristo Barbado da Catacumba de Santa Commodilla, do fim do século IV, e a pintura do Cristo e os Apóstolos da Igreja de Santa Pudenziana, do ano 399, todos em Roma, não resta dúvida de que a *Epístola Lentuli* era conhecida e usada para representar o Cristo na sede do governo Imperial, durante a Idade Antiga.

Não há que se alegar que tais representações do Cristo fossem tomadas da imagem da Síndone de Turim, ao menos por dois motivos. *Primeiro*, porque caso a Síndone fosse o lençol mortuário de Cristo, ela estaria escondida, em meados do século IV, nas muralhas da igreja de Edessa, atual Turquia (divisa com a Síria), como mostram os autores mais respeitáveis, portanto, estaria bem longe de Roma, cidade em que as imagens com a "barba bifurcada" foram produzidas; a imagem de Edessa teria sida dada a público bem mais tarde, somente no início do século VI, muito depois das imagens produzidas em Roma. *Segundo* motivo, e mais grave, dando-se como certa a datação efetuada na Síndone em 1988, que foi cientificamente testada por três laboratórios de renome internacional e com a assistência da Santa Sé, o teste de Carbono 14 revelou ser o pano de origem medieval, produzido entre 1260 a 1390, distante cerca de um milênio daquelas figuras do Cristo exibidas em Roma. Portanto, as fisionomias de Jesus, nas igrejas citadas de Roma, e o *Opus Sectile*, da Porta Marítima de Óstia, foram tomadas, considerando-se a "barba bifurcada" (e alguns outros detalhes), das informações da *Epístola Lentuli*, único documento a dar tal detalhe da fisionomia de Cristo, cuja tese histórica foi mostrada no livro *A Epístola Lentuli*.[66]

Não obstante a falta hoje do documento original da época de Cristo para certificar o real conteúdo da *Epístola Lentuli* antes das interpolações copistas, ainda assim temos as investigações literárias atuais sobre a Idade Antiga, as pictografias religiosas e as prospecções arqueológicas recentes que mostram os fatos da Antiguidade e são capazes de autenticar a Lentuli como peça do governo desde a época de Pilatos.

Os dizeres da *Epístola Lentuli* (do senador Públio Lentulus), os fatos relativos ao Senado Romano (apócrifos remanescentes do *Ciclo de Pilatus*), os fatos relativos ao Senado Romano (dados pelos Pais da Igreja – Justino de Roma e Tertuliano de Cartago), os fatos sociais e religiosos arrolados por

66. CAMPOS, Pedro de. *A Epístola Lentuli*, Cf. Bibliografia (N.A.).

outros Pais da Igreja (Irineu de Lyon, Orígenes, Eusébio de Cesareia, Epifânio de Salamina, Giovanni Damasceno), os relatos factuais de clérigos de épocas posteriores (Anselmo da Cantuária, Giacomo Colonna, Ludolfo o Cartuxo, Gerônimo Xavier, Johann Philipp Gabler, Friederich Münter) e as imagens já mencionadas da Idade Antiga, formam, ao todo, um conjunto entrelaçado de indícios lógicos, de evidências consistentes que provam as ações realizadas, mostram a realidade e as circunstâncias que materializaram as informações da *Epístola Lentuli*, legitimando sua existência na Antiguidade e certificando seu autor, Públio Lentulus, como membro do Senado Romano em serviço na Judeia, senador que informa a seus pares de Roma sobre a figura e os feitos de Jesus Cristo. E quando, a esse amplo conjunto, juntamos as informações do livro *Há 2000 anos...*, publicado em 1940, da lavra psicográfica de Chico Xavier que, diga-se de passagem, já serviu de prova em tribunal e contribuiu na elucidação dos fatos com ganho de causa, obtemos todas as peças para montagem do intrincado quebra-cabeça. Foi com esse material que se formulou a tese história sobre a autenticidade da *Epístola Lentuli*.

A fisionomia de Cristo, sem dúvida, destoa da do judeu comum de sua época. Sendo filho de mulher judia, seu pai teria de ser diferenciado. E quando juntamos à sua fisionomia os relatos de ter havido uma inseminação na Virgem, por via não humana; quando observamos os relatos de um enigmático parto virginal, em que o menino sai do ventre materno e surge nos braços da mãe passando por fora do espaço em que fora gerado, sem alterar a natureza da jovem mãe e preservando sua condição de moça; quando relemos detidamente os *Evangelhos* e vemos os inúmeros feitos extraordinários e as curas soberbas de Jesus; quando, após sua morte, advém o fenômeno da chamada ressurreição e verificam-se testemunhos de que seu corpo estava absolutamente material; então, nesse ponto, como chance plausível, a questão extraterrena assoma ao intelecto e outras possibilidades são aventadas. Diante de tais enigmas, não se descarta que o nascimento da própria espécie humana no planeta esteja vinculado a Jesus e aos seus. O livro *A Epístola Lentuli*, em sua parte final, não se furta a fazer incursões a esse campo, porque as várias facetas do fenômeno Jesus Cristo exigem a montagem de um quebra-cabeça em que somente o imponderável se afigura possível.

Bibliografia

A BÍBLIA de Jerusalém. São Paulo: Paulinas, 1986.

A BÍBLIA de referência Thompson. Flórida: Vida, 1995.

A TORÁ viva. São Paulo: Maayanot, 2000.

AKSAKOF, Alexandre. *Um caso de desmaterialização*. Rio de Janeiro: Federação Espírita Brasileira, 1990.

ARONSON, Virginia. *Curas médicas por ETs*. Rio de Janeiro: Educare, 2001.

BECK, Roberto Affonso. *Ufologia à luz dos fatos*. Campo Grande: CBPDV, 2006. Revista UFO.

BIANCA, M.A.O. *As possibilidades do infinito*. São Paulo: Kópyon, 1987.

BIANCHI, Ney. *A verdade sobre o Dr. Fritz*. Nova Era, 1996.

BONDARCHUK, Yurko. *UFO – Observações, aterrissagens e sequestros*. 2 ed., São Paulo: Difel, 1982.

BONGIOVANNI, Giorgio. *A nova ciência divina*. Curitiba: NPU, 2005.

BOZZANO, Ernesto. *Fenômenos de transporte*. São Paulo: Feesp, 1982.

CAMPOS, Pedro de. *A Epístola Lentuli*. São Paulo: Lúmen Editorial, 2012.

________. *Universo profundo: seres inteligentes e luzes no céu*. São Paulo: Lúmen Editorial, 2003.

________. *UFO: fenômeno de contato*. São Paulo: Lúmen Editorial, 2005.

________. *Um vermelho encarnado no céu*. São Paulo: Lúmen Editorial, 2006.

________. *Os escolhidos da ufologia na interpretação espírita*. São Paulo: Lúmen Editorial, 2009.

________. *Lentulus – encarnações de Emmanuel – inquirição histórica*. São Paulo: Lúmen Editorial, 2010.

________. *Colônia Capella: a outra face de Adão*. 9 ed., São Paulo: Lúmen Editorial. 2011.

________; JACOMINI FILHO, Jether. *Os aliens na visão espírita, parte 1 e parte 2*. DVDs produzidos pela TV Mundo Maior e lançados pela revista UFO, Campo Grande, CBPDV, 2009.

CARPI, Pier. *Le profezie di papa Giovanni*. Mediterranee, 1976.

CHÂTELAIN, Maurice. *Os mensageiros do cosmo*. Lisboa: Europa-América, 1980.

CORSO, Philip. *Dossiê Roswell*. Rio de Janeiro: Educare, 1999.

COSTA, Vitor Ronaldo. *Apometria, novos horizontes da medicina espiritual*. 2 ed., Matão: O Clarim, 2000.

COSTA, C.A. Braga & ROCHA, Arnaldo. *Chico, diálogos e recordações*. 2 ed. Belo Horizonte: UEM, 2006.

CROOKES, William. *Fatos espíritas*. Rio de Janeiro: Federação Espírita Brasileira, 1971.

DOYLE, Arthur Conan. *História do espiritismo*. São Paulo: Pensamento, s.d.

EMENEGGER, Robert. *Óvnis: presente, passado & futuro*. Lisboa: Portugália, s.d.

EMMERICH, Anna Catharina. *Vida, paixão e glorificação do Cordeiro de Deus*. MIR, 1996.

ERNY, Alfred. *O psychismo experimental*. Rio de Janeiro: Garnier, s.d.

FLAMMARION, Camille. *Narrações do infinito*. Rio de Janeiro: FEB, 1979.

_______. *Urânia*. Rio de Janeiro. FEB, s.d.

FULLER, John G. *A viagem interrompida*. Rio de Janeiro: Record, s.d.

_______. *Arigó: o cirurgião da faca enferrujada*. São Paulo: Nova Época, 1975.

GARRET, Eillen J. *Muitas vozes*. São Paulo: Pensamento, 1977.

JACOBS, David M. Ph.D. *A Ameaça*. Rio de Janeiro: Rosa dos Tempos, 2002.

HAWKING, Stephen. *O universo numa casca de noz*. 6 ed. São Paulo: Arx, 2002.

HIND, Cynthia. *UFOs contatos africanos*. Rio de Janeiro: Francisco Alves, 1987.

HOPKINS, Budd. *Intrusos*. Rio de Janeiro: Record, 1991.

_______. *Testemunho oficial*. Rio de Janeiro: Educare, 1998.

HYNEK, J. Allen. *OVNI – Relatório Hynek*. Lisboa: Portugália, s.d.

_______. *Ufologia: uma pesquisa científica*. Rio de Janeiro: Nórdica, s.d.

KARDEC, Allan. *O livro de Allan Kardec*. São Paulo, Opus, s.d. Contém *biografia de Allan Kardec* e suas obras: *O Livro dos Espíritos*, *O que é o Espiritismo*, *O Livro dos Médiuns*, *O Evangelho Segundo o Espiritismo*, *O Céu e o Inferno*, *A Gênese*, *Obras Póstumas*.

_______. *Revista espírita: jornal de estudos psicológicos*. Período de 1858-1869. São Paulo: Edicel, s.d.

KEYHOE, Donald E. *A verdade sobre os discos voadores*. Rio de Janeiro: LCB, s.d. Orig. *Flying sancers from outer space*.

_______. *A verdade sobre os discos voadores*. São Paulo: Global, 1977. Orig. *Aliens From Space*.

LEIR, Roger K. *Implantes alienígenas – somos cobaias de ET?* Campo Grande: CBPDV, 2002. Revista UFO.

LESLIE, Desmond & ADAMSKI, George. *Discos voadores, a história de suas aparições*. Porto Alegre: Globo, 1957.

LIMA, Roni. *Médicos do Espaço*. Rio Janeiro: Mauad, 2000.

MACHADO, Daisy Iungersen (org.). *Léon Denis e o congresso espírita internacional de Paris*. São Paulo: Editora Allan Kardec, 2007.

MACK, John E. M.D. *Abduções*. Rio de Janeiro. Educare Brasil, 1997. Autor médico e professor de psiquiatria.

MIRANDA, Hermínio C. *Diálogo com as Sombras*. Rio de Janeiro: FEB, 1983.

MONNET, Pierre. *Comunicações extraterrestres*. Rio de Janeiro: Nova Era, 2001.

NOYES, Ralph. *O enigma dos círculos*. São Paulo: Mercuryo, 1992.

PAULA, João Teixeira de. *Dicionário enciclopédico ilustrado: espiritismo, metapsíquica, parapsicologia*. 3 ed., Porto Alegre: Bels, 1976.

PEREIRA. Flávio A. *O Livro Vermelho dos Discos Voadores*. São Paulo: Florença, 1966.

RANIERI, R. A. *Materializações luminosas*. 1ª ed. São Paulo: FEESP

REGIS JR., Edward. *Extraterrestres: ciência e inteligências alienígenas*. Lisboa: Europa-América, 1985.

RUPPELT, Edward J. *Discos voadores: relatório sobre os objetos aéreos não identificados*. São Paulo: Difel, 1959.

SAGAN, Carl. *O mundo assombrado pelos demônios*. Companhia das Letras, 2006.

THOMPSON, Richard l. *Identidades alienígenas*. Rio de Janeiro: Nova Era, 2002.

UCHÔA, A. Moacyr. *Além da parapsicologia: 5ª e 6ª Dimensões da Realidade*. Brasília: Ebrasa, 1969.

________. *A parapsicologia e os discos voadores*. 3 ed. Brasília: Horizonte, 1981.

________. *Cristo para a humanidade de hoje*. Horizonte, 1980.

________. *Mergulho no hiperespaço*. 3 ed. Brasília: Horiz, 1981.

________. *Muito além do espaço e do tempo*. Thesaurus, 1983.

________. *Uma busca de verdade* – Autobiografia. Brasília, 1991.

XAVIER, Francisco Cândido. *Mandato de amor*. Organizado por Geraldo Lemos Neto. Belo Horizonte: União Espírita Mineira, 1992.

________. *Nos domínios da mediunidade*. 11 ed., Rio de Janeiro: Federação Espírita Brasileira, s.d.

________. *Cartas de uma morta*. 8 ed. São Paulo: Lake, 1981.

________. *Pinga fogo com Chico Xavier*. 5 ed. Sobradinho: Edicel, 1997.

________. *Emmanuel*. 9 ed. Rio de Janeiro: FEB, 1981.

________. *Deus conosco*. 2 ed. Belo Horizonte, Vinha Luz, 2008. Coordenado por Wanda Amorim Joviano e Geraldo Lemos Neto.

WALLACE. Alfred Russel. *O aspecto científico do sobrenatural*. Niterói: Lachâtre, 2003.

WANTUIL, Zêus & THIESEN, Francisco. *Allan Kardec: Pesquisa biográfica e ensaios de interpretação*. Vol. I-III, Rio de Janeiro: FEB, 1984.

ZÖLLNER, J.K. Friedrich. *Provas científicas da sobrevivência, física transcendental*. 6 ed. Sobradinho: Edicel, 1996.

Impressão e acabamento:

Orgrafic
Gráfica e Editora
tel.: 25226368